CJ그룹

CAT
기출동형 모의고사

제 1 회	영 역	CAT part1 (언어추리, 장문독해, 언어이해) CAT part2 (응용수리, 자료해석, 도식이해)
	문항수	80문항
	시 간	100분
	비 고	객관식 5지 택일형

SEOWONGAK
(주)서원각

제1회 기출동형 모의고사

✎ **1교시 (25문항 / 30분)**

1. 다음 글의 주제로 알맞은 것은?

오늘날 인류가 왼손보다 오른손을 선호하는 경향은 어디서 비롯되었을까? 무기를 들고 싸우는 결투에서 오른손잡이는 왼손잡이 상대를 만나 곤혹을 치르곤 한다. 왼손잡이 적수가 무기를 든 왼손은 뒤로 감춘 채 오른손을 내밀어 화해의 몸짓을 보이다가 방심한 틈에 공격을 할 수도 있다. 그러나 이런 상황이 왼손에 대한 폭넓고 뿌리 깊은 반감을 다 설명해 준다고는 생각되지 않는다. 예컨대 그런 종류의 겨루기와 거의 무관했던 여성들의 오른손 선호는 어떻게 설명할 것인가?

오른손을 귀하게 여기고 왼손을 천대하는 현상은 어쩌면 산업화 이전 사회에서 배변 후 사용할 휴지가 없었다는 사실과 관련이 있을 법하다. 인류 역사에서 대부분의 기간 동안 배변 후 뒤처리를 담당한 것은 맨손이었다. 맨손으로 배변 뒤처리를 하는 것은 불쾌할 뿐더러 병균을 옮길 위험을 수반하는 일이었다. 이런 위험의 가능성을 낮추는 간단한 방법은 음식을 먹거나 인사할 때 다른 손을 사용하는 것이었다. 기술 발달 이전의 사회에서는 대개 왼손을 배변 뒤처리에, 오른손을 먹고 인사하는 일에 사용했다. 이런 전통에서 벗어난 행동을 보면 사람들은 기겁하지 않을 수 없었다. 오른손과 왼손의 역할 분담에 관한 관습을 따르지 않는 어린아이는 벌을 받았을 것이다.

나는 이런 배경이 인간 사회에서 널리 나타나는 '오른쪽'에 대한 긍정과 '왼쪽'에 대한 반감을 어느 정도 설명해 줄 수 있으리라고 생각한다. 그러나 이 설명은 왜 애초에 오른손이 먹는 일에, 그리고 왼손이 배변 처리에 사용되었는지 설명해주지 못한다. 확률로 말하자면 왼손이 배변 처리를 담당하게 될 확률은 1/2이다. 그렇다면 인간 사회 가운데 절반 정도는 왼손잡이 사회였어야 할 것이다. 그러나 동서양을 막론하고, 왼손잡이 사회는 확인된 바 없다. 세상에는 왜 온통 오른손잡이 사회들뿐인지에 대한 근본적인 설명은 다른 곳에서 찾아야 할 것 같다.

한쪽 손을 주로 쓰는 경향은 뇌의 좌우반구의 기능 분화와 관련되어 있는 것으로 보인다. 보고된 증거에 따르면, 왼손잡이는 읽기와 쓰기, 개념적·논리적 사고 같은 좌반구 기능에서 오른손잡이보다 상대적으로 미약한 대신 상상력, 패턴 인식, 창의력 등 전형적인 우반구 기능에서는 상대적 으로 기민한 경우가 많다.

비비원숭이의 두개골 화석을 연구함으로써 오스트랄로피테쿠스가 어느 손을 즐겨 썼는지를 추정할 수 있다. 이들이 비비원숭이를 몽둥이로 때려서 입힌 상처의 흔적이 남아 있기 때문이다. 연구에 따르면 오스트랄로피테쿠스는 약 80%가 오른손잡이였다. 이는 현대인과 거의 일치한다. 사람이 오른손을 즐겨 쓰듯 다른 동물들도 앞발 중에 더 선호하는 쪽이 있는데, 포유류에 속하는 동물들은 대개 왼발을 즐겨 쓰는 것으로 나타났다. 이들 동물에서도 뇌의 좌우반구 기능은 인간과 본질적으로 다르지 않으며, 좌우 반구의 신체 제어에서 좌우 교차가 일어난다는 점도 인간과 다르지 않다.

왼쪽과 오른쪽의 대결은 인간이라는 종의 먼 과거까지 거슬러 올라간다. 나는 이성 대 직관의 힘겨루기, 뇌의 두 반구 사이의 힘겨루기가 오른손과 왼손의 힘겨루기로 표면화된 것이 아닐까 생각한다. 즉 오른손이 원래 왼손보다 더 능숙했기 때문이 아니라 뇌의 좌반구가 인간의 행동을 지배하는 권력을 갖게 되었기 때문에 오른손 선호에 이르렀다는 생각이다. 그리고 이것이 사실이라면 직관적 사고에 대한 논리적 비판은 거시적 관점에서 그 타당성을 의심해볼 만하다. 어쩌면 뇌의 우반구 역시 좌반구의 권력을 못마땅하게 여기고 있는지도 모른다. 다만 논리적인 언어로 반론을 펴지 못할 뿐.

① 오른손 선호의 정당성
② 왼쪽과 오른쪽의 계속적인 대결의 원인
③ 인간과 비비 원숭이의 차이점
④ 뇌의 좌우반구의 개별적 기능
⑤ 인류의 오른손 선호에 대한 기원

2. 다음 글쓴이의 주장으로 가장 적절한 것은?

흔히들 과학적 이론이나 가설을 표현하는 엄밀한 물리학적 언어만을 과학의 언어라고 생각한다. 그러나 과학적 이론이나 가설을 검사하는 과정에는 이러한 물리학적 언어 외에 우리의 감각적 경험을 표현하는 일상적 언어도 사용될 수밖에 없다. 그런데 우리의 감각적 경험을 표현하는 일상적 언어에는 과학적 이론이나 가설을 표현하는 물리학적 언어와는 달리 매우 불명료하고 엄밀하게 정의될 수 없는 용어들이 포함되어 있다. 어떤 학자는 이러한 용어들을 '발룽엔'이라고 부른다.

이제 과학적 이론이나 가설을 검사하는 과정에 발룽엔이 개입된다고 해보자. 이 경우 우리는 증거와 가설 사이의 논리적 관계가 무엇인지 결정할 수 없게 될 것이다. 즉, 증거가 가설을 논리적으로 뒷받침하고 있는지 아니면 논리적으로 반박하고 있는지에 관해 미결정적일 수밖에 없다는 것이다. 그 이유는 증거를 표현할 때 포함될 수밖에 없는 발룽엔을 어떻게 해석할 것인지에 따라 증거와 가설 사이의 논리적 관계에 대한 다양한 해석이 나오게 될 것이기 때문이다. 발룽엔의 의미는 본질적으로 불명료할 수밖에 없다. 즉, 발룽엔을 아무리 상세하게 정의하더라도 그것의 의미를 정확하고 엄밀하게 규정할 수는 없다는 것이다.

논리실증주의자들이나 포퍼는 증거와 가설 사이의 관계를 논리적으로 정확하게 판단할 수 있고 이를 통해 가설을 정확히 검사할 수 있다고 생각했다. 그러나 증거와 가설이 상충하면 가설이 퇴출된다는 식의 생각은 너무 단순한 것이다. 증거와 가설의 논리적 관계에 대한 판단을 위해서는 증거가 의미하는 것이 무엇인지 파악하는 것이 선행되어야 하기 때문이다. 따라서 우리가 발룽엔의 존재를 염두에 둔다면, '과학적 가설과 증거의 논리적 관계를 정확하게 판단할 수 있다는 생각은 잘못된 것이다.'라고 결론지을 수 있다.

① 모든 과학자들은 발룽엔의 존재를 고려하여 가설을 세워야 한다.
② 과학적 가설에서는 다중적 해설이 가능한 단어는 사용해선 안 된다.
③ 논리적으로 완벽한 과학적 가설을 세우는 것은 불가능하다.
④ 증거와 가설 사이의 관계를 판단할 수 있는 가설을 세워야만 한다.
⑤ 과학적 가설에 발룽엔을 배제할 수 있도록 언어적 연구가 지속되어야 한다.

3. 신재생 에너지의 보급과 관련된 다음 글을 참고할 때, 밑줄 친 '솔루션'이 갖추어야 할 특성으로 가장 거리가 먼 것은?

신재생 에너지란 태양, 바람, 해수와 같이 자연을 이용한 신에너지와 폐열, 열병합, 폐열 재활용과 같은 재생에너지가 합쳐진 말이다. 현재 신재생 에너지는 미래 인류의 에너지로서 다양한 연구가 이루어지고 있다. 특히 과거에는 이들의 발전 효율을 높이는 연구가 주로 이루어졌으나 현재는 이들을 관리하고 사용자가 쉽게 사용하도록 하는 연구와 개발이 많이 진행되고 있다. 신재생 에너지는 화석 연료의 에너지 생산 비용에 근접하고 있으며 향후에 유가가 상승되고 신재생 에너지 시스템의 효율이 높아짐에 따라 신재생 에너지의 생산 비용이 오히려 더 저렴해질 것으로 보인다.

따라서 미래의 신재생 에너지의 보급은 지금 보다 훨씬 광범위하게 다양한 곳에서 이루어 질 것이며 현재의 전력 공급 체계를 변화시킬 것이다. 현재 중앙 집중식으로 되어있는 전력 공급의 체계가 미래에는 다양한 곳에서 발전이 이루어지는 분산형으로 변할 것으로 보인다. 분산형 전원 시스템 체계에서 가장 중요한 기술인 스마트 그리드는 전력과 IT가 융합한 형태로서 많은 연구가 이루어지고 있다.

스마트 그리드 기반의 분산형 전원 보급이 활발해질 미래에는 곳곳에 중소규모의 신재생 에너지 시스템이 설치될 것으로 예상하며, 따라서 이들을 통합적으로 관리하고 정보 교환 기술을 갖춘 다양한 솔루션이 등장할 것으로 보인다.

신재생 에너지 시스템의 보급은 인류의 에너지 문제를 해결하는 유일한 방안이지만 화석 에너지와 달리 발전량을 쉽게 제어할 수 없는 문제점을 가지고 있다. 또한 같은 시스템일지라도 지역의 환경에 따라 발전량이 서로 다르게 될 것이기 때문에 스마트 그리드를 기반으로 한 마이크로 그리드 시스템이 구축될 때 정보 처리 기술은 신재생 에너지 시스템 관리 측면에서 중요한 인자가 될 것이다.

신재생 에너지 시스템을 관리하기 위해선 에너지 데이터 처리가 중요할 것으로 보인다. 특히 미래 신재생 에너지 관리 시스템은 관리가 체계적으로 되어 있을 발전단지보다는 비교적 관리 체계가 확립되기 힘든 주택, 빌딩 등에서 필요할 것으로 보인다. 다시 말해 주택, 빌딩에 신재생 에너지 시스템이 설치가 되면 이들을 관리할 수 있는 솔루션을 함께 설치해야 하며 이들을 운용하기 위한 애플리케이션도 함께 등장해야 한다.

① 소비자가 에너지의 생산과 소비를 모두 고려할 수 있는 지능형 에너지 서비스
② 잉여 에너지가 발생되지 않도록 수요와 공급에 맞는 발전량 자동 조절 기능
③ 다양한 OS로 기능을 구현할 수 있는 웹 서비스 기반의 범호환적인 플랫폼 기술
④ 생성된 에너지 데이터를 종합·분석하여 맞춤형 서비스를 제공
⑤ 모니터링 및 제어가 가능한 모바일 컨트롤 기능

4. 다음 글의 밑줄 친 ㉠~㉤ 중, 전체 글의 문맥과 논리적으로 어울리지 않는 의미를 포함하고 있는 것은 어느 것인가?

정부의 지방분권 강화의 흐름은 에너지정책 측면에서도 매우 시의적절해 보인다. 왜냐하면 현재 정부가 강력히 추진 중인 에너지전환정책의 성공 여부는 그 특성상 지자체의 협력과 역할에 달려 있기 때문이다.

현재까지의 중앙 정부 중심의 에너지정책은 필요한 에너지를 값싸게 충분히 안정적으로 공급한다는 공급관리 목표를 달성하는 데 매우 효율적이었다고 평가할 수 있다. 또한 중앙 정부 부처가 주도하는 현재의 정책 결정 구조는 에너지공급 설비와 비용을 최소화할 수 있으며, ㉠일관된 에너지정책을 추구하여 개별 에너지정책들 간의 충돌을 최소화할 수 있는 장점이 있다. 사실, 특정지역 대형설비 중심의 에너지정책을 추진할 때는 지역 경제보다는 국가경제 차원의 비용편익 분석이 타당성을 확보할 수 있고, 게다가 ㉡사업 추진 시 상대해야 할 민원도 특정지역으로 한정되는 경우가 많기 때문에 중앙정부 차원에서의 정책 추진이 효율적일 수 있다.

그러나 신재생에너지 전원과 같이 소규모로 거의 전 국토에 걸쳐 설치되어야 하는 분산형 전원 비중이 높아지는 에너지전환정책 추진에는 사정이 달라진다. 중앙 정부는 실제 설비가 들어서는 수많은 개별 지역의 특성을 세심히 살펴 추진할 수 없어 소규모 전원의 전국적 관리는 불가능하다. 실제로 현재 태양광이나 풍력의 보급이 지체되는 가장 큰 이유로 지자체의 인허가 단계에서 발생하는 다양한 민원이 지적되고 있다. 중앙정부 차원에서 평가한 신재생에너지의 보급 잠재력이 아무리 많아도, 실제 사업단계에서 부딪치는 다양한 어려움을 극복하지 못하면 보급 잠재력은 허수에 지나지 않게 된다. 따라서 ㉢소규모 분산전원의 확대는 거시적 정책이 아니라 지역별 특성을 세심히 고려한 미시적 정책에 달려 있다고 해도 지나치지 않다. 당연히 지역 특성을 잘 살릴 수 있는 지자체가 분산전원 확산에 주도권을 쥐는 편이 에너지전환정책의 성공에 도움이 될 수 있다.

이뿐만 아니라 경제가 성장하면서 에너지소비 구조도 전력, 도시가스, 지역난방 등과 같은 네트워크에너지 중심으로 변화하다 보니 지역별 공급비용에 대한 불균형을 고려해 ㉣지역별 요금을 단일화해야 한다는 목소리도 점점 커지고 있고, 환경과 안전에 대한 국민들의 인식도 과거와 비교해 매우 높아져 이와 관련한 지역 사안에 관심도 커지고 있다. 이러한 변화는 때로는 지역 간 갈등으로 혹은 에너지시설 건설에 있어 님비(NIMBY)현상 등으로 표출되기도 한다. 모두 지역의 특성을 적극적으로 감안하고 지역주민들의 의견을 모아 해결해야 할 사안이다. 당연히 중앙정부보다 지자체가 훨씬 잘 할 수 있는 영역이다.

하지만 중앙정부의 역할이 결코 축소되어서는 안 된다. 소규모 분산전원이 확대됨에 따라 ㉤에너지공급의 안정성을 유지하기 위해 현재보다 더 많은 에너지 설비가 요구될 수 있으며 설비가 소형화되면서 공급 비용과 비효율성이 높아질 우려도 있기 때문이다. 따라서 지역 간 에너지시스템을 연계하는 등 공급 효율성을 높이기 위해 지자체 간의 협력과 중앙정부의 조정기능이 더욱 강조되어야 한다. 에너지전환정책은 중앙정부와 지자체 모두의 에너지정책 수요를 증가시키고 이들 간의 협력의 필요성을 더욱 요구할 것이다.

① ㉠   ② ㉡

③ ㉢   ④ ㉣

⑤ ㉤

┃5~8┃ 다음 주어진 글을 논리에 맞게 나열한 것으로 적절한 것은?

5.

㉠ 반면에 근육섬유가 수축함에도 불구하고 전체근육의 길이가 변하지 않는 수축을 '등척수축'이라고 한다.

㉡ 근육에 부하가 걸릴 때, 이 부하를 견디기 위해 탄력섬유가 늘어나기 때문에 근육섬유는 수축하지만 전체 근육의 길이는 변하지 않는 등척수축이 일어날 수 있다.

㉢ 이처럼 등척수축은 골격근의 주변 조직과 근육섬유 내에 있는 탄력섬유의 작용에 의해 일어난다.

㉣ 근육 수축의 종류 중 근육섬유가 수축함에 따라 전체근육의 길이가 변화하는 것을 '등장수축'이라 한다.

㉤ 예를 들어 아령을 손에 들고 팔꿈치의 각도를 일정하게 유지하고 있는 상태에서 위팔의 이두근 근육섬유는 끊임없이 수축하고 있지만, 이 근육에서 만드는 장력이 근육에 걸린 부하량 즉 아령의 무게와 같아 전체근육의 길이가 변하지 않기 때문에 등척수축을 하는 것이다.

① ㉢-㉠-㉤-㉣-㉡   ② ㉢-㉤-㉠-㉣-㉡

③ ㉣-㉠-㉤-㉢-㉡   ④ ㉣-㉢-㉠-㉤-㉡

⑤ ㉣-㉠-㉤-㉡-㉢

6.

㈎ 그리고 저장한 적혈구를 재주입하면 적혈구 수와 헤모글로빈이 증가한다.

㈏ 혈액 도핑은 혈액의 산소 운반능력을 증가시키기 위해 고안된 기술이다.

㈐ 이는 자기 혈액을 이용한 혈액 도핑은 운동선수로부터 혈액을 뽑아 혈장은 선수에게 다시 주입하고 적혈구는 냉장 보관하다가 시합 1~7일 전에 주입하는 방법이다.

㈑ 표준 운동시험에서 혈액 도핑을 받은 선수는 도핑을 하지 않은 경우와 비교해 유산소 운동 능력이 5~13% 증가한다.

㈒ 시합 3주 전에 450mL 정도의 혈액을 뽑아내면 시합 때까지 적혈구 조혈이 왕성해져서 근육 내 산소 농도는 피를 뽑기 전의 정상수준으로 증가한다.

① ㈏ - ㈐ - ㈒ - ㈎ - ㈑   ② ㈏ - ㈒ - ㈐ - ㈎ - ㈑

③ ㈐ - ㈏ - ㈎ - ㈒ - ㈑   ④ ㈐ - ㈒ - ㈎ - ㈑ - ㈏

⑤ ㈒ - ㈐ - ㈏ - ㈎ - ㈑

7.

(가) 하지만 명은 왜구에 대한 두려움으로 일본과의 무역을 제한하는 해금정책을 풀지 않았고, 조선 또한 삼포왜란 이후 중단된 거래를 재개할 생각이 없었다.

(나) 임진왜란 4년 전인 1588년, 도요토미 히데요시는 왜구 집단에 대해 개별적인 밀무역과 해적활동을 금지하는 해적 정지령을 내렸다.

(다) 도요토미는 대규모 군대와 전쟁 물자를 수송해야 하는 문제를 고려하여 전자를 선택하였다. 임진왜란의 발발이었다.

(라) 도요토미는 은을 매개로 한 교역을 활성화할 수 있는 방법으로 전쟁을 택했다. 그에게는 조선을 거쳐 베이징으로 침공하는 방법과 중국 남해안을 직접 공격하는 방법이 있었다.

(마) 이로써 그는 독립적이었던 왜구의 무역 활동을 장악하고, 그 전력을 정규 수군화한 후 조선과 중국에 무역을 요구했다.

① (나) − (라) − (마) − (가) − (다)

② (나) − (마) − (가) − (라) − (다)

③ (나) − (다) − (마) − (가) − (라)

④ (라) − (나) − (마) − (가) − (다)

⑤ (라) − (마) − (가) − (나) − (다)

8.

㉠ 이 학파는 단지 마음에 비추어 나타난 표상만이 있고 표상과 대응하는 외계의 존재물은 없다고 본다.

㉡ 그리하여 인간의 의식에 대한 탐구가 이 학파의 중요한 작업이다.

㉢ 유식 철학은 모든 것을 오직 의식의 흐름에 불과한 것으로 파악하는 대승불교의 한 학파이다.

㉣ 유식 학파는 한편으로는 유가행파라고도 불리는데, 요가의 수행을 위주로 하는 학파라는 의미이다.

㉤ 이 학파는 인간의 마음을 그만큼 중요하게 생각하고 있는 것이라 할 수 있다.

① ㉡ − ㉢ − ㉣ − ㉠ − ㉤

② ㉡ − ㉤ − ㉣ − ㉢ − ㉠

③ ㉡ − ㉣ − ㉢ − ㉠ − ㉤

④ ㉢ − ㉡ − ㉠ − ㉤ − ㉣

⑤ ㉢ − ㉠ − ㉤ − ㉡ − ㉣

9. 다음 글의 내용과 일치하는 것은?

1894년 콜먼이 「정신이 말짱한 사람이 보이는, 감각기관의 국부적 기질성 질환과 관련된 환각」이라는 논문에서 강조한 바 있지만, 지금도 '환각'이라고 하면 일반인과 의사 모두 정신병이나 뇌의 기질성 질환을 먼저 떠올린다. 1970년대 이전까지 정신이 말짱한 사람에게도 환각이 흔히 일어난다는 사실을 알아차리지 못했던 것은 어쩌면 그러한 환각이 어떻게 일어나는지에 관한 이론이 없었기 때문일 것이다. 그러다 1967년 폴란드의 신경생리학자 예르지 코노르스키가 『뇌의 통합적 활동』에서 '환각의 생리적 기초'를 여러 쪽에 걸쳐 논의했다. 코노르스키는 '환각이 왜 일어나는가?'라는 질문을 뒤집어 '환각은 왜 항상 일어나지 않는가? 환각을 구속하는 것은 무엇인가?'라는 질문을 제기했다. 그는 '지각과 이미지와 환각을 일으킬 수 있는' 역동적 체계, '환각을 일으키는 기제가 우리 뇌 속에 장착되어 있지만 몇몇 예외적인 경우에 만 작동하는' 체계를 상정했다. 그리고 감각기관에서 뇌로 이어지는 구심성(afferent) 연결뿐만 아니라 반대 방향으로 진행되는 역방향(retro) 연결도 존재한다는 것을 보여주는 증거를 수집했다. 그런 역방향 연결은 구심성 연결에 비하면 빈약하고 정상적인 상황에서는 활성화되지 않는다. 하지만 코노르스키는 바로 그 역방향 연결이 환각 유도에 필수적인 해부학적, 생리적 수단이 된다고 보았다.

그렇다면 정상적인 상황에서 이것이 활성화되지 못하도록 방해하는 것은 무엇일까? 결정적인 요인은 눈과 귀 같은 감각기관에서 입력되는 감각 자료라고 코노르스키는 주장했다. 이런 자료가 평소에 피질의 중추 부위에서 말초 부위로 활동이 역류하지 못하게 막는다는 것이다. 그러나 만약 감각기관에 들어오는 자료가 눈에 띄게 부족해지면 역류가 쉽게 일어나 환각과 지각을 생리적, 주관적으로 구별할 수 없게 된다. 평상시에는 침묵이나 어둠 속에 있다고 해서 입력되는 자료가 그렇게 줄어들지 않는다. 멸 단위(off units)가 계속적인 활동을 발화하고 생성하기 때문이다.

코노르스키의 이론은 훗날 '구심성 차단(de-afferentation)'과 관련된 '방출(release)' 환각이라 불리게 될 현상을 간단하고도 훌륭하게 설명해준다. 그런 설명은 이제는 당연하게 보이고 거의 동어반복으로 여겨지지만 1960년대만 하더라도 이를 독창적이고 대담하게 입증해야 했다.

뇌 영상 연구를 통해 코노르스키의 주장을 뒷받침해줄 훌륭한 증거들이 나오고 있다. 2000년에 티머시 그리피스는 음악 환청의 신경적 기초를 상세하게 밝혀낸 선구적인 논문을 발표했다. 그는 양전자단층촬영을 통해 음악 환청이 일어나는 순간 평소 실제 음악을 들을 때 활성화되는 것과 똑같은 신경 네트워크가 폭넓게 가동된다는 사실을 보여주었다.

① 코노르스키는 '환상은 왜 일어나는가?'에 대한 질문을 제기하여 환각의 체계를 구축했다.

② 코노르스키는 구심성 연결뿐만 아니라 뇌에서 감각기관으로 진행되는 연결을 만들어냈다.

③ 정상적인 상황에서 감각 자료는 피질의 중추 부위에서 말초 부위로 활동이 역류하지 못하게 막는다.

④ 평상시에 침묵이나 암흑 속에서 역류가 쉽게 일어나는 이유는 정상적인 상황보다 감각 자료가 적어지기 때문이다.

⑤ 티머시 그리피스는 음악 환청이 일어나는 순간은 실제 음악을 듣는 것과는 다른 형태의 뇌파가 발생한다는 것을 발견했다.

10. 다음 글의 내용과 일치하는 것은?

수명 연장의 꿈을 갖고 제안된 것들 중 하나로 냉동보존이 있다. 이는 낮은 온도에서는 화학적 작용이 완전히 중지된다는 점에 착안해, 지금은 치료할 수 없는 환자를 그가 사망한 직후 액화질소 안에 냉동한 후, 냉동 및 해동에 따른 손상을 회복시키고 원래의 병을 치료할 수 있을 정도로 의학기술이 발전할 때까지 보관한다는 생각이다. 그러나 인체 냉동보존술은 제도권 내에 안착하지 못했으며, 현재는 소수의 열광자들에 의해 계승되어 이와 관련된 사업을 알코어 재단이 운영 중이다.

그런데 시신을 냉동하는 과정에서 시신의 세포 내부에 얼음이 형성되어 심각한 세포 손상이 일어난다는 것이 밝혀졌다. 이를 방지하기 위하여 저속 냉동보존술이 제시되었는데, 이는 주로 정자나 난자, 배아, 혈액 등의 온도를 1분에 1도 정도로 천천히 낮추는 방식이었다. 이 기술에서 느린 냉각은 삼투압을 이용해 세포 바깥의 물을 얼음 상태로 만들고 세포 내부의 물은 냉동되지 않도록 하는 방식이다. 그러나 이 또한 치명적이지는 않더라도 여전히 세포들을 손상시킨다. 최근에는 액체 상태의 체액을 유리질 상태로 변화시키는 방법을 이용해 세포들을 냉각시키는 방법이 개발되었다. 유리질 상태는 고체이지만 결정 구조가 아니다. 그것의 물 분자는 무질서한 상태로 남아 있으며, 얼음 결정에서 보이는 것과 같은 규칙적인 격자 형태로 배열되어 있지 않다. 알코어 재단은 시신 조직의 미시적 구조가 손상되는 것을 줄이기 위해 최근부터 유리질화를 이용한 냉동방법을 활용하고 있다.

하지만 뇌과학자 A는 유리질화를 이용한 냉동보존에 대해서 회의적인 입장이다. 그에 따르면 우리의 기억이나 정체성을 이루고 있는 것은 신경계의 뉴런들이 상호 연결되어 있는 연결망의 총체로서의 커넥톰이다. 냉동보존된 인간을 다시 살려냈을 때, 그 사람이 냉동 이전의 사람과 동일한 사람이라고 할 수 있기 위해서는 뉴런들의 커넥톰이 그대로 보존되어 있어야 한다. 그러나 A는 이러한 가능성에 대해서 회의적이다. 인공호흡기로 연명하던 환자를 죽은 뒤에 부검해보면, 신체의 다른 장기들은 완전히 정상으로 보이지만 두뇌는 이미 변색이 일어나고 말랑하게 되거나 부분적으로 녹은 채로 발견되었다. 이로부터 병리학자들은 두뇌가 신체의 나머지 부분보다 훨씬 이전에 죽는다고 결론을 내렸다. 알코어 재단이 냉동보존할 시신을 수령할 무렵 시신의 두뇌는 최소한 몇 시간 동안 산소 결핍 상태에 있었으며, 살아있는 뇌세포는 하나도 남아있지 않았고 심하게 손상된 상태였다.

① 냉동보존술은 자본주의 사회에서 인간의 목숨을 물화하는 기술이다.

② 저속 냉동보존술을 통해 세포를 고체 상태이면서 결정 구조가 아닌 상태로 만든다.

③ 정자나 난자, 배아, 혈액을 냉각할 때는 세포 내부의 물을 냉각시켜 삼투압을 방지한다.

④ 유리질화 냉동보존에 회의적인 과학자는 알코어 재단이 시신을 보존하기 시작하는 시점에 뉴런들의 커넥톰은 이미 정상 상태에 있지 않다고 본다.

⑤ 대부분의 과학자는 머리 이외의 신체 보존 방식은 저속 냉동보존술이나 유리질화를 이용한 냉동보존술이나 차이가 없다고 생각한다.

11. 다음 주어진 관계에 따라 가돌이가 좋아할 가능성이 있는 사람으로만 묶인 것은?

'나나'라는 마을에는 한 사람이 다른 사람을 일방적으로 좋아하는 경우는 없다. 즉 A가 B를 좋아한다는 것은 B도 A를 좋아한다는 것을 뜻한다. 그리고 나나마을에 사는 사람들은 애매한 관계를 싫어하기 때문에 이들의 관계는 좋아하거나 좋아하지 않는 것 두 가지뿐이다. 이 마을에는 가돌, 나돌, 다돌, 라돌, 마돌, 바돌만이 살고 있으며 이들의 관계는 다음과 같다.
㉠ 가돌이가 마돌이를 좋아하면 라돌이는 가돌이를 좋아하지 않는다.
㉡ 나돌이는 가돌이를 좋아하거나 가돌이는 다돌이를 좋아한다.
㉢ 바돌이가 가돌이를 좋아하면 라돌이는 다돌이를 좋아하거나 가돌이는 라돌이를 좋아한다.
㉣ 마돌이가 가돌이를 좋아하지 않으면 가돌이를 좋아하는 사람은 아무도 없다.
㉤ 다돌이는 가돌이를 좋아하지 않는 사람들은 좋아하지 않는다.
㉥ 가돌이와 나돌이가 서로 좋아하지 않고 가돌이가 다돌이를 좋아하지 않으면 가돌이는 아무도 좋아하지 않는다.

① 나돌, 라돌
② 나돌, 다돌, 라돌
③ 나돌, 다돌, 마돌
④ 다돌, 마돌, 바돌
⑤ 바돌, 마돌

12. △△사는 신사업 개발팀 결성을 위해 기존의 A~H팀의 예산을 줄이기로 하였다. △△사는 다음의 조건에 따라 예산을 감축하기로 하였다. 다음 중 옳지 않은 것을 고르면?

> 〈조건〉
> ㉠ 만약 금융팀 예산을 감축하면, 총무팀의 예산은 감축되지 않는다.
> ㉡ 만약 관리팀 예산을 감축하면, 영업팀과 디자인팀의 예산은 감축하지 않는다.
> ㉢ 만약 인사팀과 디자인팀이 모두 예산을 감축하면, 기획팀의 예산도 감축된다.
> ㉣ 총무팀, 기획팀, 영업팀 가운데 두 팀만 예산을 감축한다.

① 만약 기획팀과 영업팀의 예산이 감축된다면 총무팀과 관리팀은 예산이 감축되지 않는다.

② 만약 관리팀의 예산이 감축되면 인사팀과 디자인팀의 예산도 감축되지 않는다.

③ 만약 총무팀의 예산이 감축되면 금융팀의 예산은 감축되지 않는다.

④ 만약 관리팀의 예산이 감축되면 총무팀과 기획팀의 예산이 감축된다.

⑤ 만약 금융팀의 예산이 감축되면 기획팀과 영업팀의 예산도 감축된다.

13. 다음 조건을 바탕으로 을순이의 사무실과 어제 갔던 식당이 위치한 곳을 올바르게 짝지은 것은?

> • 갑동, 을순, 병호는 각각 10동, 11동, 12동 중 한 곳에 사무실이 있으며 서로 같은 동에 사무실이 있지 않다.
> • 이들 세 명은 어제 각각 자신의 사무실이 있는 건물이 아닌 다른 동에 있는 식당에 갔었으며, 서로 같은 동의 식당에 가지 않았다.
> • 병호는 12동에서 근무하며, 갑동이와 을순이는 어제 11동 식당에 가지 않았다.
> • 을순이는 병호가 어제 갔던 식당이 있는 동에서 근무한다.

	사무실	식당
①	11동	10동
②	10동	11동
③	12동	12동
④	11동	12동
⑤	10동	11동

14. 다음 〈조건〉이 모두 참이라고 할 때, 논리적으로 항상 참이라고 볼 수 없는 것은?

> 〈조건〉
> • 눈이 오면 교실이 조용하다.
> • 교실이 조용하거나 복도가 깨끗하다.
> • 복도가 깨끗한데 눈이 오지 않으면, 운동장이 넓고 눈이 오지 않는다.
> • 교실이 조용하지 않다.

① 교실이 조용하지 않으면 복도가 깨끗하다.

② 운동장이 넓지만 눈이 오지 않는다.

③ 복도가 깨끗하지 않다.

④ 눈이 오지 않는다.

⑤ 눈이 오지 않으면, 교실이 조용하지 않고 운동장이 넓다.

15. 다음 두 사건은 별개의 사건으로 다음이 조건을 따를 때 옳은 것은?

> 〈사건 1〉
> 가인 : 저는 빵을 훔치지 않았어요.
> 나은 : 다영이는 절대 빵을 훔치지 않았어요.
> 다영 : 제가 빵을 훔쳤습니다.
> 　그런데 나중에 세 명 중 두 명은 거짓말을 했다고 자백하였고, 빵을 훔친 사람은 한 명이라는 것이 밝혀졌다.
> 〈사건 2〉
> 라희 : 저는 결코 창문을 깨지 않았습니다.
> 마준 : 라희의 말이 맞습니다.
> 바은 : 제가 창문을 깼습니다.
> 　그런데 나중에 창문을 깬 사람은 한 명이고 그 범인은 거짓말을 했다는 것이 밝혀졌다.

① 가인이의 진술은 참이었다.

② 사건 2에서 참을 말한 사람이 1명 이상이다.

③ 마준이는 창문을 깬 범인이다.

④ 다영이는 창문을 깬 범인일 수 있다.

⑤ 나은이는 거짓을 말하지 않았다.

16. 다음 글을 읽고 추론할 수 있는 것으로 옳은 것은?

우리나라에서 모두 6차례에 걸쳐 유행한 AI는 2003년부터 4차례에 걸쳐 유행한 H5N1형, 2014년 H5N8형, 그리고 올해 유행중인 H5N6형이다. 이들 모두는 H5 계열의 고병원성 AI다. AI든 사람을 감염시키는 독감바이러스든 이들 인플루엔자 바이러스는 모두 A, B, C형으로 나뉜다. B형은 사람, 물개, 족제비를 감염시키고, C형은 사람, 개, 돼지를 감염시킨다. B형, C형은 유행이 흔하지 않고 유행을 하더라도 심각하지 않다. 지난 6차례에 걸쳐 유행했던 모든 AI가 A형이고 사람에게서도 신종플루 등 심각한 문제를 일으켰던 것 역시 A형이다.

H5N6 등 이름에 붙여지는 H는 헤마글루티닌의 첫 글자인데 모두 18가지 유형이 있다. N은 뉴라미니다제의 첫 글자를 의미하는 것으로서 11가지 유형이 존재한다. H와 N은 바이러스 표면에 존재하는 단백질인데 이들의 조합에 따라 바이러스 종류가 결정되고 병원성도 달라진다. 간단한 조합만으로도 존재할 수 있는 바이러스 종류가 198종이나 되지만, 특히 H5 계열은 가능한 조합에서도 병원성에 있어서는 단연 으뜸이다.

2003년도에 처음으로 확인된 H5N1은 매우 심각한 병원성을 보이는 유형으로 유명하다. 사람 감염에서 60%의 치사율을 보인 이 AI는 사실 인류를 멸종시킬 최대 위협요인 중 하나로 간주된 적도 있다. 지금 유행하고 있는 H5N6도 중국에서는 2014년부터 지금까지 17명을 감염시켜 10명을 사망시킨 바 있다. 하지만 다행스럽게도 우리나라에서는 2003년 이후 지금까지 6차례의 AI 유행에서도 이들 AI에 사람이 감염된 사례는 없었다.

이들 H5 계열 AI는 모두 감염된 조류에게서 병증을 유발한다. 중국에서의 사람 감염 사례에서도 사망을 포함해 심각한 병증을 보인다. 그런데 지난 2013년 초 중국에서 처음으로 발병한 H7N9형 AI는 조류에게서는 전혀 병원성이 없는데 사람을 감염시키면 비로소 극심한 병증을 일으킨다. 그러니 병증만 놓고 보면 H7N9는 조류에서는 스텔스 기능이 있다고 볼 수 있다. 이런 유형은 H5형보다 사람에게 훨씬 더 위험할 수 있다. 병증이 나타나지 않으니 감염된 조류가 먼 거리를 이동하는 데 전혀 문제가 없고, 모르고 접촉해 사람이 감염되기도 쉽다. 더 심각한 것은 예방적 조치가 어렵다는 점이다. 사람 관점에서만 보자면 현존하는 AI 중에서 가장 위험한 것이 H7N9형이라고 볼 수 있다. 실제 H7N9형은 사람 감염에서 치사율이 30%에 이른다. 때문에 H7N9형은 WHO를 포함한 국제기구의 적극적인 모니터링 대상이 되고 있다.

① 헤마글루티닌과 뉴라미니다제의 조합은 총 28개이다.

② 사람이 AI에 감염되었다면, A, B, C형을 모두 의심할 수 있다.

③ 조류에게 가장 위험한 유형은 H7계열로 높은 치사율을 보인다.

④ 향후 AI로 인한 사망자는 나오지 않을 것이다.

⑤ AI를 예방하기 위한 연구가 비중있게 이루어질 것이다.

17. 다음 글에 대한 추론으로 가장 적절한 것은?

1965년 노벨상 수상자 게리 베커는 '시간의 비용'이 시간을 소비하는 방식에 따라 변화한다고 주장했다. 예를 들어 수면이나 식사활동은 영화 관람에 비해 단위 시간당 시간의 비용이 작다. 그 이유는 수면과 식사가 생산적인 활동에 기여하기 때문이다. 잠을 못 자거나 식사를 제대로 하지 못해 체력이 떨어진다면, 생산적인 활동에 제약을 받기 때문에 수면과 식사활동에 들어가는 시간의 비용이 영화 관람에 비해 작다고 볼 수 있다. 베커는 "주말이나 저녁에는 회사들이 문을 닫기 때문에 활용할 수 있는 시간의 길이가 길어지고 이에 따라 특정 행동의 시간의 비용이 줄어든다"고도 지적한다. 시간의 비용이 가변적이라는 개념은, 기대 수명이 늘어나서 사람들에게 더 많은 시간이 주어지는 것이 시간의 비용에 영향을 미칠 수 있다는 점에서 의미가 있다.

시간의 비용이 가변적이라고 생각한 이는 베커만이 아니었다. 스웨덴의 경제학자 스테판 린더는 서구인들이 엄청난 경제 성장을 이루고도 여유를 누리지 못하는 이유를 논증한다. 경제가 성장하면 사람들의 시간을 쓰는 방식도 달라진다. 임금이 상승하면 직장 밖 활동에 들어가는 시간의 비용이 늘어난다. 일하는 데 쓸 수 있는 시간을 영화나 책을 보는 데 소비하면 그만큼의 임금을 포기하는 것이다. 따라서 임금이 늘어난 만큼 일 이외의 활동에 들어가는 시간의 비용도 함께 늘어난다는 것이다.

베커와 린더는 사람들에게 주어진 시간을 고정된 양으로 전제했다. 1965년 당시의 기대수명은 약 70세였다. 하루 24시간 중 8시간을 수면에 쓰고 나머지 시간에 활동이 가능 하다면, 평생 408,800시간의 활동가능 시간이 주어지는 셈이다. 하지만 이 방정식에서 변수 하나가 바뀌면 어떻게 될까? 기대수명이 크게 늘어난다면 시간의 가치 역시 달라져서, 늘 시간에 쫓기는 조급한 마음에도 영향을 주게 되지 않을까?

① 린더에 따르면 개개인의 연봉에 따라 책을 읽는데 소비하는 시간의 비용이 다를 것이다.

② 월급이 높은 사람일수록 하루에 사용하는 시간이 더 많다.

③ 화가와 동화 작가가 함께 그림 감상을 할 때 두 사람의 시간의 가치는 다를 것이다.

④ 베커에 따르면 수면량이 많은 사람일수록 한 시간의 가치가 더 높을 것이다.

⑤ 많은 경제학자들이 시간의 비용을 줄이기 위한 연구를 거듭하고 있다.

18. 다음 주어진 글을 읽고 추론한 것으로 가장 적절한 것은?

조선후기에 들어와 아들이 없어 대를 이을 수 없는 양반들은 가계의 단절을 막기 위해 양자를 적극적으로 입양했다. 양자는 생부와 양부가 모두 생존해 있을 때 결정되기도 하지만, 양부 혹은 양부모가 모두 젊은 나이에 사망했을 때는 사후에 정해지기도 했다. 어떤 형식이든 간에 목적은 아들이 없는 집의 가계 계승이었다.

양반가에서 입양이 일단 이루어지면 양부모와 양자의 부자 관계는 지속되었으며 세월이 흘러 세대가 바뀌어도 그 관계는 변하지 않았다. 그러나 입양이 일시적으로만 유지되는 경우도 있었는데, 이는 하층민에게서 나타나는 현상이었다. 호적을 보면 평민은 물론 노비층에도 양자가 존재했으며 때로는 양부와 양자의 성씨가 다른 경우도 있었다. 양자의 성씨가 다른 경우는 가계 계승을 목적으로 하는 입양에서는 있을 수 없는 일이었다. 그러므로 조선후기에 성씨가 다른 양자가 보인다면 이는 양반가가 아닌 하층민에서 노동력 확보나 노후 봉양 등을 목적으로 한 입양이었다.

양반 남성에게 양자는 자신과 성씨가 같으며 부계 혈통을 나누어 가진 자여야만 했다. 더구나 가문 내에서 세대 간 순차적 연결을 위해, 입양하려는 사람은 입양 대상자를 자신의 아들 항렬에 해당하는 친족으로 한정했다. 따라서 적당한 입양 대상자를 찾기 위하여 때로는 20~30촌이 넘는 부계친족의 협조를 받아 입양하기도 했다. 입양된 양자는 양부모의 재산을 물려받고, 그들을 위해 매년 제사를 지냈으며, 호적에도 생부가 아닌 양부가 친부로 기록되며 이는 결코 변경되지 않았다. 한편 적자와 서자의 차별이 강화되고 적자를 통해 가계를 계승해야 한다는 인식이 확산되면서, 적자는 없지만 서자가 있는 양반가에서도 양자를 들였다. 하층민들도 부계의 아들 항렬을 입양하기도 했는데, 양반과는 달리 입양의 목적이 반드시 가계 계승에 있지는 않았다. 가계 계승이 아닌 양부모 봉양 때문에 이루어진 하층민의 친족 입양은 그 목적이 사라지면 입양 관계가 종결되었다.

조선후기 호적에는 입양 사실을 보여주는 여러 기록이 있다. 예를 들어 경상도 단성현 법물야면 호적에는 1750년에 변담이 큰아버지 변해석의 양자로 들어갔음이 기록되어 있는데, 1757년에 변해석이 사망한 후 1759년 호적에는 변담의 생부인 변해달이 변담의 친부로 기록되어 있다.

① 변담이 양자가 필요했던 것으로 보아 그의 신분은 양반이다.
② 변해석은 노동력 확보를 위해 양자를 입양했다.
③ 변해달은 서자인 변담을 형의 집으로 입양시켰다.
④ 변담은 변해석의 봉양을 위해 입양되었을 것이다.
⑤ 변담은 변해석과 항렬이 같았다.

19. 다음 주어진 글을 읽고 추론한 것으로 가장 적절한 것은?

불교에서는 사람이 죽으면 3일간 이승에서 머물다가 명부사자(冥府使者)의 인도로 명부에 간다고 믿는데, 이때 명부에서 죽은 자의 죄를 심판한다는 열 명의 왕이 바로 명부시왕이다. 시왕 신앙은 중국의 것이면서도 구체적으로는 도교적이라는 의견이 지배적이다. 즉 중국의 육조시대에 시작되었지만 도교와의 융합에 의하여 당나라 말기에 정립된 사상이라는 것이다. 또한 시왕을 그린 그림을 가리켜 시왕도 혹은 시왕경변상이라 하는데, 돈황 문헌에도 이러한 그림이 담긴 사본이 전하는 등 중국이나 한국, 일본에 이르기까지 폭넓게 전파된 불교 신앙의 하나이다.

시왕도의 주요 내용은 인간이 죽어서 거치지 않으면 안 되는 시왕 세계의 모습을 순차적으로 묘사하는 것이다. 죽어서 다음 생을 받을 때까지의 49일 동안은 중음(中陰)의 신세가 되는데 이 기간 동안 7일 간격으로 7명의 시왕 앞에 나아가 생전에 지은 죄업의 경중과 선행·악행을 심판받는다고 한다. 불가에서 49재(四十九齋)를 지내는 것도 여기에서 연유한다. 7명의 시왕은 각각 다른 지옥을 관장하고 있으며 각기 다른 죄목에 대하여 심판한다. 그러나 살면서 죄업을 많이 지은 자는 49일 이후 3명의 대왕에게 다시 심판을 받는데, 죽은 후 백일이 되는 날은 평등대왕, 1년이 되는 날에는 도시대왕, 3년째에는 오도전륜대왕의 심판을 받아 총 3년의 기간 동안 시왕의 심판을 받는다. 모든 재판이 끝나면 망자는 육도문을 통해 축생, 인간, 아귀, 천상 등 다시 태어날 곳이 결정되어 환생하게 된다.

초강대왕은 명부에서 사람이 죽은 뒤 14일째 되는 날까지 망자를 심판하는 왕으로, 「시왕생칠경」에 의하면 사자(死者)는 진광대왕의 처소에서 죽은 후 7일이 될 때까지 이것저것 심문받고 이후에 나하진(奈河津)이라는 큰 강을 건너서 초강대왕의 관청에 다다른다. 초강대왕의 관청으로 가는 길에는 탈의파(奪衣婆)라는 귀신이 죄인의 옷을 빼앗아 그 무게에 따라 죄의 무게를 정한다.

삼칠일이 되면 사자(死者)는 송제대왕에게 억류되어 이름이 하나씩 호명되면서 그가 살던 소재를 확인받게 된다. 송제대왕은 생전의 살인·도둑질·음란 등의 악업을 심판한다. 지옥장면의 왼쪽에는 두루마리를 든 판관과 동자가 서 있고, 그 아래 상의를 벗은 망자 4명이 빌고 있다. 옆에는 죄인을 형틀에 묶은 다음에 그의 입에서 혀를 빼내어 그 위에 소를 몰아 쟁기질하는 모습이 그려져 있는데, 이 장면은 입으로 나쁜 짓을 한 사람이 떨어진다고 하는 발설지옥의 장면을 묘사한 것이다. 송제대왕의 심판을 통과한 망인들은 오관대왕 앞으로 보내 진다. 오관대왕은 업(業)의 무게를 측정하는 저울을 공중에 걸어 놓고 망인들의 죄를 그 경중으로 판단한다. 좌우에 있는 동자들은 그 업의 결과를 빠짐없이 기록한다. 죄의 경중은 죽기 전의 인연에 의한다고 하는데 소원을 하더라도 바뀔 수 없다.

오칠일은 염라대왕 밑에서 지내게 되는 때이다. 염라대왕은 민간신앙과 신화에서 시왕을 대표하는 존재로 인식되고 있다. 생전에 죄를 지은 망인들은 머리를 들어 업경(業鏡)을 보고는 비로소 자신의 죄상을 자명하게 알게 된다. 그런데 이 업경은 인간만이 아니라 동물의 사후 심판도 겸하고 있다는 점이 흥미롭다.

① 망자가 명부시왕에게 심판 받는 순서는 초강대왕 – 진광대왕 – 송제대왕 – 오관대왕 – 염라대왕이다.

② 죄를 짓지 않았다고 판단되면 49일을 모두 지내지 않고 환생할 수 있다.

③ 망자가 6월 10일에 탈의파를 만났다면 그는 6월 4일에 처음 진광대왕은 만났을 것이다.

④ 시왕 신앙은 죄의 무게를 측정할 수 있다고 보고 그 무게에 따른 기준을 제시하고 있다.

⑤ 인간은 죄의 경중에 따라 동물로도 환생할 수 있고 동물로 죽음을 맞이하면 심판을 받지 않는다.

20. 다음 글에 대한 설명으로 옳지 않은 것은?

군사발전사에서 16세기는 화기(火器)와 근접전투를 연결시키는 과정에서 전술과 전략상의 주요한 변혁이 이루어졌던 시기라는 의미를 갖는다. 스페인은 그러한 변화를 다른 나라들보다 한 걸음 앞서 채택함으로써 유럽 최강국의 지위를 누릴 수 있었다. 전술상의 혁명을 국가의 군사력으로 전환하는 데는 그에 합당한 병력, 자원, 그리고 이것들을 효율적으로 운용할 수 있는 조직적 관리능력이 전제조건으로 요구되었다. 그러나 스페인의 경우 조직적 관리능력을 보유하지 못함으로써 이후 보유하던 자원마저 소멸시키는 결과를 빚게 되었다. 이 문제는 물론 스페인에만 국한된 것은 아니었으나 스페인의 경우 조직적 관리 능력의 결핍이 가져오는 정치적 결과를 가장 잘 대변해 주는 사례다.

이에 비해 17세기는 각국의 군사력 강화노력이 단순히 병력 규모나 화력의 양적 증가에 머무르지 않고 군대조직과 군사력 증강에 직접 관련되는 사회적 자원동원 면에서 국가의 중앙적 관리와 통제를 조직화하는 방향으로 기울어진 시기로 지적할 수 있을 것이다. 말을 바꾸어 이 시기는 군대를 국가의 바깥에 존재하는 별도 기구에서 국가의 유기적 부분으로 만드는 노력이 진행된 기간이었다.

이 시기에 네덜란드의 나소 가문은 새로운 전투 대형을 고안하여 전술상의 혁신을 이끌어냈다. 그러나 더욱 중요한 의미는 단순히 새로운 전투대형의 문제를 넘어서 그러한 대형이 전투에서 효과를 거두게 할 수 있는 병사들의 효율적 조직에 있었다. 새로운 전투대형이 효과를 거두기 위해서는 전술 단위부대가 하나의 기계처럼 신속하게 그리고 무엇보다도 통일되게 움직이는 것이 중요하였다. 이것이 가능하기 위해서는 병사들이 자신의 개성을 죽이고 지휘관의 명령에 즉각적으로 복종할 수 있는 자세를 갖추는 것이 필수적이었다. 14세기 스위스 보병군이 기마군에 맞서 성공할 수 있었던 것은 바로 이러한 점에 기반을 둔 것이었다. 그러나 스위스군의 경우 그러한 자세의 확보는 기계적 훈련이 아니라 스위스 공동체의 민주적 연대의식에 입각한 습관화에 바탕을 둔 것이었다. 반면 기본적으로 용병들을 바탕으로 조직된 네덜란드 군대의 경우

그러한 병사들의 자세는 자발적 또는 습관적으로 얻어질 수 있는 것이 아니라 일정한 훈련을 필요로 하는 것이었다. 훈련과 기율을 바탕으로 부대를 하나의 기계같이 만든 것이 모리스가 행한 전술상 혁신의 핵심적 내용이었다.

이러한 새로운 전투대형의 도입은 개인화기의 사용에 의해 야기된 것이었다. 개인화기의 도입은 병사들의 훈련기간을 줄이고 병사 개개인의 기술에 대한 의존도를 줄이고자 하는 의도에서 도입되었다. 당시 개인화기의 정확도는 대단히 낮았기에 전술적으로 개인화기가 아니라 집단적 화기처럼 사용되었다. 따라서 개인사수의 사격능력은 상대적으로 덜 중요했다. 집단적 화기의 효과를 얻기 위해서는 일정한 전투대형 속에서 병사 개개인들의 통일적 행동이 중요했는데, 이 점에서 창병들을 대형 속에서 전투하도록 훈련하는 것에 비해 시간적, 재정적으로 훨씬 큰 효율성을 가져올 수 있었다.

모리스의 이러한 혁신에서 부대는 마치 공업 생산단위 조직과 같은 성격을 지니는 것으로 여겨진다. 즉 조직을 구성하는 개개인의 노동자가 최소한의 지능과 기계적, 일상적 작업과정에만 익숙하면 특출난 재능을 보유하지 않아도 조직의 힘으로 일관된 생산공정을 이끌어 나갈 수 있듯이, 전투도 조직구성원들이 수행해 내는 반복된 훈련을 통해 얻어지는 표준적 기능을 통해 대량적 전투효과를 얻을 수 있게 되는 것이다.

① 16세기 스페인은 전술상의 혁명을 국가의 군사력으로 전환하기 위한 병력과 자원을 보유하고 있었다.

② 17세기 이전의 군대는 국가의 바깥에 존재하는 별도 기구로 여겨졌다.

③ 17세기 각국의 군사력 강화 노력은 병력 규모나 화력의 양적 증가 그 이상이었다.

④ 14세기 스위스 기병군이 보병군에 맞서 승리할 수 있었던 것은 스위스 공동체의 민주적 연대의식에 입각한 습관화에 바탕을 둔 것이다.

⑤ 개인화기의 도입으로 병사들의 훈련기간과 병사 개개인의 기술에 대한 의존도를 줄이고자 하였다.

21. 다음 글의 중심내용으로 적절한 것은?

동물실험이란 교육, 시험, 연구 및 생물학적 제제의 생산 등 과학적 목적을 위해 동물을 대상으로 실시하는 실험 및 그 절차를 말한다. 동물실험은 오랜 역사를 가진 만큼 이에 대한 찬반 입장이 복잡하게 얽혀있다.

인간과 동물의 몸이 자동 기계라고 보았던 근대 철학자 데카르트는 동물은 인간과 달리 영혼이 없어 쾌락이나 고통을 경험할 수 없다고 믿었다. 데카르트는 살아있는 동물을 마취도 하지 않은 채 해부 실험을 했던 것으로 악명이 높다. 당시에는 마취술이 변변치 않았을 뿐더러 동물이 아파하는 행동도 진정한 고통의 반영이 아니라고 보았기 때문에, 그는 양심의 가책을 느끼지 않았을 것이다. 칸트는 이성 능력과 도덕적 실천 능력을 가진 인간은 목적으로서 대우해야 하지만, 이성도 도덕도 가지지 않는 동물은 그렇지 않다고 보았다. 그는 동물을 학대하는 일은 옳지 않다고 생각했는데, 동물을 잔혹하게 대하는 일이 습관화되면 다른 사람과의 관계에도 문제가 생기고 인간의 품위가 손상된다고 보았기 때문이다.

동물실험을 옹호하는 여러 입장들은 인간은 동물이 가지지 않은 언어 능력, 도구 사용 능력, 이성 능력 등을 가진다는 점을 근거로 삼는 경우가 많지만, 동물들도 지능과 문화를 가진다는 점을 들어 인간과 동물의 근본적 차이를 부정하는 이들도 있다. 현대의 공리주의 생명윤리학자들은 이성이나 언어 능력에서 인간과 동물이 차이가 있더라도 동물실험이 정당화되는 것은 아니라고 본다. 이들에게 도덕적 차원에서 중요한 기준은 고통을 느낄 수 있는지 여부이다. 인종이나 성별과 무관하게 고통은 최소화되어야 하듯, 동물이 겪고 있는 고통도 마찬가지이다. 이들이 문제 삼는 것은 동물실험 자체라기보다는 그것이 초래하는 전체 복지의 감소에 있다. 따라서 동물에 대한 충분한 배려 속에서 전체적인 복지를 증대시킬 수 있다면, 일부 동물실험은 허용될 수 있다.

이와 달리, 현대 철학자 리건은 몇몇 포유류의 경우 각 동물 개체가 삶의 주체로서 갖는 가치가 있다고 주장하면서, 이 동물에게는 실험에 이용되지 않을 권리가 있다고 본다. 이러한 고유한 가치를 지닌 존재는 존중되어야 하며 결코 수단으로 취급되어서는 안 된다. 따라서 개체로서의 가치와 동물권을 지니는 대상은 그 어떤 실험에도 사용되지 않아야 한다.

① 동물실험에 대한 인식 변화
② 동물의 치료 효과에 대한 철학자들의 논쟁
③ 동물실험에 대한 학자들의 견해
④ 동물실험의 실효성에 대한 논의
⑤ 실험이 가능한 동물을 선별하는 기준

22. 다음 글에 대한 설명으로 옳지 않은 것은?

㈎ 흔히 다른 것들이 차이를 넘어서 동질성을 획득하는 과정을 뜻하는 동화는 문화적인 맥락에서는 소수자 집단이 점차 주류의 문화, 관습과 태도를 채택해가는 과정을 가리킨다. 즉 동화는 자신의 문화나 가치관을 포기하고 우월한 지배적인 문화에 자신을 동일시하는 과정을 가리킨다. 동화는 중심부 입장에서는 '확장'이고 주변부의 입장에서는 '자기부정'을 뜻한다. 즉 동화되고 있는 자신을 의식하는 자들에게 동화는 자신을 잃고 부정하는 과정이다.

㈏ 1930년대 파리에 유학 온 소수의 흑인 대학생들을 중심으로 백인되기에 동참하지 않는, 흑인으로서의 자기를 인정하려는 운동이 일어났다. 에메 세제르는 1934년부터 1948년까지 발행된 잡지 「흑인학생」에 1935년경 게재한 글에서 이러한 자신들의 운동을 네그리튀드로 처음 명명했다. 프랑스어로 흑인을 뜻하는 '네그르'와 특징이나 성격을 뜻하는 '튀드'의 합성어인 네그리튀드를 중립적인 의미인 흑인성으로 번역하는 것은 약간 문제가 있다. 프랑스어 네그르는 영어 '검둥이(nigger)'처럼 흑인을 경멸적으로 부르는 호칭이기 때문이다. 이미 '더러운, 역겨운'이란 부정적 함의를 포함한 네그르란 단어를 있는 그대로 사용하려 한 세제르의 전략은 비참하고 궁핍한 흑인의 현실을 떠안음과 동시에 자긍심의 원천으로 삼으려는 역설적 전략이었다. 네그리튀드는 제국주의가 득세하고 백인이 주도한 근대화가 정점에 이르러 있을 때 등장한 운동이었다. 네그리튀드의 멤버들은 서구에는 존재하지 않는 아프리카의 고유한 특성이나 특질을 제시하면서 서구인보다 우월한 아프리카의 본래성을 피력했다. 이것은 자긍심을 잃고 노예 상태로 살아가는 아프리카인들 사이에 만연한 정신적 무력감, 심리적 굴종을 넘어서기 위해 반드시 필요한 환상이나 이데올로기였다고 볼 수 있다. 다만 오늘날 포스트식민주의 이론가들이 백인들이 스스로의 우월함을 주장하면서 사용한 논리를 네그리튀드가 그대로 끌어와서 아프리카의 우월함을 주장했다고 비판하는 것의 적실성은 주목해야 한다. 그러나 네그리튀드가 등장할 때의 역사적 맥락마저 부정할 수는 없을 것이다.

① 흑인의 입장에서 네그리튀드는 자기부정에 대한 반발의 일종이다.
② 네그리튀드가 만연하게 되면 백인 문화의 확장이 실패하게 된다.
③ 세제르는 '네그르'라는 단어를 통해 흑인의 부정적 이미지를 강조하는 전략을 취했다.
④ 네그리튀드는 백인 주도의 근대화가 성행했을 때에 나타난 운동이다.
⑤ 네그리튀드는 우월한 아프리카의 본성을 강조하여 자신들의 우월함을 주장하였다.

23. 다음 글의 내용과 일치하지 않는 것은?

출산 초기 모유에 많이 들어 있는 모유올리고당은 아기의 장 안에 박테리아(유익균)가 제대로 자리 잡게 도와주기 위한 것이다. 신생아의 장에는 박테리아가 없으므로 먼저 깃발을 꽂는 놈이 임자인데, 만일 유해균이 선점하면 평생 장 건강이 안 좋을 수 있기 때문이다. 2000년대 초중반 행해진 연구에 따르면 보통 모유에는 모유올리고당이 100여 가지나 존재하고, 유익균의 대명사인 비피도박테리아(Bifidobacterum infantis)가 모유올리고당을 잘 먹는다는 사실이 밝혀졌다. 비피도박테리아는 설사를 일으키는 유해균이 장에 자리잡는 걸 방해하는 우군이다. 모유올리고당은 반대로 박테리아성 설사의 주범인 캄파일로박터(Campylobacter jejuni)가 장점막에 달라붙는 걸 막는다는 사실도 밝혀졌다.

캐나다 맥길대 마이클 크래머 교수팀을 비롯한 공동연구팀이 벨라루스의 아이 13,889명을 대상으로 모유와 분유의 차이를 조사한 프로젝트인 'PROBIT'을 진행했는데, 모유 예찬론자들에게는 다소 실망스런 결과를 냈다. 생후 1년까지는 모유를 먹는 게 여러 면에서 더 좋은 걸로 나왔지만, 6살 때 조사하자 모유를 먹었던 아이나 분유를 먹었던 아이나 별 차이가 없었던 것이다. 그런데 유일한 예외가 바로 지능이었다. 즉 아이가 똑똑해진다는 게 모유의 가장 확실한 효과인 셈이다.

모유의 장점이 과장됐다는 '이단적인' 연구결과가 2014년 3월 학술지 『사회과학과 의학』에 실렸다. 신시아 콜렌 교수는 모유가 아이의 건강과 지능에 장기적으로 긍정적인 영향을 미친다는 기존의 연구결과들은 '선택 편향(selection bias)'의 결과라고 주장했다. 즉 모유를 먹은 아이들이 분유를 먹은 아이들보다 더 건강하고 똑똑한 건 사실이지만, 모유가 원인은 아니라는 말이다. 대체적으로 모유를 먹일 수 있는 여성은 경제적으로 시간적으로 여유가 있는 경우가 많아 육아와 교육, 식품, 주거환경 등 여러 측면에서 더 나은 조건을 제공할 수 있다는 말이다. 연구자들은 이 가설을 입증하기 위해 기존 대규모 조사결과를 다시 분석했다. 즉 모유 수유 여부의 효과를 중장기적으로 조사한, 4세에서 14세사이의 아동 8,237명을 대상으로 한 데이터로, 이 자체는 모유를 먹은 아이들이 분유를 먹은 아이들보다 더 건강하고 똑똑한 것으로 나온다. 그런데 이 가운데 665가구에서 조사한 1,773명은 형제자매 가운데 모유 수유와 분유 수유가 혼재한 경우였다. 즉, 어떤 사정으로 인해 엄마가 자녀 일부는 모유로 키웠고, 일부는 분유로 키운 것이다. 따라서 수유를 제외한 성장환경이 비슷한 조건이다. 이들 1,773명을 대상으로 비만도, 과잉행동 여부, 어휘력, 수리능력 등 11가지 조사 항목을 다시 분석하자 모유 수유와 분유 수유 사이에 보였던 차이가 사라지거나 크게 줄어들었다. 결국 모유 수유 여부는 중장기적으로 아이의 건강이나 지능에 별 영향이 없다는 것이다.

① 모유를 많이 먹고 자란 아기의 장에는 비피도박테리아가 자리잡을 확률이 높다.
② PROBIT 연구의 결과는 모유가 지능에 확연한 영향을 준다는 것이다.
③ 콜렌 교수는 PROBIT 연구의 결과와 상반되는 입장을 발표했다.
④ 모유올리고당은 캄파일로박터가 장점막에 생존하는 것을 막는다.
⑤ 콜렌 교수에 따르면 모유를 먹은 아이들이 지능이 더 높은 이유는 모유에는 분유에 없는 성분이 있기 때문이다.

24. 다음 글을 읽고 빈칸에 들어갈 말로 가장 적절한 것을 고르시오.

우리가 많이 사용하는 진통제 대부분은 비마약성 진통제로, 통증을 유발하는 물질이 생성되지 않도록 말초신경계에서 차단하여 통증이 뇌로 전달되는 것을 막아주는 역할을 한다. 대표적인 비마약성 진통제에는 아스피린, 아세트아미노펜 등이 있다. 비마약성 진통제를 사용해도 통증이 사라지지 않는 경우에는 중추신경계에 직접적으로 작용하는 마약성 진통제를 사용하기도 한다. 마약성 진통제로 가장 잘 알려진 모르핀은 양귀비에서 추출한 아편유도체(opiate) 계통의 약물로, 암과 같이 일반적인 진통제가 듣지 않는 극심한 통증에 주로 쓰인다. 마약성 진통제는 척수나 뇌간에 작용해 통증 신호가 뇌의 감각피질에 도달하는 것을 차단한다.

1950년에 처음 소개된 뇌심부자극술(DBS; Deep Brain Stimulation) 요법은 뇌의 특정부위에 전극을 삽입한 뒤 자극을 줘서 신경세포의 활동을 억제하여 통증을 감소시키는 기법이다. 아직까지는 약물을 통해 통증을 치료하는 방법이 주로 쓰이고 있지만, 선진국에서는 통제하기 힘든 통증을 줄이기 위해 뇌심부자극술 요법을 꾸준히 연구하고 있다.

크고 작은 통증들은 다양한 통로를 통해 전달되는데, 말초신경계에서 포착된 통증 신호는 척수와 뇌관 그리고 감각시상(sensory thalamus)을 거쳐 뇌의 감각피질로 전달된다. 감각시상은 후각을 제외한 모든 감각정보를 감각피질로 전달할지 차단할지를 결정하는 감각통제기능을 지닌 것으로 알려져 있다. 예를 들어 우리가 의식이 있을 때는 시상이 모든 감각정보를 감각피질로 전달해 의식 활동이 가능하게 해 주지만, 수면 중에는 대부분의 감각정보를 차단해 우리가 깨지 않고 휴식을 취할 수 있게 해준다. 한편 이미 감지된 통증을 감소시키는 경로도 존재한다. 뇌관의 도수관주변회백질(PAG ; Peri Aqueductal Gray)에서 척수로 이어지는 경로는 신경전달물질의 일종인 아편유도체(opiate)를 분비한다. 이는 말초신경을 타고 들어오는 통증신호를 척수에서 차단하는 역할을 하는 것으로 알려져 있다.

최근 연구 결과를 살펴보면 감각시상세포는 두 가지 발화패턴이 있는 것으로 알려져 있다. 첫째, 긴장성 발화(tonic firing)는 한 번에 신경세포를 흥분시키는 활동전위(action potential)가 하나씩 발생하며 이를 통해 감각정보가 감각피질로 전달된다. 또 다른 발화 패턴인 폭발성 발화(burst firing)는 한 번에 2개 이상의 전기신호가 짧은 시간 동안 발생하는데, 이 전기신호의 전후로 신경세포의 발화가 억제된다. 따라서 이론적으로는 _____ 통증을 효과적으로 감소시킬 수 있을 것으로 예상된다.

① 모르핀과 유사한 활동을 하는 세포의 패턴을 파악하여 입력하면
② 감각시상을 자극하여 인간이 수면 상태일 때와 같은 뇌환경을 만들게 되면
③ 감각시상에 감각시상세포의 긴장성 발화를 유도할 수 있는 자극을 전달하면
④ 감각시상에 감각시상세포의 폭발성 발화를 모방한 전기 자극을 주면
⑤ 감각시상세포의 발화 패턴을 정확히 파악하기만 하면

25. 다음 글의 내용과 부합하지 않는 것은?

유럽인들이 이주해오기 전까지 남아프리카는 오랜 세월 부시맨이라 불리는 코이산(Khoisan)족의 삶의 터전이었다. 수렵과 채집으로 생활하는 코이산족은 뒤늦게 남하해온 반투(bantu)계 농경 유목 부족들과 함께 이 지역을 지켜온 원주민들이었다. 1652년 네덜란드의 동인도회사가 인도 항로의 중간 정박기지를 세우기 위해 100여 명의 인력을 파견하면서 케이프타운에 처음으로 백인 정착촌이 만들어졌다. 1657년에는 최초의 자발적인 이주자들이 자리를 잡았고, 1688~1689년에는 프랑스의 위그노 200여 가족이 종교 탄압을 피해 이주해 왔다. 백인 이주자들은 농업과 목축에 종사하면서 스스로를 '보어(Boer, 네덜란드어로 농부)' 또는 아프리카너(Afrikaner)라고 불렀다.

1814년 영국은 두 차례 케이프타운을 점령한 끝에 정식으로 자국 식민지로 편입했다. 이때부터 보어인과 영국계 사이의 갈등이 시작되었다. 케이프타운의 공용어는 영어로 바뀌었고, 1820년 영국 최초의 이민자가 케이프타운에 진입했다. 영국인들의 통치에 반발한 보어인들은 케이프타운을 떠나 북방의 내륙지방으로 집단 이동하는 '그레이트 트렉'을 결행하였고, 그 결과 1839년 '나탈 공화국', 1852년 '오렌지 자유국', 1854년 '트란스발 공화국' 등을 수립하였다. 그러나 영국은 두 차례의 보어 전쟁에서 승리하여, 1910년 대영제국의 자치 식민지인 '남아프리카연방'을 출범시켰다.

남아프리카연방의 헌법은 국민의 79%를 차지하는 흑인을 비롯해 혼혈인, 아시아인 등 비백인의 정치 참여를 배제하고 인구의 9.6%를 차지하는 백인의 지배를 강화하기 위한 장치였다. 남아프리카연방에서 백인 다수파는 영국계가 아니라 보어인 주축의 아프리카너들이었다. 유권자의 60%를 차지하는 이들은 강한 결집력을 바탕으로 각종 선거에서 늘 유리한 고지를 차지했다. 1911년 첫 선거에서 승리한 남아프리카당을 비롯, 1948년 이후 1994년까지 장기 집권한 국민당에 이르기까지 권력을 장악한 것은 늘 보어계 정당이었다. 권력을 독점한 아프리카너들은 백인들의 정치 경제적 지배를 강화하기 위한 각종 입법조치를 단행했다.

1913년 남아프리카당 정권은 흑인들의 토지 소유를 전국 토지의 10%로 제한하는 '원주민 토지법'을 제정해 본격적인 흑백차별 정책에 시동을 걸었고, 이는 1970년대 이후까지 이어졌다. 1924년에는 국민당이 집권해 공용어를 보어인들의 언어인 아프리칸스(Afrikaans)어로 변경했고, 다른 인종간의 연애를 금지시킨 '풍기문란법'(1927)을 제정했다. 1948년에 정부는 '아파르트헤이트(Apartheid)' 정책의 실행에 착수했다. 이를 위한 각종 제도적 법적 장치들이 강구되었는데, 전국민을 인종별로 분류하는 '인구등록법'(1950), 인종별로 이용할 수 있는 공공시설을 구분한 '시설분리법'(1953)이 대표적인 예였다. 1958년에는 흑인들의 자유로운 이동을 제한하던 '통행법'을 더욱 강화해 흑인들은 신분증명서 없이는 백인 지구 출입 및 체류, 도시 거주가 불가능하도록 만들었다. 또한 1951년부터 유색인종의 일반적 투표권을 박탈하는 인종별 분리 투표제를 추진해 통과시켰다. 1960년대에는 '분리에 의한 발전'이라는 미명 아래 국토를 백인 지구(87%)와 흑인 지구(13%)로 양분해, 흑인들의 거주 지역을 제한하였다.

① 아프리카너는 케이프타운의 자발적 이주자들로 보어라고도 불렸다.
② 영국의 식민지화로 인해 케이프타운의 공용어가 영어로 바뀌게 되었다.
③ 남아프리카연방의 인구 중 혼혈인, 아시아인 등과 같은 비백인의 정치참여가 활발하였다.
④ 1960년대에 남아프리카연방에서 전체 토지 중 흑인 인구가 소유한 토지는 10% 이하였을 것이다.
⑤ 남아프리카 연방의 국민당은 1948년 이후 40년 이상 장기 집권을 이어갔다.

▮1 ~ 5▮ 다음 글을 읽고 논리적 흐름에 따라 바르게 배열한 것을 고르시오.

1.

(가) 원두커피 한 잔에는 인스턴트커피의 세 배인 150mg의 카페인이 들어있다. 원두커피 판매의 요체인 커피전문점 수는 2012년 현재 9천 4백여 개로 최근 5년 새 여섯 배나 급증했다. 그런데 같은 기간 동안 우울증과 같은 정신질환과 수면장애로 병원을 찾은 사람 또한 크게 늘었다.

(나) 카페인은 우울증이나 공황장애와도 관련이 있다. 우울증을 앓고 있는 청소년은 건강한 청소년보다 커피, 콜라 등 카페인이 많은 음료를 네 배 정도 더 섭취했다. 공황장애 환자에게 원두커피 세 잔에 해당하는 450mg의 카페인을 주사했더니 약 60%의 환자로부터 발작 현상이 나타났다. 공황장애 환자는 심장이 빨리 뛰면 극도의 공포감을 느끼기 쉬운데, 이로 인해 발작 현상이 나타난다. 카페인은 심장을 자극하여 심박수를 증가시킨다.

(다) 이러한 사실에 비추어 볼 때, 커피에 들어있는 카페인은 수면장애를 일으키고, 특히 정신질환자의 우울증이나 공황장애를 악화시킨다고 볼 수 있다.

(라) 몸속에 들어온 커피가 완전히 대사되기까지는 여덟 시간 정도가 걸린다. 많은 사람들이 아침, 점심뿐만 아니라 저녁 식사 후 6시나 7시 전후에도 커피를 마신다. 그런데 카페인은 뇌를 각성시켜 집중력을 높인다. 따라서 많은 사람들이 잠자리에 드는 시간인 오후 10시 이후까지도 뇌는 각성 상태에 있다.

① (가) – (나) – (다) – (라)

② (가) – (다) – (라) – (나)

③ (가) – (라) – (나) – (다)

④ (나) – (다) – (가) – (라)

⑤ (나) – (라) – (가) – (다)

2.

(가) 그런데 다산은 단순히 개인적인 차원에서 원체를 선택한 것이 아니었다. 그것은 새로운 시각의 정식화라는 당대의 문화적 추세를 반영한 것이었다. 다산의 원체와 유비될 수 있는 것으로 당시 새롭게 등장한 미술 사조인 정선(鄭敾)의 진경(眞景) 화법을 들 수 있다. 진경 화법에서 다산의 글쓰기와 구조적으로 유사한 점들을 찾을 수 있다. 진경 화법의 특징은 경관(景觀)을 모사하는 사경(寫景)에 있는 것이 아니라 회화적 재구성을 통하여 경관에서 받은 미적 감흥을 창조적으로 구현하는 데 있다.

(나) 원체는 작가가 당대(當代)의 정치적 쟁점이 되는 핵심 개념을 액자화하여 새롭게 의미를 환기하려는 의도를, 과학적 방식에 의거하여 설득하려는 정치 · 과학적 글쓰기라고 할 수 있다. 당나라 한유(韓愈)가 다섯 개의 원체 양식의 문장을 지은 이후 후대의 학자들은 이를 모범으로 삼았다. 원체는 고문체는 아니지만 새롭게 부상한 문체로서, 당대 사상의 핵심 개념에 대해 정체성을 추구하는 분석적이고 학술적인 글쓰기이자 정치적 글쓰기로 정립되었다. 다산은 원체가 가진 이러한 정치 · 과학적 힘을 인식하고 『원정(原政)』이라는 글을 남겼다.

(다) 글쓰기 양식은 글 내용을 담는 그릇으로 내용을 강제한다. 이런 측면에서 다산 정약용이 '원체(原體)'라는 문체를 통해 정치라는 내용을 담고자 했던 '양식 선택의 정치학'은 특별한 의미를 갖는다.

(라) 이와 같은 진경 화법은 각 지방의 무수한 사경에서 터득한 시각의 정식화를 통해 만들어졌다. 실경을 새로운 기법을 통하여 정식화한 진경 화법은 다산이 전통적인 시무책(時務策) 형식을 탈피하고 새로운 관점으로 정치를 포착하고 표현하기 위해 채택한 원체의 글쓰기와 다를 바 없다. 다산이 쓴 『원정』은 기존 정치 개념의 답습 또는 모방이 아니라 정치의 정체성에 대한 질문을 통하여 그가 생각하는 정치에 관한 새로운 관점을 정식화하여 제시한 것이다.

① (가) – (라) – (다) – (나)

② (나) – (다) – (라) – (가)

③ (나) – (라) – (가) – (다)

④ (다) – (나) – (가) – (라)

⑤ (다) – (라) – (가) – (나)

3.

㈎ 그러나 온혈동물에게서 배설되는 비슷한 종류의 다른 세균들을 배제하고 대장균만을 측정하기는 어렵다. 그렇기 때문에 대장균이 속해 있는 비슷한 세균군을 모두 검사하여 분변오염 여부를 판단하고, 이 세균군을 총대장균군이라고 한다.

㈏ 식수오염의 방지를 위해서 빠른 시간 내 식수의 분변오염 여부를 밝히고 오염의 정도를 확인하기 위한 목적으로 지표생물의 개념을 도입하였다. 병원성 세균, 바이러스, 원생동물, 기생체 소낭 등과 같은 병원체를 직접 검출하는 것은 비싸고 시간이 많이 걸릴 뿐 아니라 숙달된 기술을 요구하지만, 지표생물을 이용하면 이러한 문제를 많이 해결할 수 있다.

㈐ 지표생물로 사용하는 또 다른 것은 분변성 연쇄상구균군이다. 이는 대장균을 포함하지는 않지만, 사람과 온혈동물의 장에 흔히 서식하므로 물의 분변오염 여부를 판정하는 데 이용된다. 이들은 잔류성이 높고 장 밖에서는 증식하지 않기 때문에 시료에서도 그 수가 일정하게 유지되어 좋은 상수 소독 처리지표로 활용된다.

㈑ 식수가 분변으로 오염되어 있다면 분변에 있는 병원체 수와 비례하여 존재하는 비병원성 세균을 지표생물로 이용한다. 이에 대표적인 것은 대장균이다. 대장균은 그 기원이 전부 동물의 배설물에 의한 것이므로, 시료에서 대장균의 균체 수가 일정 기준보다 많이 검출되면 그 시료에는 인체에 유해할 만큼의 병원체도 존재한다고 추정할 수 있다.

㈒ 총대장균군에 포함된 세균이 모두 온혈동물의 분변에서 기원한 것은 아니지만, 온혈동물의 배설물을 통해서도 많은 수가 방출되고 그 수는 병원체의 수에 비례한다. 염소 소독과 같은 수질 정화과정에서도 병원체와 유사한 저항성을 가지므로 식수, 오락 및 휴양 용수의 수질 결정에 좋은 지표이다.

① ㈏ – ㈎ – ㈑ – ㈒ – ㈐
② ㈏ – ㈑ – ㈎ – ㈒ – ㈐
③ ㈏ – ㈒ – ㈎ – ㈐ – ㈑
④ ㈒ – ㈏ – ㈎ – ㈑ – ㈐
⑤ ㈒ – ㈏ – ㈐ – ㈑ – ㈎

4.

㈎ 한편 일렬로 늘어선 기둥의 수직선 때문에 건물의 좌우 끝으로 가면서 건물의 상부가 바깥으로 벌어져 보이는 착시 현상이 발생한다. 이러한 현상을 교정하기 위해 좌우 끝기둥의 상부를 건물의 중앙 쪽으로 기울어지게 하는 안쏠림 기법을 사용하기도 한다. 그러나 단층 건물에서 안쏠림 기법은 귀솟음 기법과 달리 착시 현상을 교정하는 효과는 그리 크지 않다. 왜냐하면 단층 건물의 기둥 높이가 건물 앞면의 수평 길이에 비해 상대적으로 짧아서 착시 현상이 느껴지지 않기 때문이다.

㈏ 하지만 층수가 많은 중층구조에는 안쏠림 기법을 두는 경우가 많은데, 이는 끝기둥에 안쏠림 기법을 사용하면 건물의 무게 중심을 아래로 낮출 수 있기 때문이다. 중층 건물에서 안쏠림 기법은 시각적인 효과뿐만 아니라 건물의 구조적 안정성을 실현하는 데도 중요한 역할을 한다.

㈐ 귀솟음 기법은 착시 현상을 교정하는 효과 외에 구조적인 측면에서의 장점도 지닌다. 전통 구조물의 일반적인 지붕 형태인 팔작지붕의 경우, 건물 끝부분의 기둥이 건물 중간에 위치한 기둥보다 지붕의 하중을 더 많이 받게 된다. 건물 끝부분 기둥이 오랫동안 지속적으로 많은 하중을 받으면 중간 기둥보다 더 많이 침하되는 부동(不同) 침하 현상이 발생하기도 한다. 귀솟음 기법은 부동 침하 현상에 의한 구조적 변형에도 끝기둥이 중간 기둥보다 높거나 동일한 높이를 유지할 수 있는 장점을 가지고 있다.

㈑ 목조 건축물에서 지붕의 하중을 떠받치고 있는 수직 부재(部材)는 기둥이다. 이 기둥이 안정되게 수직 방향으로 서 있도록 기둥과 기둥의 상부 사이에 설치하는 수평 부재를 창방이라고 한다. 이 때, 기둥을 연결한 창방들이 만들어내는 수평선은 눈높이보다 높은 곳에 위치하고 있어 양쪽 끝이 아래로 처져 보이는 착시 현상이 발생한다. 이러한 착시 현상을 교정하기 위해 건물의 중앙에서 양쪽 끝으로 가면서 기둥이 점차 높아지도록 만드는데, 이것을 귀솟음 기법이라고 한다.

① ㈎ – ㈏ – ㈑ – ㈐
② ㈏ – ㈐ – ㈑ – ㈎
③ ㈐ – ㈎ – ㈑ – ㈏
④ ㈐ – ㈏ – ㈎ – ㈑
⑤ ㈑ – ㈐ – ㈎ – ㈏

5.

(가) 근대적 공론장의 형성을 중시하는 연구자들은 아렌트와 하버마스의 공론장 이론을 적용하여 한국적 근대 공론장의 원형을 찾는다. 이들은 유럽에서 18~19세기에 우후죽순처럼 등장한 신문, 잡지 등이 시민들의 대화와 토론에 의거한 부르주아 공론장을 형성하였다는 사실에 착안하여 『독립신문』이 근대적 공론장의 역할을 하였다고 주장한다. 또한 만민공동회라는 새로운 정치권력이 만들어낸 근대적 공론장을 통해, 공화정의 근간인 의회와 한국 최초의 근대적 헌법이 등장하는 결정적 계기가 마련되었다고 인식한다.

(나) 이러한 인식으로는 농민들을 중심으로 한 반봉건 민중운동의 지향점, 그리고 토지문제 해결을 통한 근대 이행이라는 고전적 과제에 답할 수가 없다. 또한 근대적 공론장에 기반한 근대국가가 수립되었을지라도 제국주의 열강들의 위협을 극복할 수 있었겠는지, 그 극복이 농민들의 지지 없이 가능했을지에 대한 문제의식은 들어설 여지가 없게 된다. 더 큰 문제는 이런 인식이 농민운동을 근대 이행을 방해하는 역사의 반역으로 왜곡할 소지가 있다는 것이다. 이러한 의문들이 적극적으로 해명되지 않는다면 근대 공론장 이론은 설득력을 갖기 어려울 것이다.

(다) 그런데 공론장의 형성을 근대 이행의 절대적 특징으로 이해하는 태도는 근대 이행의 다른 길들에 대한 불신과 과소평가로 이어지기도 한다. 당시 사회의 개혁을 위해서는 갑신정변과 같은 소수 엘리트 주도의 혁명이나 동학농민운동과 같은 민중봉기가 아니라, 만민공동회와 같은 다수 인민에 의한 합리적인 토론과 공론에 의거한 민주적 개혁이 올바른 길이라고 주장하는 것이 대표적 예이다. 나아가 이러한 태도는 당시 고종이 만민공동회의 주장을 수용하여 입헌군주제나 공화제를 채택했더라면 국권박탈이라는 비극만은 면할 수 있었으리라는 비약으로 이어진다.

(라) 이러한 생각의 배경에는 개인의 자각에 근거한 공론장과 평화적 토론을 통한 공론의 형성, 그리고 공론을 정치에 실현시킬 제도적 장치가 마련되어 있는 체제가 바로 '근대'라는 확고한 인식이 자리 잡고 있다. 그들은 시민세력으로 성장할 가능성을 지닌 인민들의 행위가 근대적 정치를 표현하고 있었다는 점만 중시하고, 공론 형성의 주체인 시민이 아직 형성되지 못한 시대 상황은 특수한 것으로 평가한다. 또한 근대적 정치행위가 실패한 것은 인민들의 한계가 아니라, 전제황실 권력의 탄압이나 개혁과 지도자 내부의 권력투쟁 때문이라고 설명한다.

① (가) – (다) – (라) – (나)
② (가) – (라) – (나) – (다)
③ (가) – (라) – (다) – (나)
④ (다) – (나) – (가) – (라)
⑤ (다) – (라) – (가) – (나)

6. 다음은 '악성 댓글의 원인과 해소 방안'에 관한 글을 쓰기 위해 작성한 개요이다. 수정 의견 및 보완 사항으로 적절하지 않은 것은?

Ⅰ. 문제 제기
　가. 악성 댓글의 실태
　나. 악성 댓글에 대한 처벌의 어려움
Ⅱ. 악성 댓글의 원인
　가. 사이버 공간에서의 익명성
　나. 정보 통신 윤리 의식 미흡
　다. 인터넷 검색 능력 부족
　라. 악성 댓글에 대한 문제의식 부족
Ⅲ. 악성 댓글 해소 방안
　가. 학교에서의 정보 통신 윤리 교육 강화
　나. 악성 댓글에 대한 처벌 체계 보완
Ⅳ. 결론

① 'Ⅰ-나'는 상위 항목과 어울리지 않으므로 'Ⅱ'의 하위 항목으로 이동한다.
② 'Ⅱ-다'는 글의 주제와 관련이 없으므로 삭제한다.
③ 'Ⅱ-라'는 'Ⅱ-나'와 유사한 내용이므로 'Ⅱ-나'에 포함시킨다.
④ 'Ⅲ'에는 'Ⅱ-가'와의 관련성을 고려하여 '게임 셧다운제 실시'를 추가한다.
⑤ 'Ⅳ'에는 '올바른 댓글 문화 정립'에 대한 내용을 담는다.

7. 다음은 '우리말 사랑하고 가꾸기'에 관한 글을 쓰기 위해 작성한 개요이다. 수정 의견 및 보완 사항으로 적절하지 않은 것은?

---

1. 우리말의 오용 실태 ······················· ⓐ
2. 우리말 오용 원인
  (1) 개인적 측면
    – 우리말에 대한 사랑과 긍지 부족
    – 외국어의 무분별한 사용
  (2) 사회적 측면 ···························· ⓑ
    – 우리말의 소중함에 대한 교육 부족
    – 우리말 연구 기관에 대한 정책적 지원 ········· ⓒ
    – 대중매체가 미치는 부정적 영향에 대한 인식 부족
3. 우리말을 가꾸는 방법
  (1) 개인적 차원
    – 우리말에 대한 이해와 적극적인 관심
    – 외국어의 무분별한 사용 지양
    – 외래 문물에 대한 능동적인 수용 ············· ⓓ
  (2) 사회적 차원
    – 바른 우리말 사용 캠페인
    – 바른 우리말 교육 자료의 부족
    – 대중 매체에 사용되는 우리말의 순화
4. 결론 : 우리말의 우수성 ···················· ⓔ

---

① ⓐ에는 우리말 오용의 구체적 사례를 제시해 독자의 관심을 유도한다.

② ⓑ에는 상위 항목을 고려하여 '우리말 세계화의 필요성'이라는 내용을 추가한다.

③ ⓒ는 내용의 적절성을 고려하여 '3-(2)'의 '바른 우리말 교육 자료의 부족'과 바꾼다.

④ ⓓ는 내용의 일관성을 해치므로 삭제한다.

⑤ ⓔ는 글의 전체적인 흐름을 고려하여 '우리말을 사랑하고 가꾸기 위한 노력 제고'로 수정한다.

8. 다음은 '화석 연료 사용으로 인한 문제점과 해결 방안'에 관한 글을 쓰기 위해 작성한 개요이다. 수정 의견 및 보완 사항으로 적절하지 않은 것은?

Ⅰ. 서론
Ⅱ. 본론
  1. 화석 연료 사용으로 인한 문제점
    가. 기온 상승으로 인한 지구 온난화
    나. 환경오염으로 인한 생태계 파괴
    다. 탄소 배출 증가로 인한 온실 효과
  2. 화석 연료 문제를 해결하기 위한 방안
    가. 탄소 배출을 억제하는 산업의 육성
    나. 생태계 보전을 위한 화석 연료 사용 규제
    다. 탄소 배출권 확보를 위한 정책 마련
Ⅲ. 결론 : 탄소 배출 억제를 통한 지구 생태계 보전

---

① Ⅱ-1의 '가'는 Ⅱ-1의 '다'와 합쳐 '탄소 배출 증가로 인한 지구온난화'로 고친다.

② Ⅱ-1에 '화석 연료 고갈로 인한 에너지 자원 부족'이라는 내용을 추가한다.

③ Ⅱ-2의 '다'는 논지 전개상 불필요한 내용이므로 삭제한다.

④ Ⅱ-2에 '화석 연료를 대체할 에너지 자원 개발'이라는 내용을 추가한다.

⑤ Ⅲ의 결론을 '환경오염 예방과 생태계 보전을 위한 노력'으로 고친다.

9. 다음은 '고등학교 진로 교육 내실화 방안'에 관한 글을 쓰기 위해 작성한 개요이다. 구체화하는 방안으로 적절하지 않은 것은?

• 서론
• 본론
 1. 현황
 2. 문제점 분석
  가. 교사 측면
  나. 학생 측면
  다. 교육 당국 측면
 3. 개선 방안
  가. 교사 측면
  나. 학생 측면
  다. 교육 당국 측면
• 결론

---

① '1'에서는 고등학교 현장에서 형식적으로 운영되고 있는 진로 교육 실태를 들 수 있다.

② '진로 교육에 임하는 고등학생들의 소극적인 태도'는 '2-나'에 적절하다.

③ '지역 사회, 기업 등과 연계한 지원 체계 마련을 위한 노력'은 '2-다'에서 언급될 수 있는 문제점에 대한 개선 방안이 될 수 있다.

④ '고등학교 교사들을 위한 체계적인 진로 교육 연수 확대'는 '3-가'에서 언급될 수 있다.

⑤ '다양한 진로 교육 프로그램에 고등학생들의 참여를 유도'는 '3-다'에 적절하다.

---

10. 다음은 '점점 심화되는 교통 체증을 완화할 수 있는 방법'에 관한 글을 쓰기 위해 작성한 개요와 추가로 수집한 자료이다. 자료의 활용 방안으로 적절하지 않은 것은?

[개요]
서론 : 빠른 속도로 심화되고 있는 교통 체증의 현황
본론 : 1. 교통 체증으로 인한 문제
     (1) 자원적 측면
     (2) 환경적 측면
    2. 교통 체증의 원인
     (1) 수적 측면
     (2) 제도 및 체계적 측면
     (3) 의식적 측면
    3. 교통 체증의 완화 방안
     (1) 제도 및 체계적 측면
     (2) 의식적 측면
결론 : 다각적 측면에서 교통 체증 완화를 위한 노력의 필요성 강조

[추가로 수집한 자료]
[A] 국토교통부 공식기록에 의하면 2019년 말 자동차 누적 등록 대수가 2,330만 대를 넘었다. 이는 대략 국민 두 명 중 한 명은 차를 보유한다는 것으로, 전체 자동차 등록 대수는 2013년 대비 30%가 증가하였다.
[B] 연구결과 교통 체증이 발생하면 자동차의 주행 속도가 떨어지고 그로 인해 연비가 낮아져 자동차의 연료 소모량이 증가하게 된다.
[C] 직진과 좌회전 신호로 이루어진 현행 신호 체계를 직진 위주로 바꾸면 정체 구간에서 자동차 주행 속도가 빨라지는 효과가 나타난다.
[D] 운행 일수가 적거나 카풀을 시행하는 차량에 대해서 세금과 보험료를 감면해 주어야 한다.
[E] 정체된 교차로에서 자신만 빨리 가겠다는 운전자의 심리로 '꼬리물기' 현상이 나타나는데 이 때문에 교통 체증이 더욱 심해진다.

---

① [A]는 본론 2-(1)에서 자동차 수의 증가로 인하여 교통 체증이 심화되고 있다는 근거 자료로 활용할 수 있다.

② [B]를 활용하여 본론 1-(1)에서 교통 체증이 석유 등 에너지 자원의 낭비를 불러올 수 있음을 지적한다.

③ [C]를 통해 본론 3-(1)에서 현행 신호 체계를 직진 위주로 바꾸자는 방안을 제시할 수 있다.

④ [D]는 본론 3-(2)에서 교통 체증 완화를 위해 운전자의 의식 계도가 필요함을 역설하는 근거가 될 수 있다.

⑤ [E]는 운전자의 잘못된 의식이 교통 체증을 심화시킨다는 것을 보여주는 자료로, 본론 2-(3)에서 활용할 수 있다.

11.

'기상 측정이 시작된 이후 최대 강수량, 최대 폭설', '사람체온을 훌쩍 넘기는 이상 기온'. 우리는 요즘 이런 말을 자주 듣는다. ㉠예측할 수 없는 이상 기후와 자연재해의 원인을 살펴보면 아이러니한 측면에 있다. 이제까지 인류는 화석 연료를 지혜롭게 이용한 ㉡탓에 편리함과 풍족함을 누릴 수 있었다. 수억의 인구가 먹고살 수 있도록 농업 생산량을 증가시킨 농약이나 비료를 비롯하여 건강을 지켜 준 의약품, ㉢프라스틱 제품 등 이루 헤아릴 수 없을 만큼의 많은 혜택을 인류에게 제공한 것도 화석 연료이다. ㉣게다가 화석 연료로 인한 지구 온난화는 심각한 부작용의 대표적 사례이다.

㉤그래서 다음 몇 세기는 장기간의 화석 연료 사용이 초래한 부정적인 결과를 감당해 내야만 할 것 같다. 우리는 과거의 영화를 그리워하기보다는 앞으로 닥칠 미래가 어떤 식으로 진행될지 예측해야 한다. 그와 관련하여 우선 현실을 점검하고 그에 따른 대비책을 마련해야 한다.

① ㉠은 호응을 고려하여 '~ 측면이 있다.'로 고친다.
② ㉡은 긍정적 의미를 표현하는 점을 고려하여 '덕에'로 고친다.
③ ㉢은 외래어 표기법에 맞게 '플라스틱'으로 고친다.
④ ㉣은 글의 통일성을 저해하므로 삭제한다.
⑤ ㉤은 글의 흐름을 고려하여 '그리고'로 고친다.

12.

(대문을 쿵 하고 닫으며 철수가 마당으로 들어선다.)
아빠 : 친구와 ㉠싸웠니?
철수 : 경식이는 생일 선물로 멋진 모형 비행기를 ㉡받았데요.
아빠 : 네 바람대로 내년 생일에는 비행기를 선물해 주마.
철수 : 내년까지 ㉢어떡해 기다려요?
아빠 : 시월도 ㉣넘어는 갔으니까 두 달만 참아봐.
철수 : 난 당장 갖고 싶단 말이에요.
아빠 : 그럼 좋은 수가 있지. (방패연을 가지고 나오면서) 비행기가 별거냐? 하늘만 날면 ㉤돼지.

① ㉠ : '싸우다'가 기본형이기 때문에 '싸웠니'로 고쳐야 한다.
② ㉡ : '받았다고 해요'가 원말이기 때문에 '받았대요'로 고쳐야 한다.
③ ㉢ : '어떻다'의 부사형은 '어떻게'이므로 '어떻게'로 다듬어야 한다.

④ ㉣ : 보조사 '-는' 앞에는 체언이 와야 하므로 '너머는'으로 바꿔야 한다.
⑤ ㉤ : 어간 '되-'에 종결어미 '-지'가 바로 붙었기 때문에 '되지'로 표기해야 한다.

13.

사막이 확대되고 있다. 사막화의 가장 큰 원인은 인간의 자연 파괴이다. ㉠인간은 식량 생산을 위해 삼림 개간을 확대한 결과를 들 수 있다. 지금도 아마존이나 아프리카에서는 농경지와 초지를 만들기 위해 삼림에 불을 지르고 있다. 삼림이 훼손되면 생태계가 파괴되고 토양의 생산력은 저하된다. 농경지와 초지는 삼림과 같은 수준의 물 저장 능력을 갖고 있지 않으므로, 나무나 풀이 자라기가 어려운 황무지로 변하기 쉽다. 이러한 상황에 가뭄이라도 닥치면 황무지는 ㉡금세 사막으로 변한다. ㉢사막의 오아시스는 그나마 물이 남아 있는 곳이다.

사막으로 변한 곳은 경작과 목축에 이용할 수 없다. 인간은 다시 삼림에 불을 질러 농경지와 초지를 만든다. 그렇게 만든 농경지나 초지는 다시 황폐화되고 사막으로 변하는 악순환이 거듭된다.

아마존의 삼림은 지구의 허파로 불린다. 이런 아마존의 숲이 사라지면 지구의 탄소 순환 과정에 문제가 생긴다. ㉣그리고 대기 중 이산화탄소량이 증가하고 그에 따라 지구온난화가 심화되어 사막화는 한층 가속화된다.

삼림을 개간하여 농경지를 늘리고 초지에 많은 가축을 풀면 당장의 이익은 증가할지 모른다. 그러나 현재처럼 사막화가 급속하게 진행된다면 인간의 생존조차 장담할 수 없는 날이 올 수도 있다. 더 늦기 전에 사막화를 막아야 한다. ㉤재주는 곰이 넘고 돈은 왕서방이 받는 우를 범하지 않으려면.

① ㉠ : 문장의 호응이 어색하므로, '확대한 결과를 들 수 있다'를 '확대해 왔다'로 고친다.
② ㉡ : 맞춤법에 어긋나므로 '금세'를 '금새'로 고친다.
③ ㉢ : 논지의 흐름에 비추어 보아 불필요한 문장이므로 삭제한다.
④ ㉣ : 접속어의 사용이 적절하지 않으므로 '그리고'를 '그러면'으로 바꾼다.
⑤ ㉤ : 속담의 사용이 적절하지 않으므로 '호미로 막을 것을 가래로 막는'으로 바꾼다.

14.

기대하던 '마티스전'을 관람하러 ㉠오랫만에 외출하였다. 그 동안의 지루한 장마가 그쳤다. ㉡검은 구름 사이로 덮여 있던 새파란 하늘이 손수건만 하게 나타났다. 발걸음도 경쾌하게 미술관을 향하였다. 미술관에 도착하니 사람들로 북적거렸다. ㉢사람들이 많은 전시장을 돌아보며 그림을 관람하고 있었다.

마티스의 그림을 책에서만 보았지 이렇게 직접 본 것은 이번이 처음이었다. 특히 마티스 예술의 진수인 단순성과 강렬함이 극대화된 「춤」은 매우 인상적인 작품이었다. ㉣마티스의 그림을 보고 당시 비평가들은 혹평하였다고 한다. 푸른 하늘과 언덕이 극도로 단순화 되었으며, 서로 손을 맞잡고 돌아가는 다섯 명의 무희는 강렬한 생명력을 만들어 냈다. 이 그림은 러시아의 부호 시츄킨의 의뢰로 탄생한 걸작이라 한다. 「춤」이 너무나 마음에 든 시츄킨은 그것과 짝이 될 만한, 음악을 주제로 한 그림을 또 의뢰하였다. ㉤그리고 마티스는 「춤」과 같은 색, 같은 형태의 구성이지만 조용하고 차분한 「음악」을 그렸다고 한다. 이번 '마티스전'을 계기로 다른 작가의 작품에도 관심을 가져야겠다고 생각했다.

① 맞춤법에 어긋나기 때문에 ㉠을 '오랜만에'로 바꿔야 한다.

② 표현이 어색하므로 ㉡을 '덮여 있던 검은 구름 사이로 새파란 하늘이'로 바꾸는 것이 자연스럽다.

③ 의미가 모호하므로 ㉢은 '많은 사람들이 전시장을 돌아보며 그림을 관람하고 있었다'로 바꿔야 한다.

④ 글의 흐름으로 보아 불필요한 문장이므로 ㉣은 삭제해야 한다.

⑤ 접속어의 사용이 적절하지 않으므로 ㉤을 '하지만'으로 바꿔야 한다.

15.

가격과 품질뿐 아니라 윤리와 나눔, 환경 보호를 추구하는 '공정 무역'이 새로운 관심을 끌고 있습니다. 공정 무역은 '공정하고 올바른 무역'이라는 뜻으로, 제3세계의 가난한 생산자들이 만든 물건을 공정한 가격에 거래하는 것입니다. 그럼으로써 제3세계의 가난한 생산자들에게는 경제적 자립을 할 수 있는 토대를 마련할 수 있게 해 주고, (㉠) 윤리적·환경적 기준에 부합하는 좋은 제품을 정당한 가격에 구매할 수 있게 해 주는 것입니다.

국제빈민구호기구의 보고서에 따르면 2001년 한 해 영국 소비자가 우간다산 커피를 구입하기 위해 지불한 돈 가운데 커피 재배 농민에게 돌아간 몫은 ㉡과연 0.5%였다고 합니다. 이는 다국적 기업들이 농민들로부터 터무니없는 헐값에 커피콩을 사들이면서 자신들의 이익만을 추구했기 때문입니다. 이러한 불공정한 무역구조는 생산 농민들의 열악한 생활환경을 더욱 피폐하게 만드는 주요 원인이 되었습니다. ㉢공정 무역은 불공정한 무역구조를 개선해 선진국과 후진국이 함께 혜택을 누리자는 취지에서 출발했던 것입니다. 이와 같이 정당한 노동의 대가를 인정해 주지 않는 기존의 불합리한 무역 구조로는 세계의 가난을 해결하는 데 한계가 있다는 인식이 확산되면서 공정 무역은 시작되었습니다. 공정 무역은 '착한 무역'이라고도 합니다. 여성과 아동의 ㉣노동력이나 환경 파괴를 초래하는 생산 과정을 통해 만든 제품은 그 대상에서 제외하기 때문입니다. ㉤그리고 공정 무역의 대상이 되는 제품들은 매우 다양하고 사용하기에도 편리합니다. 이는 공정 무역이 인류의 인권 신장과 친환경적인 생산을 적극적으로 표방하고 있다는 것을 보여 주는 것입니다.

① ㉠은 필요한 문장 성분이 생략되었으므로 '소비자들에게는'을 추가해야 한다.

② ㉡은 문맥의 흐름을 고려하여 '무려'로 고쳐야 한다.

③ ㉢은 문장의 연결 관계를 고려하여 바로 뒤의 문장과 맞바꿔야 한다.

④ ㉣은 문장 성분 간의 호응을 고려하여 '노동력을 착취하거나 환경 파괴를 초래하는'으로 고쳐야 한다.

⑤ ㉤은 문단의 통일성을 해치고 있으므로 삭제해야 한다.

1. 설탕 15g으로 10%의 설탕물을 만들었다. 이것을 끓였더니 농도가 20%인 설탕물이 되었다. 너무 달아서 물 15g을 더 넣었다. 몇 %의 설탕물이 만들어 졌는가?

① 10% ② 13%

③ 15% ④ 17%

⑤ 19%

2. ○○전기 A지역본부의 작년 한 해 동안의 송전과 배전 설비 수리 건수는 총 238건이다. 설비를 개선하여 올해의 송전과 배전 설비 수리 건수가 작년보다 각각 40%, 10%씩 감소하였다. 올해 수리 건수의 비가 5 : 3일 경우, 올해의 송전 설비 수리 건수는 몇 건인가?

① 102건 ② 100건

③ 98건 ④ 95건

⑤ 93건

3. 다음은 한 통신사의 요금제별 요금 및 할인 혜택에 관한 표이다. 이번 달에 전화통화와 함께 100건 이상의 문자메시지를 사용하였는데, A요금제를 이용했을 경우 청구되는 요금은 14,000원, B요금제를 이용했을 경우 청구되는 요금은 16,250원이다. 이번 달에 사용한 문자메시지는 모두 몇 건인가?

요금제	기본료	통화요금	문자메시지 요금	할인 혜택
A	없음	5원/초	10원/건	전체 요금의 20% 할인
B	5,000원/월	3원/초	15원/건	문자메시지 월 100건 무료

① 125건

② 150건

③ 200건

④ 225건

⑤ 250건

4. 경기장을 청소하는데 갑 혼자 8시간이 걸린다. 처음부터 3시간까지는 갑과 을이 같이 청소하고, 그 이후에는 갑 혼자 3시간이 걸려 청소를 마쳤다. 다음 중 을의 작업량이 전체 작업량에서 차지하는 비율은?

① 10% ② 15%

③ 20% ④ 25%

⑤ 30%

5. 직장인 B씨는 재작년에 받은 기본급은 1,800만 원이고, 작년 기본급은 재작년 기본급보다 20%가 많았다. 작년 성과급은 재작년 성과급보다 10%가 적었다. 재작년 성과급이 그 해 기본급의 1/5에 해당할 때, 작년 연봉의 인상률은? (단, 연봉은 기본급과 성과급의 합으로 한다.)

① 5% ② 10%

③ 15% ④ 20%

⑤ 25%

6. 다음 좌석표에서 2행 2열 좌석을 제외한 8개의 좌석에 여학생 4명과 남학생 4명을 1명씩 임의로 배정할 때, 적어도 2명의 남학생이 서로 이웃하게 배정될 확률은 p이다. 70p의 값을 구하시오. (단, 2명이 같은 행의 바로 옆이나 같은 열의 바로 앞뒤에 있을 때 이웃한 것으로 본다.)

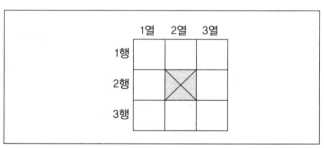

① 64

② 66

③ 68

④ 70

⑤ 72

7. 남자 탁구 선수 4명과 여자 탁구 선수 4명이 참가한 탁구 시합에서 임의로 2명씩 4개의 조를 만들 때, 남자 1명과 여자 1명으로 이루어진 조가 2개일 확률은?

① $\dfrac{3}{7}$

② $\dfrac{18}{35}$

③ $\dfrac{3}{5}$

④ $\dfrac{24}{35}$

⑤ $\dfrac{27}{35}$

8. 각 면에 1, 1, 1, 2, 2, 3의 숫자가 하나씩 적혀있는 정육면체 모양의 상자를 던져 윗면에 적힌 수를 읽기로 한다. 이 상자를 3번 던질 때, 첫 번째와 두 번째 나온 수의 합이 4이고 세 번째 나온 수가 홀수일 확률은?

① $\dfrac{5}{27}$

② $\dfrac{11}{54}$

③ $\dfrac{2}{9}$

④ $\dfrac{13}{54}$

⑤ $\dfrac{7}{27}$

9. 어느 탁구 대회에 참가한 50명의 동호회 회원 중 경기에서 승리한 회원 수와 패배한 회원 수가 다음과 같다.

(단위 : 명)

구분	남성	여성
승리한 회원 수	27	9
패배한 회원 수	8	6

참가한 회원 중에서 임의로 선택한 한 명의 회원이 여성이었을 때, 이 회원이 경기에서 승리하였을 확률이 p이다. $100p$의 값은?

① 55

② 60

③ 65

④ 70

⑤ 75

10. 어느 학교 전체 학생의 60%는 버스로, 나머지 40%는 걸어서 등교하였다. 버스로 등교한 학생의 $\dfrac{1}{20}$이 지각하였고, 걸어서 등교한 학생의 $\dfrac{1}{15}$이 지각하였다. 이 학교 전체 학생 중 임의로 선택한 1명의 학생이 지각하였을 때, 이 학생이 버스로 등교하였을 확률은?

① $\dfrac{3}{7}$

② $\dfrac{9}{20}$

③ $\dfrac{9}{19}$

④ $\dfrac{1}{2}$

⑤ $\dfrac{9}{17}$

11. 3개월의 인턴기간 동안 업무평가 점수가 가장 높았던 甲, 乙, 丙, 丁 네 명의 인턴에게 성과급을 지급했다. 제시된 조건에 따라 성과급은 甲 인턴부터 丁 인턴까지 차례로 지급되었다고 할 때, 네 인턴에게 지급된 성과급 총액은 얼마인가?

- 甲 인턴은 성과급 총액의 1/3보다 20만 원 더 받았다.
- 乙 인턴은 甲 인턴이 받고 남은 성과급의 1/2보다 10만 원을 더 받았다.
- 丙 인턴은 乙 인턴이 받고 남은 성과급의 1/3보다 60만 원을 더 받았다.
- 丁 인턴은 丙 인턴이 받고 남은 성과급의 1/2보다 70만 원을 더 받았다.

① 860만 원

② 900만 원

③ 940만 원

④ 960만 원

⑤ 980만 원

12. 다음은 우리나라의 경제활동 참가율 및 실업률에 대한 자료이다. 바르게 해석하지 못한 사람은?

(단위 : %)

연도	전체		여성		남성	
	경제활동 참가율	실업률	경제활동 참가율	실업률	경제활동 참가율	실업률
1970	57.6	4.4	39.3	2.8	77.9	5.3
1995	61.9	2.1	48.4	1.7	76.4	2.3
1996	62.1	2.0	48.9	1.6	76.2	2.4
1997	62.5	2.6	49.8	2.3	76.1	2.8
1998	60.6	7.0	47.1	5.7	75.1	7.8
1999	60.6	6.3	47.6	5.1	74.4	7.2
2000	61.0	4.1	48.6	3.3	74.2	4.7
2001	61.3	3.8	49.2	3.1	74.2	4.3
2002	61.9	3.1	49.7	2.5	74.8	3.5
2003	61.4	3.4	49.9	3.1	74.6	3.6

① 1998년의 남성 실업률은 7.8%로 전년대비 5%p 증가했는데, 이는 기간 중 가장 큰 폭의 변화이다.
② 전체 실업률이 가장 높은 해에 여성 실업률도 가장 높다.
③ 전체 경제활동참가율은 1970년 이후 증감을 거듭하고 있다.
④ 여성 실업률과 남성 실업률 증감의 추이는 동일하다.
⑤ 조사기간 동안 여성의 실업률은 항상 남성의 실업률보다 낮다.

13. 귀하는 K기업 채용관리팀에 근무하고 있다. 2017년 공채로 채용된 사무직, 연구직, 기술직, 고졸사원은 모두 2,000명이었고, 인원 현황은 다음과 같다. 2018년도에도 2,000명이 채용되는데, 사무직, 연구직, 기술직, 고졸사원의 채용 비율을 19 : 10 : 6 : 4로 변경할 방침이다. 다음 중 귀하가 판단하기에 공채로 배정되는 직무별 사원수의 변화에 대한 설명으로 적절한 것은?

구분	사무직	연구직	기술직	고졸사원
인원수	1,100명	200명	400명	300명

① 2018년 기술직 사원수는 2017년 기술직 사원수보다 늘어날 것이다.
② 2018년 사무직 사원수는 전체 채용 인원의 절반 이하로 줄어들 것이다.
③ 2018년 연구직 사원수는 전년대비 3배 이상 증가할 것이다.
④ 2018년 고졸사원수는 2017년 채용된 고졸사원수보다 늘어날 것이다.
⑤ 전년대비 채용되는 사원수가 증가하는 직렬이 감소하는 직렬보다 많을 것이다.

14. 다음은 인천공항의 2018년 6월 항공사별 항공통계이다. 자료를 잘못 분석한 것은?

(단위 : 편, 명, 톤)

항공사	운항		여객		화물	
	도착	출발	도착	출발	도착	출발
대한항공	3,912	3,908	743,083	725,524	51,923	50,722
델타항공	90	90	24,220	23,594	159	694
아시아나항공	2,687	2,676	514,468	504,773	29,220	26,159
에어프랑스	43	43	14,069	14,445	727	751
에어서울	406	406	67,037	67,949	36	53
에어캐나다	60	60	16,885	17,176	630	601
이스타항공	515	514	82,409	84,567	139	53
제주항공	1,305	1,301	224,040	223,959	444	336
진에어	894	893	175,967	177,879	498	422
티웨이항공	672	673	109,497	110,150	106	134
합계	10,584	10,564	1,971,675	1,950,016	83,882	79,925

① 2018년 6월 인천공항에 도착한 대한항공 항공기 수는 같은 기간 인천공항에 도착한 아시아나항공 항공기 수와 제주항공 항공기 수의 합보다 적다.
② 2018년 6월 이스타항공을 이용하여 인천공항에 도착한 여객 수는 같은 기간 인천공항에 도착한 전체 여객 수의 5% 이상이다.
③ 에어프랑스, 에어서울, 에어캐나다를 이용하여 2018년 6월 인천공항에서 출발한 화물의 양은 1,400톤 이상이다.
④ 2018년 6월 제주항공을 이용하여 인천공항에서 출발한 여객 수는 같은 기간 티웨이항공을 이용하여 인천공항에서 출발한 여객 수의 2배 이상이다.
⑤ 2018년 6월에 인천공항에 도착한 여객이 인천공항에서 출발한 여객보다 적은 항공사는 그렇지 않은 항공사 보다 많다.

15. 다음 표와 설명을 참고할 때, '부채'가 가장 많은 기업부터 순서대로 올바르게 나열된 것은 어느 것인가?

〈A~D기업의 재무 현황〉

(단위 : 억 원, %)

	A기업	B기업	C기업	D기업
유동자산	13	15	22	20
유동부채	10	12	20	16
순운전자본비율	10	8.6	5.6	9.5
타인자본	10	20	12	14
부채비율	90	140	84	88

* 순운전자본비율=(유동자산-유동부채)÷총 자본×100
* 부채비율=부채÷자기자본×100
* 총 자본=자기자본+타인자본

① D기업 – B기업 – C기업 – A기업

② B기업 – D기업 – C기업 – A기업

③ D기업 – B기업 – A기업 – C기업

④ A기업 – B기업 – C기업 – D기업

⑤ A기업 – D기업 – C기업 – B기업

16. 다음은 성별 독서 실태와 평균 독서량을 조사한 자료이다. 도서를 연간 1권도 읽지 않은 사람을 제외한 남성 독서자의 연간 독서량은? (단, 결과는 소수점 첫째자리에서 반올림 함)

〈응답자의 연간 성별 독서 실태〉

(단위 : %)

구분	전체	성별	
		남성	여성
0권	23.3	23.2	23.4
1~2권	9.3	9.5	9.1
3~5권	19.6	19.6	19.6
6~10권	18.7	19.4	18.0
11~15권	8.9	8.3	9.5
16권 이상	20.2	20.0	20.4
계	100.0	100.0	100.0

〈응답자의 성별 구성 및 평균 독서량〉

(단위 : 명, 권)

구분	남성	여성
응답자 수	500	500
평균 독서량	8.0	10.0

※ 1) 평균 독서량은 도서를 1권도 읽지 않은 사람까지 포함한 1인당 연간 독서량을 의미함.
2) 독서자는 1년 동안 도서를 1권 이상 읽은 사람임.

① 8권　　　　　　　② 9권

③ 10권　　　　　　 ④ 11권

⑤ 12권

17. 다음은 S시의 시장선거에서 응답자의 종교별 후보지지 설문조사 결과이다. 다음 중 ㈎와 ㈏에 들어갈 수로 알맞은 것은?

(단위 : 명)

후보 \ 응답자의 종교	불교	개신교	가톨릭	기타	합
A	130	㈎	60	300	( )
B	260	( )	30	350	740
C	( )	㈏	45	300	( )
D	65	40	15	( )	( )
계	650	400	150	1,000	2,200

※ 1) ㈎와 ㈏의 응답자 수는 같음.
　2) 후보는 4명이며, 복수응답 및 무응답은 없음.

① 100
② 110
③ 120
④ 130
⑤ 140

18. 다음 설명 중 가장 옳은 것은? (단, 불량률은 소수 둘째자리에서 반올림한다)

(단위 : 권)

구분	A출판사		B출판사		C출판사	
	양품	불량품	양품	불량품	양품	불량품
국어교재	270	30	200	10	54	3
수학교재	225	15	216	12	715	55
영어교재	300	25	600	40	850	50

※ 불량률 $= \dfrac{불량품}{양품 + 불량품} \times 100$

① 모든 교재에서 불량률이 A출판사가 가장 높다.
② 국어교재의 불량률은 A출판사가 타 출판사들의 2배 이상이다.
③ 국어교재의 불량률은 B출판사가 가장 낮다.
④ 영어교재의 불량률은 B출판사가 가장 낮다.
⑤ 모든 교재에서 불량률이 B출판사가 가장 낮다.

19. 다음 〈표〉는 2006~2010년 A국의 가구당 월평균 교육비 지출액에 대한 자료이다. 이에 대한 설명으로 옳은 것은?

〈표〉 연도별 가구당 월평균 교육비 지출액

(단위 : 원)

유형 \ 연도		2006	2007	2008	2009	2010
정규 교육비	초등교육비	14,730	13,255	16,256	17,483	17,592
	중등교육비	16,399	20,187	22,809	22,880	22,627
	고등교육비	47,841	52,060	52,003	61,430	66,519
	소계	78,970	85,502	91,068	101,793	106,738
학원 교육비	학생 학원교육비	128,371	137,043	160,344	167,517	166,959
	성인 학원교육비	7,798	9,086	9,750	9,669	9,531
	소계	136,169	146,129	170,094	177,186	176,490
기타 교육비		7,203	9,031	9,960	10,839	13,574
전체 교육비		222,342	240,662	271,122	289,818	296,802

① 2007~2010년 '전체 교육비'의 전년대비 증가율은 매년 상승하였다.
② '전체 교육비'에서 '기타 교육비'가 차지하는 비중이 가장 큰 해는 2009년이다.
③ 2008~2010년 '초등교육비', '중등교육비', '고등교육비'는 각각 매년 증가하였다.
④ '학원교육비'의 전년대비 증가율은 2009년이 2008년보다 작다.
⑤ '고등교육비'는 매년 '정규교육비'의 60% 이상이다.

20. 다음은 A, B, C, D 4대의 자동차별 속성과 연료 종류별 가격에 대한 자료이다. 다음 중 옳지 않은 것은?

〈자동차별 속성〉

특성\자동차	사용연료	최고시속 (km/h)	연비 (km/l)	연료탱크 (l)	신차구입가격 (만 원)
A	휘발유	200	10	60	2,000
B	LPG	160	8	60	1,800
C	경유	150	12	50	2,500
D	휘발유	180	20	45	3,500

〈연료 종류별 가격〉

연료 종류	리터당 가격(원/l)
휘발유	1,700
LPG	1,000
경유	1,500

※ 1) 자동차의 1년 주행거리는 20,000km임.
2) 필요경비 = 신차구입가격 + 연료비
3) 이자율은 0%로 가정하고, 신차구입은 일시불로 함.

① 10년을 운행하면 A자동차의 필요경비가 D자동차의 필요경비보다 적다.

② 연료탱크를 완전히 채웠을 때 추가 주유 없이 가장 긴 거리를 운행할 수 있는 것은 D자동차이다.

③ B자동차로 500km를 운행하기 위해서는 운행중간에 적어도 한 번 주유를 해야 한다.

④ 동일한 거리를 운행하는데 연료비가 가장 많이 드는 차는 A자동차이다.

⑤ 자동차 구입 시점부터 처음 1년 동안의 필요경비가 가장 적은 차량은 B자동차이고 가장 많은 차는 D자동차이다.

21. 다음은 갑국의 최종에너지 소비량에 대한 자료이다. 이에 대한 설명으로 옳은 것들로만 바르게 짝지어진 것은?

〈2015～2017년 유형별 최종에너지 소비량 비중〉

(단위 : %)

유형\연도	석탄 무연탄	석탄 유연탄	석유 제품	도시 가스	전력	기타
2015	2.7	11.6	53.3	10.8	18.2	3.4
2016	2.8	10.3	54.0	10.7	18.6	3.6
2017	2.9	11.5	51.9	10.9	19.1	3.7

〈2017년 부문별 유형별 최종에너지 소비량〉

(단위 : 천TOE)

유형\부문	석탄 무연탄	석탄 유연탄	석유 제품	도시 가스	전력	기타	합
산업	4,750	15,317	57,451	9,129	23,093	5,415	115,155
가정·상업	901	4,636	6,450	11,105	12,489	1,675	37,256
수송	0	0	35,438	188	1,312	0	36,938
기타	0	2,321	1,299	669	152	42	4,483
계	5,651	22,274	100,638	21,091	37,046	7,132	193,832

※ TOE는 석유 환산 톤수를 의미

㉠ 2015～2017년 동안 전력소비량은 매년 증가한다.

㉡ 2017에는 산업부문의 최종에너지 소비량이 전체 최종에너지 소비량의 50% 이상을 차지한다.

㉢ 2015～2017년 동안 석유제품 소비량 대비 전력 소비량의 비율이 매년 증가한다.

㉣ 2017년에는 산업부문과 가정·상업부문에서 유연탄 소비량 대비 무연탄 소비량의 비율이 각각 25% 이하이다.

---

① ㉠, ㉡

② ㉠, ㉣

③ ㉡, ㉢

④ ㉡, ㉣

⑤ ㉢, ㉣

22. 다음은 A 공사의 연도별 임직원 현황에 관한 자료이다. 이에 대한 설명 중 옳은 것을 모두 고르면?

구분	연도	2013	2014	2015
국적	한국	9,566	10,197	9,070
	중국	2,636	3,748	4,853
	일본	1,615	2,353	2,749
	대만	1,333	1,585	2,032
	기타	97	115	153
	계	15,247	17,998	18,857
고용형태	정규직	14,173	16,007	17,341
	비정규직	1,074	1,991	1,516
	계	15,247	17,998	18,857
연령	20대 이하	8,914	8,933	10,947
	30대	5,181	7,113	6,210
	40대 이상	1,152	1,952	1,700
	계	15,247	17,998	18,857
직급	사원	12,365	14,800	15,504
	간부	2,801	3,109	3,255
	임원	81	89	98
	계	15,247	17,998	18,857

ⓐ 매년 일본, 대만 및 기타 국적 임직원 수의 합은 중국 국적 임직원 수보다 많다.
ⓑ 매년 전체 임직원 중 20대 이하 임직원이 차지하는 비중은 50% 이상이다.
ⓒ 2014년과 2015년에 전년대비 임직원수가 가장 많이 증가한 국정은 모두 중국이다.
ⓓ 2014년에 국적이 한국이면서 고용형태가 정규직이고 직급이 사원인 임직원은 5,000명 이상이다.

① ㉠, ㉡
② ㉠, ㉢
③ ㉡, ㉣
④ ㉠, ㉢, ㉣
⑤ ㉠, ㉡, ㉢

23. 다음 자료는 K국 '갑'~'무' 공무원의 국외 출장 현황과 출장국가별 여비 기준을 나타낸 자료이다. 주어진 자료와 〈조건〉을 근거로 출장 여비를 지급받을 때, 출장 여비를 가장 많이 지급받는 출장자부터 순서대로 바르게 나열한 것은?

〈K국 '갑'~'무' 공무원 국외 출장 현황〉

출장자	출장 국가	출장 기간	숙박비 지급 유형	1박 실지출 비용($/박)	출장 시 개인 마일리지 사용 여부
갑	A	3박 4일	실비지급	145	미사용
을	A	3박 4일	정액지급	130	사용
병	B	3박 5일	실비지급	110	사용
정	C	4박 6일	정액지급	75	미사용
무	D	5박 6일	실비지급	75	사용

※ 각 출장자의 출장 기간 중 매박 실지출 비용은 변동 없음.

〈출장 국가별 1인당 여비 지급 기준액〉

구분 / 출장국가	1일 숙박비 상한액($/박)	1일 식비($/일)
A	170	72
B	140	60
C	100	45
D	85	35

〈조건〉
• 출장 여비($)＝숙박비＋식비
• 숙박비는 숙박 실지출 비용을 지급하는 실비지급 유형과 출장국가 숙박비 상한액의 80%를 지급하는 정액지급 유형으로 구분
– 실비지급 숙박비($)＝(1박 실지출 비용) × ('박' 수)
– 정액지급 숙박비($)＝(출장국가 1일 숙박비 상한액) × ('박' 수) × 0.8
• 식비는 출장시 개인 마일리지 사용여부에 따라 출장 중 식비의 20% 추가지급
– 개인 마일리지 미사용시 지급 식비($)＝(출장국가 1일 식비) × ('일' 수)
– 개인 마일리지 사용시 지급 식비($)＝(출장국가 1일 식비) × ('일' 수) × 1.2

① 갑, 을, 병, 정, 무
② 갑, 을, 병, 무, 정
③ 을, 갑, 정, 병, 무
④ 을, 갑, 병, 무, 정
⑤ 을, 갑, 무, 병, 정

24. 다음 자료와 〈보고서〉는 2012~2013년 '갑'국의 철도사고 및 운행장애 발생 현황과 원인분석에 관한 자료이다. 이를 근거로 아래의 ㉮~㉺에 알맞은 수를 바르게 나열한 것은?

〈철도사고 및 운행장애 발생 현황〉

(단위 : 건)

구분		연도	2012	2013	전년대비증감
철도 사고	철도교통 사고	열차사고	0	0	0
		철도교통 사상사고	(㉮)	( )	+4
	철도안전 사고	철도화재 사고	0	0	0
		철도안전 사상사고	(㉯)	( )	−1
		철도시설 파손사고	0	0	0
운행 장애	위험사건		0	0	0
	지연운행		5	3	−2
	기타		0	0	0

〈철도안전사상사고 피해자 유형별 사고 건수 및 피해 정도별 피해자 수〉

(단위 : 건, 명)

구분 연도	피해자 유형별 사고 건수			피해정도별 피해자 수		
	승객	비승객 일반인	직원	사망	중상	경상
2012	( )	( )	( )	1	4	4
2013	( )	( )	8	1	(㉰)	4

〈사고원인별 운행장애 발생 현황〉

(단위 : 건)

사고원인 연도	차량탈선	규정위반	급전장애	신호장애	차량고장	기타
2012	( )	( )	( )	(㉱)	2	( )
2013	1	( )	( )	( )	( )	(㉲)
전년대비 증감	+1	−1	−1	−1	−2	+2

〈보고서〉

- 2013년 철도교통사상사고는 전년대비 4건이 증가하였으며, 이 중 '투신자살'이 27건으로 전체 철도교통사상사고 건수의 90%를 차지함
- 2013년 철도안전사상사고 1건당 피해자 수는 1명으로 전년과 동일하였고, 피해자 유형은 모두 '직원'임
- 2013년에는 '규정위반', '급전장애', '신호장애', '차량고장'을 제외한 원인으로 모두 3건의 운행장애가 발생함

	㉮	㉯	㉰	㉱	㉲
①	26	9	2	1	1
②	26	9	3	1	2
③	26	10	2	2	2
④	27	9	2	2	1
⑤	27	10	3	2	2

25. 다음은 X공기업의 팀별 성과급 지급 기준이다. Y팀의 성과평가 결과가 〈보기〉와 같다면 3/4 분기에 지급되는 성과급은?

- 성과급 지급은 성과평가 결과와 연계함
- 성과평가는 유용성, 안전성, 서비스 만족도의 총합으로 평가함. 단, 유용성, 안전성, 서비스 만족도의 가중치를 각각 0.4, 0.4, 0.2로 부여함
- 성과평가 결과를 활용한 성과급 지급 기준

성과평가 점수	성과평 가 등급	분기별 성과급 지급액	비고
9.0 이상	A	100만 원	성과평가 등급이 A이면 직전 분기 차감액의 50%를 가산하여 지급
8.0 이상 9.0 미만	B	90만 원(10만 원 차감)	
7.0 이상 8.0 미만	C	80만 원(20만 원 차감)	
7.0 미만	D	40만 원(60만 원 차감)	

〈보기〉

구분	1/4 분기	2/4 분기	3/4 분기	4/4 분기
유용성	8	8	10	8
안전성	8	6	8	8
서비스 만족도	6	8	10	8

① 130만 원 ② 120만 원
③ 110만 원 ④ 100만 원
⑤ 90만 원

┃1～15┃ 다음 기호들은 일정한 규칙에 따라 도형을 변화시킨다. 주어진 도형을 도식에 따라 변화시켰을 때 결과로 올바른 것을 고르시오.

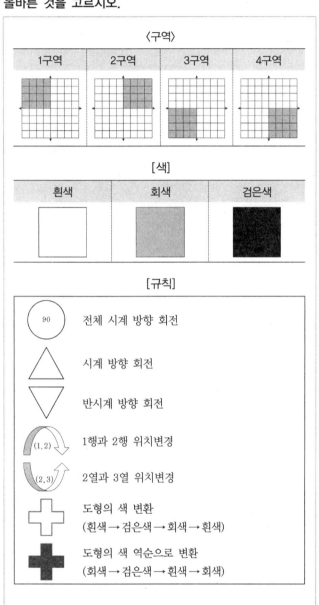

? 해당 칸의 최초 도형과 모양 비교
 -해당 칸의 최초 도형과 모양이 같으면 해당 구역 내에서 1열씩 오른쪽으로 이동
 -해당 칸의 최초 도형과 모양이 다르면 해당 구역 내에서 1행씩 아래로 이동

! 해당 칸의 최초 도형과 색깔 비교
 -해당 칸의 최초 도형과 색깔이 같으면 해당 구역 내에서 해당 열의 색 순서대로 변환
 -해당 칸의 최초 도형과 색깔이 다르면 해당 구역 내에서 해당 행의 색 순서대로 변환

1.

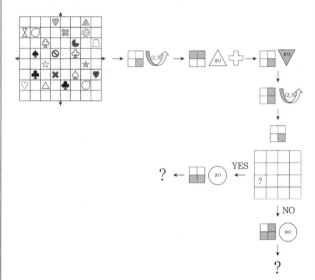

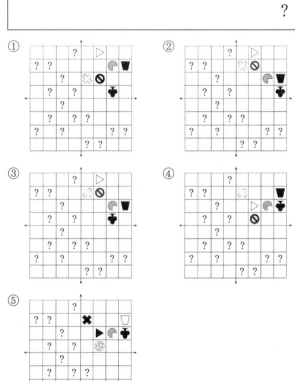

① ② ③ ④ ⑤

2.

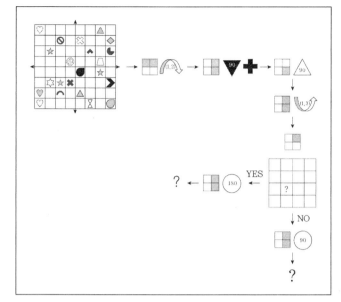

① ②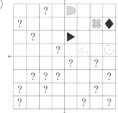

③ ④

⑤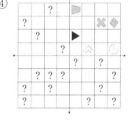

3.

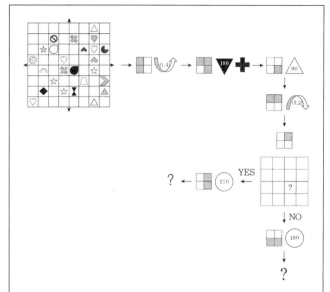

① ②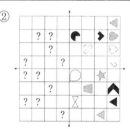

③ ④

⑤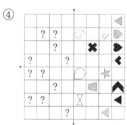

4.

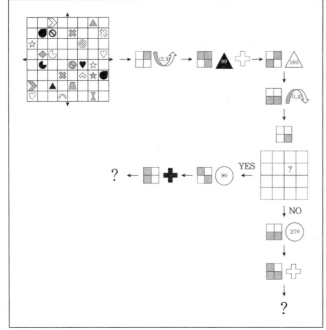

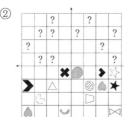

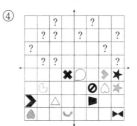

①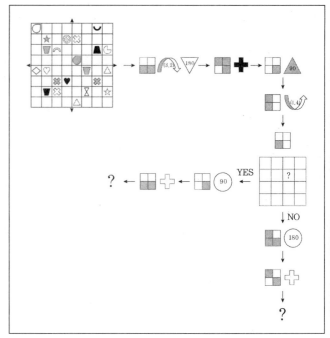

②

③

④

⑤

5.

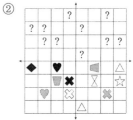

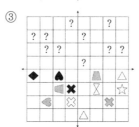

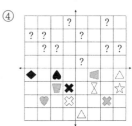

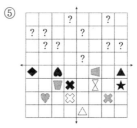

①

②

③

④

⑤

6.

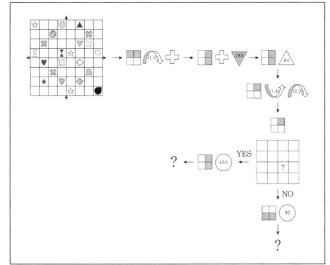

①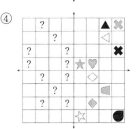

7.

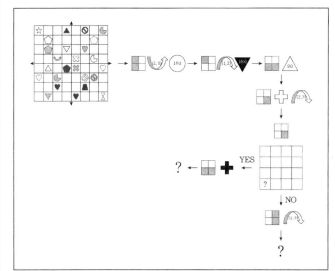

①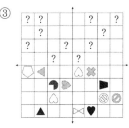

②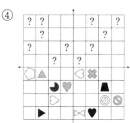

④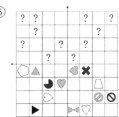

8.

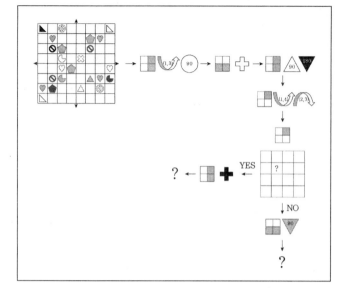

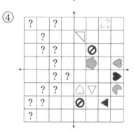

①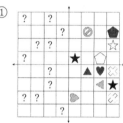

②

③

④

⑤

9.

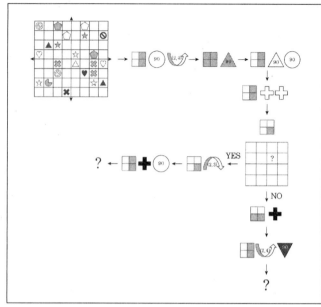

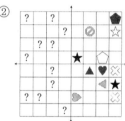

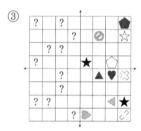

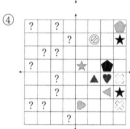

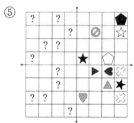

①

②

③

④

⑤

10.

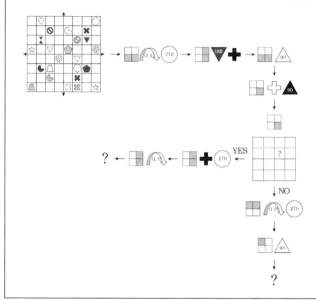

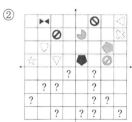

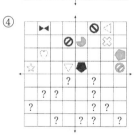

① ②

③ ④

⑤

11.

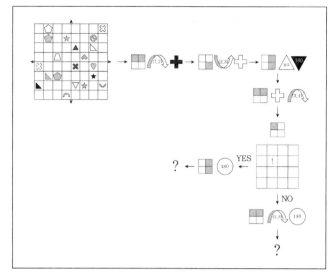

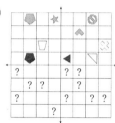

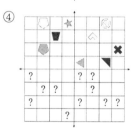

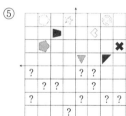

① ②

③ ④

⑤

12.

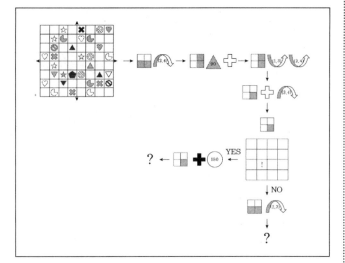

13.

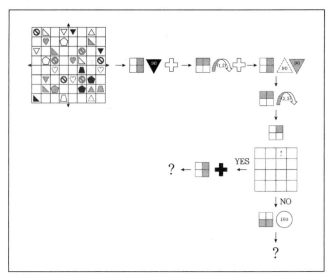

①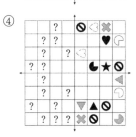

②

③

④

⑤

①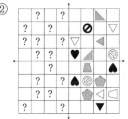

②

③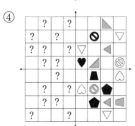

④

⑤

14.

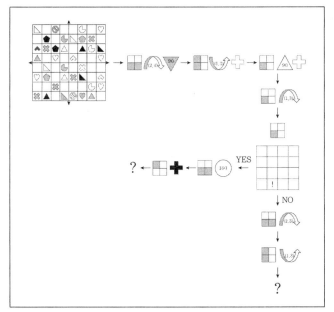

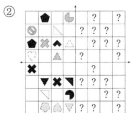

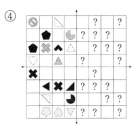

① ②

③ ④

⑤

15.

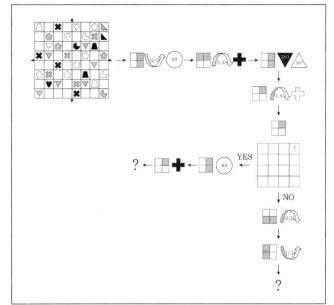

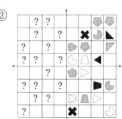

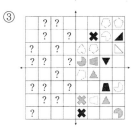

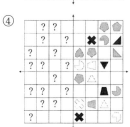

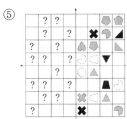

① ②

③ ④

⑤

CJ그룹

CAT
기출동형 모의고사

제 2 회	영 역	CAT part1 (언어추리, 장문독해, 언어이해) CAT part2 (응용수리, 자료해석, 도식이해)
	문항수	80문항
	시 간	100분
	비 고	객관식 5지 택일형

SEOWONGAK
(주)서원각

제 2 회 기출동형 모의고사

✏️ 1교시 (25문항 / 30분)

1. 다음 글의 논지로 적절한 것은?

1970년부터 2010년까지 167개 국가가 IMF의 지시를 따랐지만, 그 중 9개국만이 저소득 상태에서 고소득 상태로 전환되었다. 9개의 국가 중 아시아 국가는 오직 한국과 타이완뿐이다. 중국과 싱가포르 및 말레이시아를 포함하여 성공 사례로 알려진 다른 모든 아시아 국가들은 소위 IMF가 말하는 '중등소득 함정'에 빠졌다. 한국은 중등소득 함정에서 벗어나 고소득 상태로 진입할 수 있었다. 이는 교육, 저축과 함께 조선, 자동차, 전자 등 핵심 분야에 대한 고부가가치 생산과 기술을 육성함으로써 가능했다. 오늘날 한국 경제는 신흥국보다 선진국에 가까우며, 그 성공을 당연히 자랑스러워할 만하다.

그러나 한국의 성공은 국제무대에서 몇 가지 문제를 동반했다. 한국의 원화는 일본이나 타이완, 말레이시아 등 지역의 다른 경쟁자들에 비해 더 강세를 보여 왔다. 이는 한국 경제의 핵심 분야에 해당되는 수출과 관광산업에 피해를 입혔고 한국의 성장을 둔화시켰다. 한국은 계속해서 화폐전쟁에 참여하고 있으며, 금리를 낮추는 방식으로 원화를 평가절하하고 있다. 이를 통해 수출을 증대시키고 수출과 관련된 고용을 창출하며, 경제성장을 촉진시킬 것이라는 믿음 때문이다.

그러나 최근의 경제사는 우리에게 정반대의 교훈을 주고 있다. 2010년 당시 브라질은 세계에서 가장 강력한 통화를 가지고 있는 나라였다. 2006년부터 2015년까지 브라질 재무 장관을 지낸 기도 만테가(Guido Mantega)는 2010년에 브라질은 미국이 이끄는 화폐전쟁의 피해자라고 선언했다. 그 후 브라질은 자국통화를 평가절하하고 수출과 관광산업을 증진시키기 위해 2011년부터 2012년까지 연속적으로 금리를 낮추었다. 그 결과는 재앙이었다. 브라질은 성장하지 못했으며 자국 화폐의 가치 하락으로 인해 수입품 가격이 높아져 인플레이션을 겪게 되었다. 오늘날 브라질 경제는 심각한 침체를 겪고 있으며, 브라질 중앙은행은 인플레이션을 진화하기 위해 급속히 이자율을 높이고 있다. 만약 한국이 성장을 촉진시키기 위해 원화의 평가절하라는 손쉬운 방법을 택할 경우 비슷한 길을 걷게 될 수도 있다. 자국 화폐의 가치를 평가절하하여 얻은 성장은 오래가지 못하며, 오히려 오늘날 브라질의 상황처럼 인플레이션과 경기침체의 충격을 오랫동안 겪게 될 가능성이 높다.

① 화폐의 가치를 높이게 되면 인플레이션을 초래할 수 있다.

② 브라질은 경제 성장을 위해 보다 적극적으로 화폐가치를 평가절하해야 한다.

③ 여전히 강세를 보이는 브라질의 통화를 견제해야 한다.

④ 통화의 강세는 경제 성장둔화의 원인이 된다.

⑤ 한국의 성장을 위해 원화의 가치를 낮추는 정책을 위험할 수 있다.

2. 다음 글에 나타난 아리스토텔레스의 견해에 대한 이해로 가장 적절한 것은?

자연에서 발생하는 모든 일은 목적 지향적인가? 자기 몸통보다 더 큰 나뭇가지나 잎사귀를 허둥대며 운반하는 개미들은 분명히 목적을 가진 듯이 보인다. 그런데 가을에 지는 낙엽이나 한밤중에 쏟아지는 우박도 목적을 가질까? 아리스토텔레스는 모든 자연물이 목적을 추구하는 본성을 타고나며, 외적 원인이 아니라 내재적 본성에 따른 운동을 한다는 목적론을 제시한다. 그는 자연물이 단순히 목적을 갖는 데 그치는 것이 아니라 목적을 실현할 능력도 타고나며, 그 목적은 방해받지 않는 한 반드시 실현될 것이고, 그 본성적 목적의 실현은 운동 주체에 항상 바람직한 결과를 가져온다고 믿는다. 아리스토텔레스는 이러한 자신의 견해를 "자연은 헛된 일을 하지 않는다!"라는 말로 요약한다.

근대에 접어들어 모든 사물이 생명력을 갖지 않는 일종의 기계라는 견해가 강조되면서, 아리스토텔레스의 목적론은 비과학적이라는 이유로 많은 비판에 직면한다. 갈릴레이는 목적론적 설명이 과학적 설명으로 사용될 수 없다고 주장하며, 베이컨은 목적에 대한 탐구가 과학에 무익하다고 평가하고, 스피노자는 목적론이 자연에 대한 이해를 왜곡한다고 비판한다. 이들의 비판은 목적론이 인간 이외의 자연물도 이성을 갖는 것으로 의인화한다는 것이다. 그러나 이런 비판과는 달리 아리스토텔레스는 자연물을 생물과 무생물로, 생물을 식물·동물·인간으로 나누고, 인간만이 이성을 지닌다고 생각했다.

일부 현대 학자들은, 근대 사상가들이 당시 과학에 기초한 기계론적 모형이 더 설득력을 갖는다는 일종의 교조적 믿음에 의존했을 뿐, 아리스토텔레스의 목적론을 거부할 충분한 근거를 제시하지 못했다고 비판한다. 이런 맥락에서 볼로틴은 근대 과학이 자연에 목적이 없음을 보이지도 못했고 그렇게 하려는 시도조차 하지 않았다고 지적한다. 또한 우드필드는 목적론적 설명이 과학적 설명은 아니지만, 목적론의 옳고 그름을 확인할 수 없기 때문에 목적론이 거짓이라 할 수도 없다고 지적한다.

17세기의 과학은 실험을 통해 과학적 설명의 참·거짓을 확인할 것을 요구했고, 그런 경향은 생명체를 비롯한 세상의 모든 것이 물질로만 구성된다는 물질론으로 이어졌으며, 물질론 가운데 일부는 모든 생물학적 과정이 물리·화학 법칙으로 설명된다는 환원론으로 이어졌다. 이런 환원론은 살아 있는 생명체가 죽은 물질과 다르지 않음을 함축한다. 하지만 아리스토텔레스는 자연물의 물질적 구성 요소를 알면 그것의 본성을 모두 설명할 수 있다는 엠페도클레스의 견해를 반박했다. 이 반박은 자연물이 단순히 물질로만 이루어진 것이 아니며, 또한 그것의 본성이 단순히 물리·화학적으로 환원되지도 않는다는 주장을 내포한다.

첫단 과학의 발전에도 불구하고 생명체의 존재 원리와 이유를 정확히 규명하는 과제는 아직 진행 중이다. 자연물의 구성 요소에 대한 아리스토텔레스의 탐구는 자연물이 존재하고 운동하는 원리와 이유를 밝히려는 것이었고, 그의 목적론은 지금까지 이어지는 그러한 탐구의 출발점이라 할 수 있다.

① 자연물의 본성적 운동은 외적 원인에 의해 야기되기도 한다.
② 낙엽의 운동은 본성적 목적 개념으로는 설명되지 않는다.
③ 본성적 운동의 주체는 본성을 실현할 능력을 갖고 있다.
④ 자연물의 목적 실현은 때로는 그 자연물에 해가 된다.
⑤ 자연물이 가지고 있는 운동력은 본능적인 것이다.

3. 다음 글에 대한 이해로 적절하지 않은 것은?

외국 통화에 대한 자국 통화의 교환 비율을 의미하는 환율은 장기적으로 한 국가의 생산성과 물가 등 기초 경제 여건을 반영하는 수준으로 수렴된다. 그러나 단기적으로 환율은 이와 괴리되어 움직이는 경우가 있다. 만약 환율이 예상과는 다른 방향으로 움직이거나 또는 비록 예상과 같은 방향으로 움직이더라도 변동 폭이 예상보다 크게 나타날 경우 경제 주체들은 과도한 위험에 노출될 수 있다. 환율이나 주가 등 경제 변수가 단기에 지나치게 상승 또는 하락하는 현상을 오버슈팅(overshooting)이라고 한다. 이러한 오버슈팅은 물가 경직성 또는 금융 시장 변동에 따른 불안 심리 등에 의해 촉발되는 것으로 알려져 있다. 여기서 물가 경직성은 시장에서 가격이 조정되기 어려운 정도를 의미한다.

물가 경직성에 따른 환율의 오버슈팅을 이해하기 위해 통화를 금융 자산의 일종으로 보고 경제 충격에 대해 장기와 단기에 환율이 어떻게 조정되는지 알아보자. 경제에 충격이 발생할 때 물가나 환율은 충격을 흡수하는 조정 과정을 거치게 된다. 물가는 단기에는 장기 계약 및 공공요금 규제 등으로 인해 경직적이지만 장기에는 신축적으로 조정된다. 반면 환율은 단기에서도 신축적인 조정이 가능하다. 이러한 물가와 환율의 조정 속도 차이가 오버슈팅을 초래한다. 물가와 환율이 모두 신축적으로 조정되는 장기에서의 환율은 구매력 평가설에 의해 설명되는데, 이에 의하면 장기의 환율은 자국 물가 수준을 외국 물가 수준으로 나눈 비율로 나타나며, 이를 균형 환율로 본다. 가령 국내 통화량이 증가하여 유지될 경우 장기에서는 자국 물가도 높아져 장기의 환율은 상승한다. 이때 통화량을 물가로 나눈 실질 통화량은 변하지 않는다.

그런데 단기에는 물가의 경직성으로 인해 구매력 평가설에 기초한 환율과는 다른 움직임이 나타나면서 오버슈팅이 발생할 수 있다. 가령 국내 통화량이 증가하여 유지될 경우, 물가가 경직적이어서 실질 통화량은 증가하고 이에 따라 시장 금리는 하락한다. 국가 간 자본 이동이 자유로운 상황에서, 시장 금리 하락은 투자의 기대 수익률 하락으로 이어져, 단기성 외국인 투자 자금이 해외로 빠져나가거나 신규 해외 투자 자금 유입을 위축시키는 결과를 초래한다. 이 과정에서 자국 통화의 가치는 하락하고 환율은 상승한다. 통화량의 증가로 인한 효과는 물가가 신축적인 경우에 예상되는 환율 상승에, 금리 하락에 따른 자금의 해외 유출이 유발하는 추가적인 환율 상승이 더해진 것으로 나타난다. 이러한 추가적인 상승 현상이 환율의 오버슈팅인데, 오버슈팅의 정도 및 지속성은 물가 경직성이 클수록 더 크게 나타난다. 시간이 경과함에 따라 물가가 상승하여 실질 통화량이 원래 수준으로 돌아오고 해외로 유출되었던 자금이 시장 금리의 반등으로 국내로 복귀하면서, 단기에 과도하게 상승했던 환율은 장기에는 구매력 평가설에 기초한 환율로 수렴된다.

① 환율의 오버슈팅이 발생한 상황에서 물가 경직성이 클수록 구매력 평가설에 기초한 환율로 수렴되는 데 걸리는 기간이 길어질 것이다.
② 환율의 오버슈팅이 발생한 상황에서 외국인 투자 자금이 국내 시장 금리에 민감하게 반응할수록 오버슈팅 정도는 커질 것이다.
③ 물가 경직성에 따른 환율의 오버슈팅은 물가의 조정 속도보다 환율의 조정 속도가 빠르기 때문에 발생하는 것이다.
④ 국내 통화량이 증가하여 유지될 경우 장기에는 실질 통화량이 변하지 않으므로 장기의 환율도 변함이 없을 것이다.
⑤ 물가 경직성이 클수록 오버슈팅의 정도와 지속성은 더 크게 나타난다.

4. 제시된 글을 읽고, 강조하고 있는 가장 핵심적인 내용으로 적절한 것은?

경남 합천군은 10일 고령운전자 교통사고를 예방하기 위한 조례를 제정할 것이라고 밝혔다. 합천군은 이에 따라 '고령운전자 교통사고 예방에 관한 조례안'을 최근 입법 예고하고, 이 달 중 열릴 제232회 군 의회 임시회에서 조례안을 심의해 의결토록 할 계획이다. 조례안에서는 운전면허 소지자 중 합천에 주소를 둔 만 70세 이상을 고령운전자로 규정했으며 합천군수는 고령운전자가 운전면허를 자진 반납하면 예산 범위에서 교통비를 지원하는 등 교통사고 예방을 위해 적극적으로 노력할 것이라는 내용도 담겨있다.

또한 조례안에서는 주행 중인 다른 차량의 운전자가 고령운전자 차량을 쉽게 식별할 수 있도록 고령자의 차량 앞면에 고령운전자 표시 스티커를 만들어 지원할 수 있게 했다. 합천군은 고령운전자에게 운전면허 자진 반납자임을 증명하는 카드도 발급하고, 카드 소지자에게 합천군의 일부 가맹점 등을 이용할 때 할인 혜택을 주는 방안도 검토하고 있다.

조례안을 대표 발의한 최정옥 합천군 의원은 "최근 고령운전자 교통사고가 잇따르는 만큼 사고예방 지원 근거를 마련해 군민의 생명과 재산을 보호하는 것이 목적이다"라고 설명했다. 합천군은 이달 중 군 의회의 조례안 통과 후 사업계획을 구체화하면서 예산을 편성해 빠르면 올해 하반기부터 고령운전자 사고예방사업을 시작할 방침이다.

앞서 부산시는 지난해 1월부터 전국 최초로 고령운전자 면허반납 인센티브 지급제도를 도입했다. 부산시는 만 65세 이상을 대상으로 10만 원이 충전된 교통카드 등을 지급하고, 시청과 가맹 계약을 맺은 상점들을 이용하면 5%~50%의 할인 혜택을 받을 수 있는 '어르신 교통사랑 카드'를 발급했다.

서울 양천구도 올해부터 만 65세 이상 고령운전자들이 운전면허증을 반납하면 '운전면허 졸업증서'를 주고, 10만 원이 충전된 선불교통카드를 지급하고 있다. 또 경기 오산시도 고령운전자 운전면허 자진반납과 인센티브 부여 등을 담은 조례안 제정을 추진 중이다.

① 고령운전자가 안심하고 운전할 수 있는 교통법규를 마련하여야 한다.
② 고령운전자로 인한 교통사고를 예방하여야 한다.
③ 고령운전자에게 교통비 등의 지원이 시급히 이루어져야 한다.
④ 운전면허 사용 가능 연령을 법으로 지정해야 한다.
⑤ 운전면허 자진반납 제도는 강제적 반납과 차별을 두어야 한다.

▌5~8▐ 다음의 글을 흐름에 맞게 순서대로 나열한 것은?

5.

㈎ 문제는 생산과 소비를 촉진시키는 전 지구화의 경향의 환경 문제를 더욱 악화시키고 있다는 점이다.
㈏ 환경, 생태계의 파괴는 인간의 삶 자체를 위협하고 있다.
㈐ 그런데 그 원인과 책임이 대개 경제 발전 지상주의를 부추기는 경제 선진국에 있다는 것이 문제해결을 더욱 어렵게 하고 있다.
㈑ 인간의 삶의 질과 직결된 환경문제가 경제 강대국의 이해관계에 따라 좌우지되고 있기 때문이다.
㈒ 1997년 온실가스 감축을 협의한 '교토 의정서'를 미국의 부시 행정부가 들어서면서 이행을 거부하기로 한 것이 그 예이다.

① ㈏ – ㈎ – ㈐ – ㈑ – ㈒
② ㈎ – ㈑ – ㈐ – ㈒ – ㈏
③ ㈐ – ㈑ – ㈎ – ㈏ – ㈒
④ ㈑ – ㈒ – ㈐ – ㈎ – ㈏
⑤ ㈒ – ㈎ – ㈏ – ㈑ – ㈐

6.

㈎ 지구에 도달하는 태양풍의 대부분은 지구의 자기장 밖으로 흩어지고, 일부는 지구의 자기장에 끌려 붙잡히기도 한다.
㈏ 이렇게 붙잡힌 태양풍을 구성하는 전기를 띤 대전입자들은 자기장을 따라 자기의 북극과 남극 방향으로 지구 대기에 들어온다.
㈐ 이 입자들은 자기장을 타고 나선형으로 맴돌면서 지구의 양쪽 자기극으로 쏟아진다.
㈑ 하강한 대전입자는 고도 100~500km 상공에서 대기와 충돌하면서 기체(원자와 분자)를 이온화하는 과정에서 가시광선과 자외선 및 적외선 영역의 빛을 낸다.

① ㈎ – ㈏ – ㈐ – ㈑
② ㈎ – ㈏ – ㈑ – ㈐
③ ㈐ – ㈑ – ㈎ – ㈏
④ ㈏ – ㈑ – ㈎ – ㈐
⑤ ㈏ – ㈐ – ㈑ – ㈎

7.

(가) 이러한 전술상의 차이로 인해 임진왜란 이전에는 조선의 전력(戰力)이 일본의 전력을 압도하는 형세였다.

(나) 조선시대 우리의 전통적인 전술은 흔히 장병(長兵)이라고 불리는 것이었다.

(다) 장병은 기병(騎兵)과 보병(步兵)이 모두 궁시(弓矢)나 화기(火器) 같은 장거리 무기를 주무기로 삼아 원격전(遠隔戰)에서 적을 제압하는 것이 특징이었다.

(라) 이에 반해 일본의 전술은 창과 검을 주무기로 삼아 근접전(近接戰)에 치중하였기 때문에 단병(短兵)이라 일컬어졌다.

① (가) - (나) - (라) - (다)
② (나) - (다) - (라) - (가)
③ (나) - (가) - (다) - (라)
④ (다) - (라) - (가) - (나)
⑤ (라) - (가) - (나) - (다)

8.

(가) 마지막으로 협상은 서명국들 중 한 국가가 제3국으로부터 침략을 당했을 경우, 서명국들 간에 공조체제를 유지할 것인지에 대해 차후에 협의할 것을 약속하는 것이다.

(나) 먼저 방위조약은 조약에 서명한 국가들 중 어느 한 국가가 침략을 당했을 경우, 다른 모든 서명국들이 공동방어를 위해서 참전하기를 약속하는 것이다.

(다) 동맹의 종류는 그 형태에 따라 방위조약, 중립조약, 협상으로 나눌 수 있다.

(라) 다음으로 중립조약은 서명국들 중 한 국가가 제3국으로부터 침략을 받더라도, 서명국들 간에 전쟁을 선포하지 않고 중립을 지킬 것을 약속하는 것이다.

① (나) - (라) - (다) - (가)
② (나) - (가) - (다) - (라)
③ (다) - (가) - (나) - (라)
④ (다) - (나) - (가) - (라)
⑤ (다) - (나) - (라) - (가)

9. 다음 글의 내용과 일치하는 것은?

젠트리피케이션(gentrification)의 원인에 대한 도시 연구자들의 논의는 사회문화적 접근과 경제적 접근, 공공 정책적 접근으로 나눠 볼 수 있다. 사회문화적 접근은 젠트리피케이션의 원인을 수요 측면에서 분석한 반면, 경제적·공공 정책적 접근은 공급 측면에서 분석한다.

데이비드 레이(David Ley)는 「자유 이념과 후기 산업도시」라는 논문에서 젠트리피케이션의 사회문화적 원인을 분석했다. 그는 1970년대 이후 낙후한 구도심으로 되돌아오고 있는 중·상류층의 사회문화적 특성, 소비성향에 주목한다. 1960년대 후반 후기 산업사회로 접어들면서 서구의 도시 및 산업구조는 과거와 다른 모습으로 재편된다. 제조업이 쇠퇴하고 고부가가치 첨단산업, 서비스업이 부상하면서 도시의 주류 구성원이 산업 노동자에서 고소득 전문 직종에 종사하는 화이트칼라로 교체된 것이다.

베이비부머이며 여피(yuppie)로도 불리는 이들 신흥 중산층은 목가적인 전원생활을 선호하며 근검절약을 강조했던 아버지 세대와 달리, 편리함과 문화적 다양성을 갖춘 도시 생활을 선호하고 여가를 중시하며 각자의 개성을 반영한 감각적이고 심미적인 소비생활을 즐기는 성향을 가지고 있다. 때문에 이들은 교외로 떠난 아버지 세대와는 달리 도심으로 복귀해 그곳의 주거 공간을 자신들의 문화적 취향에 맞게 개조한다. 이에 따라 주변 상권은 이들의 소비성향, 곧 수요에 맞게 개편된다. 이처럼 레이는 젠트리피케이션의 원인을 사람에게서 찾았다. 후기 산업사회의 주역으로 떠오른 베이비부머 신흥 중산층이 도심에서 살기를 원하고 그곳으로 회귀하면서 발생하는 게 젠트리피케이션 현상이란 설명이다.

반면 닐 스미스(Neil Smith)는 젠트리피케이션이 '사람들이 도시로 회귀하는 것이 아니라, 자본의 이동을 표현하는 것'이라고 설명한다. 그가 주목한 것은 특정 집단의 사회적 특성이나 문화적 취향이 아니라 '부동산 시장의 본질적 속성, 결정적으로는 자본의 역할'이다. 스미스는 젠트리피케이션은 부동산 가격의 현재 가치와 미래 가치의 차이에서 유발된 것으로 제2차 세계대전 후 영미권 대도시에서 나타난 교외화 현상도 '토지와 주택 시장의 구조', 정확히 말해 현재와 미래의 가격 차이에서 발생한 것으로 설명한다. 구도심은 오랫동안 낙후되어 있었음에도 불구하고, 정치·경제·문화적 입지에서 여전히 많은 이점을 가지고 있다. 구도심의 낙후함은 부동산의 현재 가치를 한껏 낮춰 놓았고, 유리한 입지는 높은 미래 가치를 가지고 있다. 따라서 구도심은 언제든 투자가 이뤄지면 건물주와 개발업자, 부동산 중개업자들이 높은 시세 차익을 거둘 수 있게 되어 있다.

스미스는 구도심이 오랜 시간에 걸쳐 쇠퇴한 이유가 '땅주인들과 주택 소유자들이 임대료 수익을 극대화하기 위해 이들 지역이 쇠퇴하도록 내버려 두었기 때문'이라고 분석한다. 이렇게 방치해 부동산의 현재 가치와 미래 가치를 충분히 벌려 놓은 다음에 땅주인들과 주택 소유자들은 구도심의 노후 건물을 리모델링하거나 지구 단위의 재개발 사업을 추진해 높은 수익을 거두려 한다는 것이다. 스미스의 이런 주장을 '지대 격차 이론'이라 한다. 건물주와 개발업자, 부동산 중개업자 등 공급자들이 높은 수익률을 거두기 위해 벌이는 일련의 활동들의 상호작용에서 젠트리피케이션이 유발된다는 입장이다.

젠트리피케이션을 유발하는 공급자로서 정부 또는 지방자치단체를 지목하는 경우도 있다. 핵워스(J. Hackworth)와 닐 스미스는 2001년 발표한 논문 「젠트리피케이션의 변화하는 상황」에서 공공 부문의 재정 지원이 젠트리피케이션을 유발하는 주요 원인이라고 주장한다. 이들은 미국의 젠트리피케이션 현상을 1~3세대로 나누었는데, 1세대 젠트리피케이션은 1973년 경기 침체 전, 정부 주도하에 쇠퇴한 도심을 재개발하면서 진행되었고, 2세대 젠트리피케이션도 미 연방 정부가 민간 시장의 활성화를 위해 지방정부에 정액 교부금(Block Grant)을 지급하거나 엔터프라이즈 존(Enterprise Zone)을 지정하면서 진행되었다. 이에 대해 브루킹스 연구소의 모린 케네디(Maureen Kennedy)와 폴 레너드(Paul Leonard)는 지방정부의 정책 당국자들이 도시의 조세 기반을 확충하고 성장 잠재력을 끌어올리며 도심의 활력을 제고하기 위해 중·상류층의 진입을 촉진하는 방향으로 도시를 개발하고 있다고 지적했다. 정책 당국자들의 의도적 개입을 통해 젠트리피케이션이 발생했다는 설명이다.

※ 젠트리피케이션 : 노동자들의 거주지에 중산층이 이주를 해 오면서 지역 전체의 구성과 성격이 변하는 것

① 닐 스미스는 중·상류층의 소비성향을 분석하여 젠트리피케이션을 설명하려 한다.
② 데이비드 레이는 여피라고 불리는 신흥 중산층이 목가적인 생활에서 편안함을 느끼는 문화와 젠트리피케이션을 연관 짓는다.
③ 데이비드 레이는 젠트리피케이션의 원인을 사람이 아닌 사람을 둘러싼 환경과 문화에 찾으려 한다.
④ 닐 스미스는 논문에서 1세대 젠트리피케이션은 미 연방 정부가 민간 시장의 활성화를 위해 지방정부에 정액 교부금을 지급하거나 엔터프라이즈 존을 지정하면서 진행되었다.
⑤ 폴 레너드는 지방정부의 정책 당국자들이 중·상류층의 진입 유도를 통해 도심을 활성화하는 전략을 사용하고 있다고 지적했다.

10. 다음 글의 내용과 일치하는 것은?

여러 가지 호흡기 질환을 일으키는 비염은 미세먼지 속의 여러 유해 물질들이 코 점막을 자극하여 맑은 콧물이나 코막힘, 재채기 등의 증상을 유발하는 것을 말한다. 왜 코 점막의 문제인데, 비염 증상으로 재채기가 나타날까? 비염 환자들의 코 점막을 비내시경을 통해 관찰하게 되면 알레르기성 비염 환자에겐 코 점막 내의 돌기가 관찰된다. 이 돌기들이 외부에서 콧속으로 유입되는 먼지, 꽃가루, 유해물질 등에 민감하게 반응하면서 재채기 증상이 나타나는 것이다.

알레르기성 비염은 집먼지, 진드기 등이 매개가 되는 통연성 비염과 계절성 원인이 문제가 되는 계절성 비염으로 나뉜다. 최근 들어 미세먼지, 황사 등 대기 질을 떨어뜨리는 이슈가 자주 발생하면서 계절성 비염의 발생 빈도는 점차 늘어나고 있는 추세다.

아직도 비염을 단순히 코 점막 질환이라 생각한다면 큰 오산이다. 비염은 면역력의 문제, 체열 불균형의 문제, 장부의 문제, 독소의 문제가 복합적으로 얽혀서 코 점막의 비염 증상으로 표출되는 복합질환이다. 비염의 원인이 다양하고 복합적인 만큼 환자마다 나타나는 비염 유형도 가지각색이다. 비염 유형 에 따른 비염 증상에는 어떤 것이 있을까? 비염은 크게 열성 비염, 냉성 비염, 알레르기성 비염으로 나눌 수 있다.

가장 먼저, 열성 비염은 뇌 과열과 소화기의 열이 주된 원인으로 발생한다. 코 점막을 건조하게 만드는 열은 주로 뇌 과열과 소화기의 열 상승으로 발생하기 때문에 비염 증상으로는 코 점막의 건조, 출혈 및 부종 외에도 두통, 두중감, 학습장애, 얼굴열감, 급박한 변의 등이 동반되어 나타날 수 있다. 냉성 비염은 호흡기의 혈액순환 저하로 코 점막이 창백해지고 저온에 노출됐을 때 맑은 콧물 및 시큰한 자극감을 주 증상으로 하는 비염을 말한다. 또한, 호흡기 점막의 냉각은 소화기능의 저하와 신진대사 저하를 동반하기도 한다. 냉성 비염 증상은 맑은 콧물, 시큰거림 외에도 수족냉증, 체열 저하, 활력 감소, 만성 더부룩함, 변비가 동반되어 나타난다. 알레르기성 비염은 먼지, 꽃가루, 온도 등에 대한 면역 반응성이 과도하여 콧물, 코막힘, 재채기, 가려움증 등을 유발하는 비염 유형이다. 알레르기성 비염은 임상적으로 열성과 냉성으로 또 나뉠 수 있는데, 열성 비염의 동반증상으로는 코막힘, 건조함, 충혈, 부종 및 콧물이 있고, 냉성 비염의 동반증상은 맑은 콧물과 시큰한 자극감이 나타날 수 있다.

가을철 환절기인 9~11월, 알레르기성 비염과 코감기 때문에 고생하는 이들이 많다. 코감기는 알레르기성 비염과 증상이 비슷해 많은 이들이 헷갈려 하지만, 치료법이 다르기 때문에 정확하게 구분하는 것이 중요하다. 알레르기성 비염은 여러 자극에 대해 코 점막이 과잉반응을 일으키는 염증성 질환으로 맑은 콧물, 코막힘, 재채기라는 3대 비염 증상과 함께 코 가려움증, 후비루 등이 나타날 수도 있다. 또한 발열이나 오한 없이 오직 코의 증상이 나타나는데, 원인은 일교차, 꽃가루, 스트레스 등으로 다양하다. 반면 코감기는 몸 전체가 아픈 바이러스 질환으로 누런 코, 심한 코막힘에 오한, 발열을 동반한 코 증상이 있으며, 코 점막이 새빨갛게 부어 오른 경우는 코감

기로 볼 수 있다. 코감기는 충분한 휴식만으로도 치료가 가능할 수 있지만 알레르기성 비염은 꼭 약물치료가 필요하다.

① 계절성 비염 환자에겐 코 점막 내에 외부에서 유입되는 물질들에 민감하게 반응하는 돌기가 관찰된다.
② 비염은 복합적인 문제로 발생되는 것처럼 보이지만 그 유형에 따라 분리하면 쉽게 원인을 분석할 수 있다.
③ 열성 비염은 뇌 과열과 소화기 열 상승을 유발하기 때문에 다양한 증상들이 동반된다.
④ 냉성 비염 환자는 코 점막이 창백해지고 맑은 콧물, 시큰거림 외에도 수족냉증, 체열 저하, 활력 감소 등의 증상을 보인다.
⑤ 알레르기성 비염과 코감기는 기저질환이 유사하여 근본적인 치료법이 같다.

11. 다음 글을 근거로 유추할 경우 옳은 내용만을 바르게 짝지은 것은?

- 9명의 참가자는 1번부터 9번까지의 번호 중 하나를 부여 받고, 동시에 제비를 뽑아 3명은 범인, 6명은 시민이 된다.
- '1번의 오른쪽은 2번, 2번의 오른쪽은 3번, …, 8번의 오른쪽은 9번, 9번의 오른쪽은 1번'과 같이 번호 순서대로 동그랗게 앉는다.
- 참가자는 본인과 바로 양 옆에 앉은 사람이 범인인지 시민인지 알 수 있다.
- "옆에 범인이 있다."라는 말은 바로 양 옆에 앉은 2명 중 1명 혹은 2명이 범인이라는 뜻이다.
- "옆에 범인이 없다."라는 말은 바로 양 옆에 앉은 2명 모두 범인이 아니라는 뜻이다.
- 범인은 거짓말만 하고, 시민은 참말만 한다.

㉠ 1, 4, 6, 7, 8번의 진술이 "옆에 범인이 있다."이고, 2, 3, 5, 9번의 진술이 "옆에 범인이 없다."일 때, 8번이 시민임을 알면 범인들을 모두 찾아낼 수 있다.
㉡ 만약 모두가 "옆에 범인이 있다."라고 진술한 경우, 범인이 부여받은 번호의 조합은 (1, 4, 7) / (2, 5, 8) / (3, 6, 9) 3가지이다.
㉢ 한 명만이 "옆에 범인이 없다."라고 진술한 경우는 없다.

① ㉡
② ㉢
③ ㉠, ㉡
④ ㉠, ㉢
⑤ ㉡, ㉢

12. 고 대리, 윤 대리, 염 사원, 서 사원 중 1명은 갑작스런 회사의 사정으로 인해 오늘 당직을 서야 한다. 이들은 논의를 통해 당직자를 결정하였으나, 동료인 최 대리에게 다음 〈보기〉와 같이 말하였고, 이 중 1명만이 진실을 말하고, 3명은 거짓말을 하였다. 당직을 서게 될 사람과 진실을 말한 사람을 순서대로 알맞게 나열한 것은 어느 것인가?

〈보기〉
고 대리 : "윤 대리가 당직을 서겠다고 했어."
윤 대리 : "고 대리는 지금 거짓말을 하고 있어."
염 사원 : "저는 오늘 당직을 서지 않습니다, 최 대리님."
서 사원 : "당직을 서는 사람은 윤 대리님입니다."

① 고 대리, 서 사원
② 염 사원, 고 대리
③ 서 사원, 윤 대리
④ 염 사원, 윤 대리
⑤ 고 대리, 윤 대리

13. 영업부 직원 8명의 자리는 그림과 같다. 제시된 조건에 따라 자리를 이동하였을 경우에 대한 설명으로 올바른 것은 어느 것인가?

김 사원	오 대리	임 대리	박 사원
최 대리	민 사원	나 대리	양 사원

- 자리는 8명이 모두 이동하였다.
- 같은 라인에서 이동한 직원은 각 라인 당 2명이다.('라인'은 그림 상의 좌우 한 줄을 의미한다. 예를 들어 위의 그림에서 김 사원~박 사원은 한 라인에 위치한다.)
- 이동 후 양 사원의 자리와 나 대리의 자리, 오 대리의 자리와 김 사원의 자리는 각각 가장 멀리 떨어진 곳에 위치하게 되었다.
- 박 사원의 좌우측에는 각각 최 대리와 나 대리가 앉게 되었다.

① 양 사원의 옆 자리에는 민 사원이 앉게 된다.
② 김 사원의 옆 자리에는 어떤 경우에도 최 대리가 앉게 된다.
③ 임 대리는 최 대리와 마주보고 앉게 된다.
④ 민 사원은 오 대리와 마주보고 앉게 된다.
⑤ 최 대리는 항상 맨 끝자리에 앉는다.

14. 같은 회사를 다니는 甲~丁 네 명의 사람이 네 곳의 사내 동아리에 지원하였다. 다음 〈조건〉이 모두 참이라고 할 때, 甲~丁의 〈진술〉에 대한 설명으로 옳지 않은 것은?

〈조건〉
- 모든 사람은 한 곳 이상의 사내 동아리에 지원하였다.
- 甲~丁의 지원횟수의 총합은 10번이다.
- 甲~丁 중 한 명은 거짓말을 하고 있다.

〈진술〉
甲~丁의 진술은 다음과 같다.
甲 : 나는 세 군데 이상의 동아리에 지원했어.
乙 : 나는 두 군데 이상의 동아리에 지원했어.
丙 : 나는 모두 다 지원했어.
丁 : 나는 두 군데 이상의 동아리에 지원했어.

① 甲의 진술이 거짓이라면, 乙과 丁이 지원한 동아리가 겹치지 않을 수도 있다.

② 乙의 진술이 거짓이라면, 甲과 丁이 지원한 동아리가 반드시 겹친다.

③ 乙의 진술이 거짓이라면, 乙이 지원한 동아리를 알 수 있다.

④ 丙의 진술이 거짓이라면, 甲과 丁은 반드시 중복되는 동아리가 있다.

⑤ 丁의 진술이 거짓이라면, 甲과 乙은 반드시 중복되는 동아리가 있다.

15. 다음의 말이 참일 때 항상 참인 것은?

- 커피를 산 사람은 물과 초코쿠키를 사지 않았다.
- 곡물쿠키를 산 사람 중에 커피를 산 사람도 있다.
- 초코쿠키를 사지 않은 사람은 차와 견과류를 샀다.
- 곡물쿠키를 사지 않은 사람은 샌드위치를 샀다.

① 샌드위치를 사지 않은 사람 중에 물을 산 사람도 있다.
② 차를 사지 않은 사람은 커피를 사지 않았다.
③ 차와 견과류를 사지 않은 사람은 곡물쿠키를 샀다.
④ 샌드위치를 산 사람은 곡물쿠키를 사지 않았다.
⑤ 커피를 산 사람은 반드시 샌드위치를 산다.

16. 다음 글을 바탕으로 '자유무역이 가져다주는 이득'으로 추론할 수 있는 내용이 아닌 것은?

오늘날 세계경제의 개방화가 진전되면서 국제무역이 계속해서 크게 늘어나고 있다. 국가 간의 무역 규모는 수출과 수입을 합한 금액이 국민총소득(GNI)에서 차지하는 비율로 측정할 수 있다. 우리나라의 2014년 '수출입의 대 GNI 비율'은 99.5%로 미국이나 일본 등의 선진국과 비교할 때 매우 높은 편에 속한다.

그렇다면 국가 간의 무역은 왜 발생하는 것일까? 가까운 곳에서 먼저 예를 찾아보자. 어떤 사람이 복숭아를 제외한 여러 가지 과일을 재배하고 있다. 만약 이 사람이 복숭아가 먹고 싶을 때 이를 다른 사람에게서 사야만 한다. 이와 같은 맥락에서 나라 간의 무역도 부존자원의 유무와 양적 차이에서 일차적으로 발생할 수 있다. 헌데 이러한 무역을 통해 얻을 수 있는 이득이 크다면 왜 선진국에서조차 완전한 자유무역이 실행되고 있지 않을까? 세계 각국에 자유무역을 확대할 것을 주장하는 미국도 자국의 이익에 따라 관세 부과 등의 방법으로 무역에 개입하고 있는 실정이다. 그렇다면 비교우위에 따른 자유무역이 교역 당사국 모두에게 이익을 가져다준다는 것은 이상에 불과한 것일까?

세계 각국이 보호무역을 취하는 것은 무엇보다 자국 산업을 보호하기 위한 것이다. 비교우위가 없는 산업을 외국기업과의 경쟁으로부터 어느 정도의 경쟁력을 갖출 때까지 일정 기간 보호하려는 데 그 목적이 있는 것이다.

우리나라의 경우 쌀 농업에서 특히 보호주의가 강력히 주장되고 있다. 우리의 주식인 쌀을 생산하는 농업이 비교우위가 없다고 해서 쌀을 모두 외국에서 수입한다면 식량안보 차원에서 문제가 될 수 있으므로 국내 농사를 전면적으로 포기할 수 없다는 논리이다.

교역 당사국 각자는 비교우위가 있는 재화의 생산에 특화해서 자유무역을 통해 서로 교환할 경우 기본적으로 거래의 이득을 보게 된다. 자유무역은 이러한 경제적 잉여의 증가 이외에 다음과 같은 측면에서도 이득을 가져다준다.

① 각국 소비자들에게 다양한 소비 기회를 제공한다.
② 비교우위에 있는 재화의 수출을 통한 규모의 경제를 이루어 생산비를 절감할 수 있다.
③ 비교우위에 의한 자유무역의 이득은 결국 한 나라 내의 모든 경제주체가 누리게 된다.
④ 경쟁을 활성화하여 경제 전체의 후생 수준을 높일 수 있다.
⑤ 각국의 기술 개발을 촉진해주는 긍정적인 파급 효과를 발휘하기도 한다.

17. 다음 글을 읽고 추론할 수 있는 것은?

직감이란 쉽게 설명될 수 있는 것이 아니다. 훗날 유전학 분야에서 노벨상을 받은 바버라 매클린턱은 젊은 시절 유전학 연구에서 깨달은 것을 어떻게 설명해야 할지 방법이 떠오르지 않았다. 수십 년 후, 매클린턱은 이렇게 회고했다. "문제를 풀다가 답이라고 할 만한 어떤 것이 갑자기 떠올랐다면, 그것은 말로 설명하기 전에 이미 무의식 속에서 해답을 구한 경우다. 나에겐 그런 일이 자주 일어났는데 그때마다 나는 그것이 정답이라는 것을 이미 알았다. 나의 확신은 절대적이었지만 말로 설명하지 않았다. 그럴 필요가 없었다. 그저 그게 답이라고 확신했을 뿐이었다."

아인슈타인은 친구에게 보낸 편지에서 "수학이 애먹인다고 걱정하지 말게. 나는 자네보다 훨씬 심각하다네."라고 썼다. 또한 아인슈타인은 "글로 된 것이건 말로 된 것이건 간에 언어는 나의 사고과정 안에서 아무런 역할도 하지 못하는 것으로 보인다. 사고과정에 필수적인 역할을 수행하는 심리적인 실체들은 일종의 증후들이거나 분명한 이미지들로서, 자발적으로 재생산되고 결합되는 것들이다. 내 경우에 그 요소들이란 시각적이고 때로는 근육까지 갖춘 것들이다."라고 언급했다. 모종의 '사고실험(thought experiment)'에서 그는 자신을 빛의 속도로 이동하는 광자(光子)라고 상상했다.

매클린턱 역시 아인슈타인이 말한 광자 개념에 해당하는 '유기체 느낌'에 대해 말하고 있다. 옥수수의 염색체를 연구하면서 그녀는 밭에 있는 모든 옥수수 개체를 한 줄기 한 줄기 다 알고 있었다. 그래야만 옥수수를 진정으로 '인식'할 수 있었기 때문이다. 그녀는 이렇게 말했다. "옥수수를 연구할 때 나는 그것들의 외부에 있지 않았다. 나는 그 안에서 그 체계의 일부로 존재했다. 나는 염색체 내부도 볼 수 있었다. 실제로 모든 것이 그 안에 있었다. 놀랍게도 그것들은 내 친구처럼 느껴졌다."

① 직감이 떠오르는 사고의 과정에서 언어가 핵심적인 역할을 하지 않는다.

② 과학자가 되기 위해서는 자신의 직관을 언어로 표현할 수 있는 능력을 갖추어야 한다.

③ 과학적 방법으로 일은 한다는 것은 수학적으로 도출된 과정을 설명한다는 것이다.

④ 직감을 얼마만큼 정확하게 표현하느냐가 좋은 과학자를 평가하는 기준이 된다.

⑤ 흔히 우리가 무언가를 인식한다는 것이 결국은 그것을 모두 이해한다는 것을 의미한다.

18. 다음은 가족제도의 붕괴, 비혼, 저출산 등 사회적인 이슈에 대해 자유롭게 의견을 나누는 자리에서 직원들 간에 나눈 대화의 일부분이다. 이를 바탕으로 옳게 추론한 것을 모두 고르면?

남1 : 가족은 혼인제도에 의해 성립된 집단으로 두 명의 성인 남녀와 그들이 출산한 자녀 또는 입양한 자녀로 이루어져야만 해. 이러한 가족은 공동의 거주, 생식 및 경제적 협력이라는 특성을 갖고 있어.

여1 : 가족은 둘 이상의 사람들이 함께 거주하면서 지속적인 관계를 유지하는 집단을 말해. 이들은 친밀감과 자원을 서로 나누고 공동의 의사결정을 하며 가치관을 공유하는 등의 특성이 있지.

남2 : 핵가족은 전통적인 성역할에 기초하여 아동양육, 사회화, 노동력 재생산 등의 기능을 가장 이상적으로 수행할 수 있는 가족 구조야. 그런데 최근 우리사회에서 발생하는 출산율 저하, 이혼율 증가, 여성의 경제활동 참여율 증가 등은 전통적인 가족 기능의 위기를 가져오는 아주 심각한 사회문제야. 그래서 핵가족 구조와 기능을 유지할 수 있는 정책이 필요해.

여2 : 전통적인 가족 개념은 가부장적 위계질서를 가지고 있었어. 하지만 최근에는 민주적인 가족관계를 형성하고자 하는 의지가 가족 구조를 변화시키고 있지. 게다가 여성의 자아실현 욕구가 증대하고 사회·경제적 구조의 변화에 따라 남성 혼자서 가족을 부양하기 어려운 것이 현실이야. 그래서 한 가정 내에서 남성과 여성이 모두 경제활동에 참여할 수 있도록 지원하는 국가의 정책이 필요하다고 생각해.

⊙ 남1에 의하면 민족과 국적이 서로 다른 두 남녀가 결혼하여 자녀를 입양한 가정은 가족으로 인정하기 어렵다.

ⓒ 여1과 남2는 동성(同性) 간의 결합을 가족으로 인정하고 지지할 것이다.

ⓒ 남2는 아동보육시설의 확대정책보다는 아동을 돌보는 어머니에게 매월 일정액을 지급하는 아동수당 정책을 더 선호할 것이다.

ⓒ 여2는 무급의 육아휴직 확대정책보다는 육아도우미의 가정 파견을 전액 지원하는 국가정책을 더 선호할 것이다.

① ⊙, ⓒ

② ⓒ, ⓒ

③ ⓒ, ⓒ

④ ⊙, ⓒ, ⓒ

⑤ ⊙, ⓒ, ⓒ

19. 다음 중 ( ) 안에 들어갈 말로 적절한 것은?

세계의 여러 나라는 경제 성장이 국민 소득을 높여주고 물질적인 풍요를 가져다주는 것으로 보고, 이와 관련된 여러 지표를 바탕으로 국가를 경영하고 있다. 만일, 경제 성장으로 인해 우리의 소득이 증가하고 또 물질적인 풍요가 이루어진다면 우리는 행복한 생활을 누리게 되는 것일까?

이러한 의문을 처음 제기한 사람은 미국의 이스털린 교수이다. 그는 여러 국가를 대상으로 다년간의 조사를 실시하여 사람들이 느끼는 행복감을 지수화(指數化)하였다. 그 결과 한 국가 내에서는 소득이 높은 사람이 낮은 사람에 비해 행복하다고 응답하는 편이었으나, 국가별 비교에서는 이와 다른 결과가 나타났다. 즉, 소득 수준이 높은 국가의 국민들이 느끼는 행복 지수와 소득 수준이 낮은 국가의 국민들이 느끼는 행복 지수가 거의 비슷하게 나온 것이다. 아울러 한 국가 내에서 가난했던 시기와 부유해진 이후의 행복감을 비교해도 행복감을 느끼는 사람의 비율이 별로 달라지지 않았다는 사실을 확인했다.

이처럼 최저의 생활수준만 벗어나 일정한 수준에 다다르면 경제 성장은 개인의 행복에 이바지하지 못하게 되는데, 이러한 현상을 가리켜 '이스털린의 역설'이라 부른다.

만일 행복이 경제력과 비례한다면 소득 수준이 높을수록 더 행복해져야 하고 또 국민 소득이 높을수록 사회 전체가 행복해져야 할 것이다. 그러나 이스털린의 조사에서 확인할 수 있듯이, 행복과 경제력은 비례하지 않는다. 즉, 사회 전체의 차원의 소득 수준이 높아진다고 해서 행복하게 느끼는 사람의 비율이 함께 증가하지 않는 것이다.

이스털린 이후에도 많은 학자들은 행복과 소득의 관련성에 관심을 갖고 왜 이러한 괴리 현상이 나타나는지 연구했다. 이들은 우선 사람들이 행복을 자신의 절대적인 수준이 아닌 다른 사람과 비교한 상대적인 수준에서 느끼는 것으로 보았다. 그리고 시간이 지나면서 늘어난 자신의 소득에 적응하게 되면 행복감이 이전보다 둔화된다고 보았다. 또 '인간 욕구 단계설'을 근거로 소득이 높아지면 의식주와 같은 기본 욕구보다 성취감과 같은 자아실현 욕구가 강해지므로 행복의 질이 달라진다고 해석했다. 이러한 연구 결과를 바탕으로 이들은 부유한 국가일수록 경제 성장보다는 분배 정책과 함께 자아실현의 기회를 늘려주는 정책을 펴야 한다고 주장하고 있다.

1인당 국민소득이 1만 달러에서 2만 달러로 올라간다고 해도 사람들이 그만큼 더 행복해진다고 말하기는 어렵다. 즉, 경제 성장이 사람들의 소득 수준을 전반적으로 향상시켜 경제적인 부유함을 더 누릴 수 있게 할 수는 있어도 행복감마저 그만큼 더 높여줄 수는 없는 것이다. 한 마디로 (   )

① 행복은 소득과 꼭 정비례하는 것은 아니다.
② 개인은 자아를 실현할 때 행복을 얻게 되는 것이다.
③ 국가가 국민의 행복감을 좌우할 수 있는 것은 아니다.
④ 개개인의 마음가짐이 행복을 결정한다고 말할 수 있다.
⑤ 행복은 성장보다 분배를 더 중시할 때 이루어질 수 있다.

20. 다음 글을 쓴 목적으로 가장 적절한 것은?

은행이나 농협이라고 하면 알겠는데, 제1금융권, 제2금융권이라는 말은 왠지 낯설다. 상호저축은행, 새마을금고 등 여러 금융 기관이 있다고 하는데, 이러한 금융 기관들은 어떻게 다른 걸까?

먼저 은행에는 중앙은행과 일반은행, 특수은행이 있다. 이 중, 중앙은행으로는 금융제도의 중심이 되는 한국은행이 있다. 한국은행은 우리가 사용하는 돈인 한국 은행권을 발행하고, 경제 상태에 따라 시중에 유통되는 돈의 양, 곧 통화량을 조절한다.

일반은행의 종류에는 큰 도시에 본점을 두고 전국적인 지점망을 형성하는 시중은행과 지방 위주로 영업하는 지방은행, 외국은행의 국내 지점이 있다. 일반은행은 예금은행 또는 상업은행이라고도 하며, 예금을 주로 받고 그 돈을 빌려주어서 이익을 얻는 상업적 목적으로 운영된다.

특수은행은 정부가 소유한 은행으로서, 일반은행으로서는 수지가 맞지 않아 자금 공급이 어려운 경제 부문에 자금을 공급하는 것이 주요 업무이다. 국가 주요 산업이나 기술 개발용 장기 자금을 공급하는 한국산업은행, 기업이 수출입 거래를 하는 데 필요한 자금을 공급해주는 한국수출입은행, 중소기업 금융을 전문으로 하는 중소기업은행이 이에 해당한다. 농업과 축산업 금융을 다루는 농업협동조합중앙회, 또는 수산업 금융을 다루는 수산업협동조합중앙회도 특수은행에 포함된다. 이 중에서 일반적으로 일반은행과 특수은행을 제1금융권이라고 한다.

제2금융권은 은행은 아니지만 은행과 비슷한 예금 업무를 다루는 기관으로, 은행에 비해 규모가 작고 특정한 부문의 금융 업무를 전문으로 한다. 상호저축은행, 신용협동기구, 투자신탁회사, 자산운영회사 등이 이에 해당한다.

상호저축은행은 도시 자영업자를 주요 고객으로 하는 소형 금융 기관이다. 은행처럼 예금 업무가 가능하고 돈을 빌려주기도 하지만 이자가 더 높고, 일반은행과 구별하기 위해서 상호저축은행이라는 이름을 쓴다. 신용협동조합, 새마을금고, 농협과 수협의 지역 조합을 통틀어 신용협동기구라고 하는데, 직장 혹은 지역 단위로 조합원을 모아서 이들의 예금을 받고, 그 돈을 조합원에게 빌려주는 금융 업무를 주로 담당한다.

투자신탁회사, 자산운영회사는 투자자들이 맡긴 돈을 모아 뭉칫돈으로 만들어 증권이나 채권 등에 투자해 수익을 올리지만, 돈을 빌려 주지는 않는다.

이외에도 여러 금융 기관들이 있는데, 이를 기타 금융 기관이라고 한다. 기타 금융 기관으로는 여신전문금융회사가 있는데, 신용카드회사와 할부금융회사, 기계 등의 시설을 빌려주는 리스회사 등이 포함된다. 그리고 증권사를 상대로 돈을 빌려주는 증권금융회사도 기타 금융 기관에 해당한다.

① 대상에 새로운 역할이 부여되어야 함을 주장하기 위해
② 대상의 특성을 설명하여 독자에게 정보를 제공하기 위해
③ 대상의 기능을 강조하여 독자의 인식 전환을 촉구하기 위해
④ 대상의 장점을 부각시켜 대상에 대한 관심을 유도하기 위해
⑤ 대상과 관련된 미담을 제시하여 독자에게 감동을 주기 위해

21. 다음 글을 읽고 ㉠의 내용을 뒷받침할 수 있는 경우로 보기 가장 어려운 것은?

범죄 사건을 다루는 언론 보도의 대부분은 수사기관으로부터 얻은 정보에 근거하고 있고, 공소제기 전인 수사 단계에 집중되어 있다. 따라서 언론의 범죄 관련 보도는 범죄사실이 인정되는지 여부를 백지상태에서 판단하여야 할 법관이나 배심원들에게 유죄의 예단을 심어줄 우려가 있다. 이는 헌법상 적법절차 보장에 근거하여 공정한 형사재판을 받을 피고인의 권리를 침해할 위험이 있어 이를 제한할 필요성이 제기된다. 실제로 피의자의 자백이나 전과, 거짓말탐지기 검사 결과 등에 관한 언론 보도는 유죄판단에 큰 영향을 미친다는 실증적 연구도 있다. 하지만 보도 제한은 헌법에 보장된 표현의 자유에 대한 침해가 된다는 반론도 만만치 않다. 미국 연방대법원은 어빈 사건 판결에서 지나치게 편향적이고 피의자를 유죄로 취급하는 언론 보도가 예단을 형성시켜 실제로 재판에 영향을 주었다는 사실이 입증되면, 법관이나 배심원이 피고인을 유죄라고 확신하더라도 그 유죄판결을 파기하여야 한다고 했다. 이 판결은 이른바 '현실적 예단'의 법리를 형성시켰다. 이후 리도 사건 판결에 와서는, 일반적으로 보도의 내용이나 행태 등에서 예단을 유발할 수 있다고 인정이 되면, 개개의 배심원이 실제로 예단을 가졌는지의 입증 여부를 따지지 않고, 적법 절차의 위반을 들어 유죄판결을 파기할 수 있다는 '일반적 예단'의 법리로 나아갔다.

셰퍼드 사건 판결에서는 유죄 판결을 파기하면서, '침해 예방'이라는 관점을 제시하였다. 즉, 배심원 선정 절차에서 상세한 질문을 통하여 예단을 가진 후보자를 배제하고, 배심원이나 증인을 격리하며, 재판을 연기하거나, 관할을 변경하는 등의 수단을 언급하였다. 그런데 법원이 보도기관에 내린 '공판 전 보도금지명령'에 대하여 기자협회가 연방대법원에 상고한 네브래스카 기자협회 사건 판결에서는 침해의 위험이 명백하지 않은데도 가장 강력한 사전 예방 수단을 쓰는 것은 위헌이라고 판단하였다.

이러한 판결들을 거치면서 미국에서는 언론의 자유와 공정한 형사절차를 조화시키면서 범죄 보도를 제한할 수 있는 방법을 모색하였다. 그리하여 셰퍼드 사건에서 제시된 수단과 함께 형사 재판의 비공개, 형사소송 관계인의 언론에 대한 정보제공금지 등이 시행되었다. 하지만 ㉠예단 방지 수단들의 실효성을 의심하는 견해가 있고, 여전히 표현의 자유와 알 권리에 대한 제한의 우려도 있어, 이 수단들은 매우 제한적으로 시행되고 있다. 그런데 언론 보도의 자유와 공정한 재판이 꼭 상충된다고만 볼 것은 아니며, 피고인 측의 표현의 자유를 존중하는 것이 공정한 재판에 도움이 된다는 입장에서 네브래스카 기자협회 사건 판결의 의미를 새기는 견해도 있다. 이 견해는 수사기관으로부터 얻은 정보에 근거한 범죄 보도로 인하여 피고인을 유죄로 추정하는 구조에 대항하기 위하여 변호인이 적극적으로 피고인 측의 주장을 보도기관에 전하여, 보도가 일방적으로 편향되는 것을 방지할 필요가 있다고 한다.

일반적으로 변호인이 피고인을 위하여 사건에 대해 발언하는 것은 범죄 보도의 경우보다 적법절차를 침해할 위험성이 크지 않은데도 제한을 받는 것은 적절하지 않다고 보며, 반면에 수사기관으로부터 얻은 정보를 기반으로 하는 언론 보도는 예단 형성의 위험성이 큰데도 헌법상 보호를 두텁게 받는다고 비판한다. 미국과 우리나라의 헌법상 변호인의 조력을 받을 권리는 변호인의 실질적 조력을 받을 권리를 의미한다. 실질적 조력에는 법정 밖의 적극적 변호 활동도 포함된다. 따라서 형사절차에서 피고인 측에게 유리한 정보를 언론에 제공할 기회나 반론권을 제약하지 말고, 언론이 검사 측 못지않게 피고인 측에게도 대등한 보도를 할 수 있도록 해야 한다.

① 법원이 재판을 장기간 연기했지만 재판 재개에 임박하여 다시 언론 보도가 이어진 경우

② 검사가 피의자의 진술거부권 행사 사실을 공개하려고 하였으나 법원이 검사에게 그 사실에 대한 공개 금지명령을 내린 경우

③ 변호사가 배심원 후보자에게 해당 사건에 대한 보도를 접했는지에 대해 질문했으나 후보자가 정직하게 답변하지 않은 경우

④ 법원이 관할 변경 조치를 취하였으나 이미 전국적으로 보도가 된 경우

⑤ 법원이 배심원을 격리하였으나 격리 전에 보도가 있었던 경우

22. 다음 글의 내용에 부합하지 않는 것은?

최근 환경부와 학계의 연구 결과에 의하면 우리나라 초미세먼지의 고농도 발생 시의 주된 성분은 질산암모늄인 것으로 알려졌다. 질산암모늄은 일반적으로 화석연료의 연소로부터 발생되는 질산화물(NO_X)의 영향과 농업, 축산, 공업 등으로부터 배출되는 암모니아(NH_3)의 주된 영향을 받는다고 할 수 있다. 황산화물(SO_X)이 주로 중국의 기원을 가리키는 지표물질이며, 질산암모늄과 같은 질소계열의 미세먼지는 국내영향을 의미하기 때문에 고농도 시에는 국내 배출의 영향을 받는다는 것을 알 수 있으며, 이 때문에 평소의 국내 질소계열의 오염 물질 감소에 정책 우선순위를 두어야 한다.

우리나라 전국 배출 사업장(공장)의 수는 약 5만 8천 개에 이르고 있으나 자동 굴뚝측정망으로 실시간 감시가 되는 대형 사업장의 수는 전체 사업장의 10% 이하이다. 대다수를 차지하고 있는 중소 사업장의 배출량은 대형 사업장에 미치지 못하나 문제는 날로 늘어가고 있는 중소 사업장의 숫자이다. 이는 배출물질과 배출량의 파악을 갈수록 어렵게 하여 배출원 관리 문제와 미세먼지 증가를 유발할 수 있다는 점에서 이에 대한 철저한 관리 감독이 가능하도록 국가적 역량을 집중할 필요가 있다.

2000년대 이후 국내 경유 차량의 수가 크게 증가한 것도 미세먼지 관리가 어려운 이유 중 하나이다. 특히 육상 차량 중

초미세먼지 배출의 약 70%를 차지하고 있는 경유 화물차는 2009~2018년 사이 약 17%가 증가하여 현재 약 330만 대를 상회하고 있다. 이 중 약 1/4를 차지하고 있는 경유차가 'Euro3' 수준의 초미세먼지를 배출하고 있는데, 이러한 미세먼지와 질산화물을 과다배출하고 있는 노후 경유차에 대한 조기 폐차 유도, 친환경차 전환 지원, 저감장치 보급과 관리감독이 여전히 시급한 상황이다.

암모니아(NH_3)는 현재 국내 가장 중요한 국내 미세먼지 발생 원인으로 받아들여지고 있다. 암모니아의 가장 주요한 배출원은 농업과 축산분야인데 주로 비료사용과 가축 분뇨 등에 의해 대기 중에 배출되는 특성을 보이고 있으며, 비료사용이 시작되는 이른 봄과 따뜻한 온도의 영향을 주로 받는다.

우리나라는 2000년 이후 암모니아의 농도가 정체 혹은 소폭 증가하고 있는 경향을 보이고 있다. 또한 2010년 이후 암모니아 배출에 영향을 주고 있는 가축분뇨 발생량과 농약 및 화학비료 사용량도 줄지 않고 있는 정체 현상을 보이고 있다. 암모니아 배출량은 바람과 온습도, 강우 등 기상조건의 영향을 받는데 국내의 암모니아 배출량 산정은 이러한 물리적 조건을 반영하지 않고 있어 매우 불확실하다. 따라서 비료 및 가축분뇨 등이 미세먼지의 주요 원료인 만큼 환경부뿐 아니라 농림수산식품부 차원의 적극적인 관리 정책도 시급하다고 할 수 있다.

① 가축의 분뇨 배출량 증가는 고농도 초미세먼지 발생을 유발할 수 있다.
② 현재 약 80만 대 이상의 경유 화물차가 'Euro3' 수준의 초미세먼지를 배출하고 있다.
③ 유해 물질을 배출하는 전국의 사업장 중 실시간 감시가 가능한 사업장의 수는 계속 감소하고 있다.
④ 이른 봄은 다른 시기보다 농업 분야에서의 초미세먼지 원인 물질 배출이 더 많아진다.
⑤ 초미세먼지 관리에는 원인 물질 배출량뿐 아니라 기상조건의 변화에도 주의를 기울여야 한다.

23. 다음 글의 내용과 일치하지 않는 것은?

전통적인 경제학에서는 인간은 합리적이므로 충분한 정보가 주어진다면 합리적 의사 결정이 이루어질 수 있을 것으로 보았다. 그러나 인터넷의 등장 이후 원하는 정보에 쉽게 접할 수 있는 환경이 되면서 의사 결정 모델의 초점은 크게 달라졌다. 이제는 정보는 오히려 풍부하되 정보를 다루기 위한 시간이 부족하기 때문에 모든 정보에 주의를 기울일 수 없게 된 것이다. 이러한 변화를 바탕으로 새롭게 등장한 것이 관심의 경제학이다.

관심의 경제학은 인간의 관심 그 자체가 경제적인 가치를 가지고 있다는 인식에서 출발한다. 현대 사회에서는 인터넷이 기업을 알릴 수 있는 중요한 수단으로 자리 잡아 많은 기업이 홈페이지를 보유하고 있다. 그런데 홈페이지에 실린 정보는 개인이 인터넷에 접속하여 적극적으로 탐색함으로써 노출된다. 따라서 이제는 정보를 일방적으로 밀어 보내는 것이 아니라 개인의 관심을 끌어당기는 것이 중요하게 되었다. 이러한 관심이 기업의 이익 창출로 이어질 수 있다고 보아 개인의 관심에 경제적 가치를 부여하게 된 것이다.

개인의 관심을 끌기 위한 경쟁이 일반화되면서 소비자와 기업의 관계도 근본적으로 변화되었다. 공급자 중심의 사고가 지배했던 과거에는 계획부터 생산, 출하, 유통에 이르기까지 정보는 생산을 중심으로 관리되었고, 여기서 소비자에 관한 정보는 그다지 중요한 변수가 아니었다. 그러나 인터넷의 등장 이후 소비자는 상품에 대한 정보를 많이 가지게 되어 기업과 소비자 사이의 정보의 비대칭성이 완화되었을 뿐 아니라 소비자가 상품을 선택할 수 있는 범위 역시 넓어졌다. 따라서 기업은 이제 소비자를 이해하는 방향으로 점차 재구조화되고 있으며, 그 과정의 핵심은 소비자의 관심을 자신의 상품으로 유인하고 유지하는 것이다.

그렇다면 이러한 상황에서 소비자의 관심을 유인하고 유지하기 위해 필요한 요소는 무엇일까? 인터넷에서는 소비자가 현실 공간에서의 상거래보다 훨씬 다양한 기업과 상품을 접할 수 있다. 그리고 현실 공간에서와는 달리 인터넷상에서는 대면하지 않은 상태에서 상거래가 이루어진다. 따라서 기업과 상품에 대한 평판이나 신뢰가 개인의 의사 결정 과정에서 이전보다 중요한 역할을 수행하게 된다.

'평판'은 개인이 선택할 수 있는 대안들 중에서 특정한 선택으로 관심을 집중시키는 역할을 한다. 이런 맥락에서 기업은 좋은 평판을 쌓기 위한 투자를 늘리고 있으며 기업과 제품의 상표 경쟁력(브랜드 파워) 구축에 힘을 쏟는다. '신뢰' 역시 개인의 관심을 한쪽으로 집중시킨다. 기업은 개인 정보를 보호하고 대금 결제에 있어 위험 요소를 제거하는 등의 노력을 통해 신뢰를 얻으려 한다. 개인은 신뢰할 수 있는 기업들로 선택의 범위를 한정시킴으로써 관심 또는 시간이라는 희소 자원을 효과적으로 사용할 수 있게 된다.

① 인터넷의 등장 이후 소비자가 상품을 선택할 수 있는 범위가 넓어졌다.
② 현대 사회에서 기업은 개인의 관심을 끌어당기는 것을 중시하고 있다.
③ 인터넷에서는 현실 공간과는 달리 대면하지 않은 상태에서 상거래가 이루어진다.
④ 현대 사회에서는 소비자에 관한 정보보다는 생산을 중심으로 한 정보가 중시되고 있다.
⑤ 전통적인 경제학에서는 충분한 정보가 주어지면 합리적 의사 결정이 이루어질 수 있을 것으로 보았다.

24. 다음 글의 내용과 일치하지 않는 것은?

무역이나 해외 여행 등을 위해서는 서로 다른 두 나라의 화폐를 교환할 필요가 있다. 이때 두 나라의 화폐는 일정한 비율로 교환되는데, 이 비율을 환율(換率)이라고 한다. 환율은 특정 국가 통화에 대해 자국 통화가 어느 정도의 값어치가 있는가를 나타내는 지표이다. 물건의 가격이 시장에서 수요와 공급에 따라 결정되는 것처럼, 환율도 외환시장의 수요와 공급에 따라 결정된다. 국제 외환시장에서는 달러화가 주로 거래되고 있기 때문에 편의상 우리나라를 비롯한 대부분의 나라에서는 미국 달러화를 기준으로 환율을 표시하고 있으며, 1달러=1,000원과 같은 형태로 나타낸다.

환율은 고정되어 있지 않고 시시각각으로 변한다. 1달러당 1,000원 하던 환율이 900원으로 내려가면 1달러를 교환할 때 필요한 우리나라 원화가 줄어든다. 이때 '환율이 내렸다'고 하는데, 이것은 거꾸로 원화 가치가 올랐음을 의미한다. 이처럼 원화 가치가 상대적으로 높아지는 것을 평가절상 되었다고 하며, 원화가 오른 상태가 지속되면 '원고(高)'가 진행된다고 한다. 반대로 1달러당 1,000원 하던 환율이 1,100원으로 올라가면 원화의 가치는 떨어지는데, 이때에는 원화가 평가절하 되었다고 하며 이 상태가 유지되면 '원저(低)'가 진행된다고 한다.

이러한 환율 변화는 경우에 따라서 우리나라에 호재가 될 수도, 악재가 될 수도 있다. 일반적으로 환율이 내려가면 국내 수출업체들은 불리해진다. 원화의 달러당 환율이 1,000원일 때 국내기업이 수출 대금으로 1달러를 받으면 1,000원을 받는 셈이다. 하지만 환율이 900원으로 내려가면 1달러를 받아 900원밖에 받지 못하므로 기업의 수익이 줄어든다. 반면에 환율이 내려가면 수입업체들은 유리해진다. 수입상품 대금을 치를 때 원화 대금이 줄기 때문이다. 그래서 원화 환율이 내려가면 수입(輸入)이 증가한다.

환율이 올라가면 일반적으로 이와 반대되는 현상이 발생한다. 환율이 1,100원으로 오르면 수출대금으로 달러당 1,000원을 받던 수출업체들은 더 많은 원화를 받기 때문에 수출업체들의 수익성이 좋아진다. 이와 반대로 수입업체들은 수입 대금을 결제하기 위해 더 많은 원화를 지불해야 하기 때문에 수입원가가 비싸진다. 따라서 환율이 오르면 원자재 수입 가격이 상승하기 때문에 이를 사용하는 공산품의 가격도 상승한다. 뿐만 아니라 기계류 등 수입 완제품 가격도 상승하게 되므로 결과적으로 국내 물가 전반은 상승 압력을 받는다.

우리나라는 대외무역 의존도가 아주 높기 때문에 환율의 변화에 민감하게 반응할 수밖에 없는 경제구조를 갖고 있다. 환율이 완만하게 변동하면 수출입업체가 대처할 수 있는 시간적 여유가 충분하므로 별 문제가 되지 않는다. 하지만 환율이 급격하게 변동하면 국내 수출입업체들이 이에 신속하게 대처하기 어려워 심각한 문제가 야기되기도 한다. 따라서 환율 변동으로 인한 업체들의 불안을 해소하기 위해서는 적절한 환율 관리가 필요하다.

① 우리나라 경제는 환율 변화에 민감하게 반응한다.
② 환율은 외환시장의 수요와 공급에 따라 결정된다.
③ 대부분의 나라는 미국 달러화를 기준으로 환율을 표시한다.
④ 환율에 따라 달러화에 대한 원화의 가치를 확인할 수 있다.
⑤ 환율이 오르면 해외에서 들여오는 원자재의 수입 가격이 하락한다.

25. 다음의 글을 읽고 미국 경제에 대한 이해로써 가장 적절하지 않은 항목을 고르면?

지난 세기 미국 경제는 확연히 다른 시기들로 나뉠 수 있다. 1930년대 이후 1970년대 말까지는 소득 불평등이 완화되었다. 특히 제2차 세계 대전 직후 30년 가까이는 성장과 분배 문제가 동시에 해결된 황금기로 기록되었다. 그러나 1980년 이후로는 소득 불평 등이 급속히 심화되었고, 경제 성장률도 하락했다. 이러한 변화와 관련해 많은 경제학자들은 기술 진보에 주목했다. 기술 진보는 성장과 분배의 두 마리 토끼를 한꺼번에 잡을 수 있는 만병통치약으로 칭송되기도 하지만, 소득 분배를 악화시키고 사회적 안정성을 저해하는 위협 요인으로 비난받기도 한다. 그러나 어느 쪽을 선택한 연구든 20세기 미국 경제의 역사적 현실을 통합적으로 해명하는 데는 한계가 있다.

기술 진보의 중요성을 놓치지 않으면서도 기존 연구의 한계를 뛰어넘는 대표적인 연구로는 골딘과 카츠가 제시한 '교육과 기술의 경주 이론'이 있다. 이들에 따르면, 기술이 중요한 것은 맞지만 교육은 더 중요하며, 불평등의 추이를 볼 때는 더욱 그렇다. 이들은 우선 신기술 도입이 생산성 상승과 경제 성장으로 이어지려면 노동자들에게 새로운 기계를 익숙하게 다룰 능력이 있어야 하는데, 이를 가능케 하는 것이 바로 정규 교육기관 곧 학교에서 보낸 수년간의 교육 시간들이라는 점을 강조한다. 이때 학교를 졸업한 노동자는 그렇지 않은 노동자에 비해 생산성이 더 높으며 그로 인해 상대적으로 더 높은 임금, 곧 숙련 프리미엄을 얻게 된다. 그런데 학교가 제공하는 숙련의 내용은 신기술의 종류에 따라 다르다. 20세기 초반에는 기본적인 계산을 할 줄 알고 기계 설명서와 도면을 읽어내는 능력이 요구되었고, 이를 위한 교육은 주로 중·고등학교에서 제공되었다. 기계가 한층 복잡해지고 IT 기술의 응용이 중요해진 20세기 후반부터는 추상적으로 판단하고 분석할 수 있는 능력의 함양과 함께, 과학, 공학, 수학 등의 분야에 대한 학위 취득이 요구되고 있다.

골딘과 카츠는 기술을 숙련 노동자에 대한 수요로, 교육을 숙련 노동자의 공급으로 규정하고, 기술의 진보에 따른 숙련 노동자에 대한 수요의 증가 속도와 교육의 대응에 따른 숙련 노동자 공급의 증가 속도를 '경주'라는 비유로 비교함으로써, 소득 불평등과 경제 성장의 역사적 추이를 해명한다. 이들에 따르면, 기술은 숙련 노동자들에 대한 상대적 수요를 늘리는 방향으로 변화했고, 숙련 노동자에 대한 수요의 증가율 곧 증가 속도는 20세기 내내 대체로 일정하게 유지된 반면, 숙련 노동자의 공급 측면은 부침을 보였다. 숙련 노동자의 공급은 전반부에는 크게 늘어나 그 증가율이 수요 증가율을 상회했지만, 1980년부터는 증가 속도가 크게 둔화됨으로써 대졸 노동자의 공급 증가율이 숙련 노동자에 대한 수요 증가율을 하회하게 되었다. 이들은 기술과 교육, 양쪽의 증가 속도를 비교함으로써 1915년부터 1980년까지 진행되었던 숙련 프리미엄의 축소는 숙련 노동자들의 공급이 더 빠르게 늘어난 결과, 곧 교육이 기술을 앞선 결과임을 밝혔다.

이에 비해 1980년 이후에 나타난 숙련 프리미엄의 확대, 곧 교육에 따른 임금 격차의 확대는 대졸 노동자의 공급 증가율 하락에 의한 것으로 보았다. 이러한 분석 결과에 소득 불평등의 많은 부분이 교육에 따른 임금 격차에 의해 설명되었다는 역사적 연구가 결합됨으로써, 미국의 경제 성장과 소득 불평등은 교육과 기술의 '경주'에 의해 설명될 수 있었다.

그렇다면 교육을 결정하는 힘은 어디에서 나왔을까? 특히 양질의 숙련 노동력이 생산 현장의 수요에 부응해 빠른 속도로 늘어나도록 한 힘은 어디에서 나왔을까? 골딘과 카츠는 이와 관련해 1910년대를 기점으로 본격화되었던 중·고등학교 교육 대중화 운동에 주목한다. 19세기 말 경쟁의 사다리 하단에 머물러 있던 많은 사람들은 교육이 자식들에게 새로운 기회를 제공해 주기를 희망했다. 이러한 염원이 '풀뿌리 운동'으로 확산되고 마침내 정책으로 반영되면서 변화가 시작되었다. 지방 정부가 독자적으로 재산세를 거둬 공립 중등 교육기관을 신설하고 교사를 채용해 양질의 일자리를 얻는 데 필요한 교육을 무상으로 제공하게 된 것이다. 이들의 논의는 새로운 대중 교육 시스템의 확립에 힘입어 신생 국가인 미국이 부자 나라로 성장하고, 수많은 빈곤층 젊은이들이 경제 성장의 열매를 향유했던 과정을 잘 보여 준다.

교육과 기술의 경주 이론은 신기술의 출현과 노동 수요의 변화, 생산 현장의 필요에 부응하는 교육기관의 숙련 노동력 양성, 이를 뒷받침하는 제도와 정책의 대응, 더 새로운 신기술의 출현이라는 동태적 상호 작용 속에서 성장과 분배의 양상이 어떻게 달라질 수 있는가에 관한 중요한 이론적 준거를 제공해 준다. 그러나 이 이론은 한계도 적지 않아 성장과 분배에 대한 다양한 논쟁을 촉발하고 있다.

① 20세기 초에는 숙련에 대한 요구가 계산 및 독해 능력 등에 맞춰졌다.
② 20세기 초에는 미숙련 노동자가, 말에 가서는 숙련 노동자가 선호되었다.
③ 20세기 초에는 강화된 공교육이 경제 성장에 기여했다.
④ 20세기 말에는 소득 분배의 악화 및 경제 성장의 둔화 현상 등이 동시에 발생했다.
⑤ 20세기 말에는 숙련 노동자의 공급이 대학 이상의 고등 교육에 의해 주도되었다.

┃1~5┃ 다음 글을 읽고 논리적 흐름에 따라 바르게 배열한 것을 고르시오.

1.

> ㈎ 이 때문에 우리는 이미 알려진 것, 체험된 것, 기억에 각인된 것을 원인으로 설정하게 된다. '왜?'라는 물음의 답으로 나온 것은 그것이 진짜 원인이기 때문에 우리에게 떠오른 것이 아니다. 그것이 우리에게 떠오른 것은 그것이 우리를 안정시켜주고 성가신 것을 없애주며 무겁고 불편한 마음을 가볍게 해주기 때문이다. 따라서 원인을 찾으려는 우리의 본능은 위험, 불안정, 걱정, 공포감 등에 의해 촉발되고 자극받는다.
>
> ㈏ 새로운 것, 체험되지 않은 것, 낯선 것은 원인이 될 수 없다. 알려지지 않은 것에서는 위험, 불안정, 걱정, 공포감이 뒤따라 나오기 때문이다. 우리 마음의 불안한 상태를 없애고자 한다면, 우리는 알려지지 않은 것을 알려진 것으로 환원해야 한다. 이러한 환원은 우리 마음을 편하게 해주고 안심시키며 만족하게 하고 힘을 느끼게 한다.
>
> ㈐ 우리는 '설명이 없는 것보다 설명이 있는 것이 언제나 더 낫다'고 믿는다. 우리는 특별한 유형의 원인만을 써서 설명을 만들어 낸다. 이것은 낯설고 체험하지 않았다는 느낌을 가장 빠르고 가장 쉽게 제거해 버린다. 그래서 특정 유형의 설명만이 점점 더 우세해지고, 그러한 설명들이 하나의 체계로 모아져 결국 그런 설명이 우리의 사고방식을 지배하게 된다. 기업인은 즉시 이윤을 생각하고, 기독교인은 즉시 원죄를 생각하며, 소녀는 즉시 사랑을 생각한다.
>
> ㈑ 어느 시대든 사람들은 원인이 무엇인지 알고 있다고 믿었다. 사람들은 그런 앎을 어디서 얻는가? 원인을 안다고 믿는 사람들의 믿음은 어디서 생기는 것일까?

① ㈏ – ㈎ – ㈑ – ㈐
② ㈏ – ㈑ – ㈐ – ㈎
③ ㈑ – ㈎ – ㈐ – ㈏
④ ㈑ – ㈏ – ㈎ – ㈐
⑤ ㈑ – ㈐ – ㈎ – ㈏

2.

> ㈎ 정말 그럴까? 모든 색은 명도와 채도에 따라 구성된 스펙트럼 속에 놓이고, 각각의 색은 여러 언어로 표현될 수 있다. 이러한 사실에 비추어보면 우리말이 다른 언어에 비해 보다 풍부한 색 표현을 갖고 있다고 볼 수 없다. 나아가 더 풍부한 표현을 가진 언어를 사용함에도 불구하고 인지능력이 뛰어나지 못한 경우들도 발견할 수 있다.
>
> ㈏ 에스키모인들의 눈에 관한 언어를 생각해보자. 언어결정론자들의 주장에 따르면 에스키모인들은 눈에 관한 다양한 언어 표현들을 갖고 있어서 눈이 올 때 우리가 미처 파악하지 못한 미묘한 차이점들을 찾아낼 수 있다. 또 언어결정론자들은 '노랗다', '샛노랗다', '누르스름하다' 등 노랑에 대한 다양한 우리말 표현들이 있어서 노란색들의 미묘한 차이가 구분되고 그 덕분에 색에 관한 우리의 인지 능력이 다른 언어 사용자들보다 뛰어나다고 본다. 이렇듯 언어결정론자들은 사용하는 언어에 의해서 우리의 사고 능력이 결정된다고 말한다.
>
> ㈐ 따라서 우리의 생각과 판단은 언어가 아닌 경험에 의해 결정된다고 보는 것이 옳다. 언어결정론자들의 주장과 달리, 다양한 언어적 표현은 다양한 경험에서 비롯된 것이라고 보는 것이 옳다.
>
> ㈑ 우리의 생각과 판단은 언어에 의해 결정되는가 아니면 경험에 의해 결정되는가? 즉 언어결정론이 옳은가 아니면 경험결정론이 옳은가? 언어결정론자들은 우리의 생각과 판단이 언어를 반영하고 있고 실제로 언어에 의해 결정된다고 주장한다.

① ㈏ – ㈎ – ㈐ – ㈑
② ㈏ – ㈎ – ㈑ – ㈐
③ ㈑ – ㈏ – ㈎ – ㈐
④ ㈑ – ㈏ – ㈐ – ㈎
⑤ ㈑ – ㈐ – ㈎ – ㈏

3.

(가) 이번에는 자연이 한결같지 않아서 귀납이 때때로 작동하지 않는다고 가정해 보자. 라이헨바흐는 귀납이 신뢰할 만하지 않을 경우 대안 방법들도 마찬가지로 신뢰할 만하지 않다고 주장한다. 자연이 한결같지 않음에도 불구하고 대안 방법들 중 하나가 현재까지는 아주 잘 작동했다고 가정해보자. 하지만 그 방법이 미래에도 계속 작동될 것이라는 귀납이 결국 실패하는 것으로 드러난다면, 그 방법은 장차 참된 앎을 산출하지 못한다고 결론 내려야 한다.

(나) 라이헨바흐의 논증은 간단하다. 자연은 한결같거나 한결같지 않다. 자연이 한결같다면 귀납은 확실히 신뢰할 만하고, 자연이 한결같지 않다면 귀납은 신뢰할 만하지 않다. 이제 점을 치는 방법처럼 귀납과는 다른 대안 방법을 채택할 경우 어떻게 될까? 불행히도 자연이 한결같다고 가정하더라도 그런 대안 방법들이 신뢰할 만하다는 것을 입증할 수 없다. 그러므로 자연이 한결같을 경우, 귀납은 신뢰할 만하다는 것이 보장되지만 그 이외의 방법은 신뢰할 만하다는 것이 보장되지 않는다. 이 경우 귀납이 우월하다는 점은 명백하다.

(다) 우리는 지식을 얻는 다양한 방법을 갖고 있는데 만일 우리의 방법이 신뢰할 만하지 않다면 우리는 그 방법을 사용할 때마다 노심초사해야 한다. 여기서 한 방법이 '신뢰할 만하다'는 것은 그 방법이 미래에도 계속 참된 앎을 제공한다는 것을 뜻한다. 우리가 가장 흔히 사용하는 방법은 귀납이다. 이것은 우리의 과거 경험들이 미래에도 반복될 것이라고 추정하는 방법이다. 자연이 한결같다면 귀납의 신뢰성은 보장된다. 흄은 자연이 한결같다는 것을 확신할 근거가 없다는 것을 논증했다. 하지만 라이헨바흐는 귀납이 신뢰할 만한 방법이라는 점을 입증할 수는 없지만 그것이 그 어떤 대안 방법들보다 낫다는 점은 보일 수 있다고 주장한다.

(라) 다시 말해 귀납이 신뢰할 만하지 않다면 점쟁이의 방법도 신뢰할 만하지 않다. 이를 통해 라이헨바흐는 자연이 한결같지 않다면 대안 방법들도 신뢰할 만하지 않다고 결론 내린다. 그래서 자연이 한결같지 않을 경우, 귀납이든 대안 방법이든 모두 신뢰할 만하지 않다.

(마) 만약 귀납을 채택했는데 그것이 실패로 끝난다면, 우리는 아무 것도 잃지 않는다. 따라서 귀납을 채택하면 얻는 것뿐이며 잃는 것은 아무 것도 없다. 라이헨바흐는 자연이 한결같거나 귀납이 신뢰할 만하다는 점을 입증했다고 주장하지 않으며, 자연이 한결같다는 것을 미리 가정하지도 않는다. 그는 귀납이 신뢰할 만한 것으로 드러나든 그렇지 않든 지식을 확장하는 최선의 추론 방법임을 보이고자 했다.

① (가) – (나) – (다) – (라) – (마)

② (가) – (라) – (다) – (마) – (나)

③ (다) – (나) – (가) – (라) – (마)

④ (다) – (나) – (마) – (라) – (가)

⑤ (다) – (마) – (가) – (라) – (나)

4.

(가) 키르케의 섬에 표류한 오디세우스의 부하들은 키르케의 마법에 걸려 변신의 형벌을 받았다. 변신의 형벌이란 몸은 돼지로 바뀌었지만 정신은 인간의 것으로 남아 자신이 돼지가 아니라 인간이라는 기억을 유지해야 하는 형벌이다. 그 기억은, 돼지의 몸과 인간의 정신이라는 기묘한 결합의 내부에 견딜 수 없는 비동일성과 분열이 담겨 있기 때문에 고통스럽다. "나는 돼지이지만 돼지가 아니다, 나는 인간이지만 인간이 아니다."라고 말해야만 하는 것이 비동일성의 고통이다.

(나) 바로 이 대목이 현대 사회의 인간을 '물화(物化)'라는 개념으로 파악하고자 했던 루카치를 전율케 했다. 물화된 현대 사회에서 인간 존재의 모습은 두 가지로 갈린다. 먼저 인간은 상품이 되었으면서도 인간이라는 것을 기억하는, 따라서 현실에서 소외당한 자신을 회복하려는 가혹한 노력을 경주해야 하는 존재이다.

(다) 키르케의 돼지는 자신이 인간이었다는 기억을 망각하고 포기할 때 새로운 존재로 탄생할 수 있겠지만, 바로 그 때문에 그는 소외된 현실이 가져다주는 비참함으로부터 눈을 돌리게 된다. 대중소비를 신성화하는 대신 왜곡된 현실에는 관심을 두지 않는다고 비판받았던 1960년대 팝아트 예술은 망각의 전략을 구사하는 키르케의 돼지들이다.

(라) 자신이 인간이라는 점을 기억하고 있지 않다면 그에게 구원은 구원이 아닐 것이므로, 인간이라는 본질을 계속 기억하는 일은 그에게 구원의 첫째 조건이 된다. 키르케의 마법으로 변신의 계절을 살고 있지만, 자신이 기억을 계속 유지하면 그 계절은 영원하지 않을 것이라는 희망을 가질 수 있다. 그는 소외 없는 저편의 세계, 구원과 해방의 순간을 기다린다.

(마) 반면 망각의 전략을 선택하는 자는 자신이 인간이었다는 기억 자체를 포기하는 인간이다. 그는 구원을 위해 기억에 매달리지 않는다. 그는 그에게 발생한 변화를 받아들이고 그것을 새로운 현실로 인정하며 그 현실에 맞는 새로운 언어를 얻기 위해 망각의 정치학을 개발한다. 망각의 정치학에서는 인간이 고유의 본질을 갖고 있다고 믿는 것 자체가 현실적인 변화를 포기하는 것이 된다. 일단 키르케의 돼지가 된 자는 인간 본질을 붙들고 있는 한 새로운 변화를 꾀할 수 없다.

① (가) – (나) – (다) – (마) – (라)

② (가) – (나) – (라) – (마) – (다)

③ (나) – (다) – (가) – (마) – (라)

④ (나) – (다) – (마) – (라) – (가)

⑤ (나) – (라) – (가) – (다) – (마)

5.

(가) 어떤 사람이 러시아 여행을 가려고 하는데 러시아어를 전혀 모른다. 그래서 그는 러시아 여행 시 의사소통을 하기 위해 특별한 그림책을 이용할 계획을 세웠다. 그 책에는 어떠한 언어적 표현도 없고 오직 그림만 들어 있다. 그는 그 책에 있는 사물의 그림을 보여줌으로써 의사소통을 하려고 한다.

(나) 예를 들어 빵이 필요하면 상점에 가서 빵 그림을 보여주는 것이다. 그 책에는 다양한 종류의 빵 그림뿐 아니라 여행할 때 필요한 것들의 그림이 빠짐없이 담겨 있다. 과연 이 여행자는 러시아 여행을 하면서 의사소통을 성공적으로 할 수 있을까? 유감스럽게도 그럴 수 없을 것이다. 예를 들어 그가 자전거 상점에 가서 자전거 그림을 보여준다고 해보자. 자전거 그림을 보여주는 게 자전거를 사겠다는 의미로 받아들여질 것인가, 아니면 자전거를 팔겠다는 의미로 받아들여질 것인가? 결국 그는 자신이 뭘 원하는지 분명하게 전달할 수 없는 곤란한 상황에 처하게 될 것이다.

(다) 구매자를 위한 그림과 판매자를 위한 그림을 간단한 기호로 구별하여 이런 곤란을 극복하려고 해볼 수도 있다. 예컨대 자전거 그림 옆에 화살표 기호를 추가로 그려서, 오른쪽을 향한 화살표는 구매자를 위한 그림임을, 왼쪽을 향한 화살표는 판매자를 위한 그림임을 나타내는 것이다. 하지만 이런 방법은 의사소통에 여전히 도움이 되지 않는다. 왜냐하면 기호가 무엇을 의미하는지는 약속에 의해 결정되기 때문이다.

(라) 상대방은 어떤 것이 판매를 의미하는 화살표이고, 어떤 것이 구매를 의미하는 화살표인지 전혀 알 수 없을 것이다. 설령 상대방에게 화살표가 의미하는 것을 전달했다 하더라도, 자전거를 사려는 사람이 책을 들고 있는 여행자의 바로 옆에 있는 사람이 아니라 바로 여행자 자신이라는 것은 또 무엇을 통해 전달할 수 있을까? 여행자가 사고 싶어 하는 물건이 자전거를 그린 그림이 아니라 진짜 자전거라는 것은 또 어떻게 전달할 수 있을까?

① (가) – (나) – (다) – (라)
② (가) – (나) – (라) – (다)
③ (나) – (다) – (가) – (라)
④ (나) – (다) – (라) – (가)
⑤ (나) – (라) – (가) – (다)

6. 다음 개요에서 제목과 결론에 들어갈 내용으로 가장 적절한 것은?

제목 : (㉠   )
서론 : 도덕 불감증의 만연에 대한 우려의 소리가 높다.
본론 : 1. 도덕 불감증의 원인과 문제점은 무엇인가?
　　　　1) 사회 전반에 만연된 이기주의 때문이다.
　　　　2) 물질 위주의 가치관에 사로잡힌 때문이다.
　　　　3) 사회적 혼란과 공동체 파괴를 초래한다.
　　　 2. 도덕 불감증의 치유 방안은 무엇인가?
　　　　1) 건전한 가치관을 확립해야 한다.
　　　　2) 윤리 교육과 종교 활동을 강화해야 한다.
　　　　3) 공정하고 엄격한 감시와 고발 장치를 마련해야 한다.
결론 : (㉡   )

① ㉠ : 건전한 사회와 윤리
　 ㉡ : 도덕과 윤리 규범에 대한 실천 교육이 필요하다.
② ㉠ : 도덕 불감증의 극복을 위하여
　 ㉡ : 도덕성 회복을 위한 다양한 방안이 강구되어야 한다.
③ ㉠ : 도덕성과 물질주의
　 ㉡ : 도덕 불감증은 윤리 교육과 종교 활동을 통해 극복할 수 있다.
④ ㉠ : 도덕 불감증의 적
　 ㉡ : 도덕적 타락을 극복하기 위해서는 건전한 가치관의 확립이 필요하다.
⑤ ㉠ : 도덕성 강화와 실천
　 ㉡ : 도덕 불감증은 윤리 교육의 제고를 통해 극복할 수 있다.

7. 다음의 개요에서 '타산지석의 교훈 – 월드컵 개최로 국가 발전을 이룬 나라와 이루지 못한 나라'라는 내용을 넣기에 가장 적절한 곳은?

> Ⅰ. 서론 – 월드컵의 성공적 개최
> 가. 4강 진출의 신화
> 나. 국가 인지도의 급상승
>
> Ⅱ. 본론1 – 월드컵 성공의 바탕
> 가. 온 국민을 하나로 뭉치게 한 뜨거운 응원 열기
> 나. 우리 국민이 보여 준 성숙한 시민 의식
>
> Ⅲ. 본론2 – 월드컵 성공은 국가 발전의 계기
> 가. 성숙한 시민 의식과 응집력을 지속시키기 위한 방안
> 나. 제고된 국가 이미지를 경제 발전과 연계시키기 위한 방안
>
> Ⅳ. 결론
> 가. '88 서울 올림픽'을 국력 신장의 계기로 삼지 못한 것에
>   대한 반성
> 나. 우리의 다짐과 각오

① 서론의 끝
② 본론1의 첫머리
③ 본론1의 끝
④ 본론2의 첫머리
⑤ 결론의 첫머리

8. 다음은 '핵전쟁과 인류의 미래'에 관한 글을 쓰기 위해 작성한 개요이다. ㉠, ㉡에 들어갈 내용으로 가장 적절한 것은?

> 서론 : 핵전쟁이 인류에 미치는 심각한 위험
> 본론 : 핵전쟁의 위험성과 그에 대한 대책
> Ⅰ. 핵무기를 사용할 때의 피해
>   1. 방사능에 오염된 핵먼지로 인한 피해
>   2. 핵폭발 후 대화재로 인한 피해
>   3. (㉠   )
> Ⅱ. 핵전쟁 방지를 위한 노력
>   1. 국제 분쟁 해결을 위한 노력
>   2. 핵확산 금지 조약을 통한 노력
>   3. 국제적인 반전, 반핵 운동
> 결론 : (㉡   )

① ㉠ 핵실험의 위험성
  ㉡ 핵전쟁의 심각성과 국제 분쟁 해결 노력의 필요성
② ㉠ 핵겨울의 치명적 피해
  ㉡ 핵전쟁의 치명적 위험과 핵전쟁 방지 노력의 필요성
③ ㉠ 미국의 대화재 때 나타난 환경 피해
  ㉡ 핵전쟁의 심각성과 반전, 반핵 운동의 필요성
④ ㉠ 방사능 누출로 인한 피해
  ㉡ 핵 문제 해결의 어려움과 핵전쟁 방지 노력의 필요성
⑤ ㉠ 핵폭풍으로 인한 피해
  ㉡ 핵 문제 해결의 어려움과 국제 분쟁 해결 노력의 필요성

9. 다음은 '대중매체가 청소년에게 미치는 영향'에 관한 글을 쓰기 위해 계획한 내용이다. 계획을 구체화하는 방안으로 적절하지 않은 것은?

①	독자 설정	1차적 대상은 청소년으로 삼지만, 청소년을 자녀로 둔 부모 및 대중매체 종사자까지 확대할 필요가 있다.
②	논의 대상 범위	대중매체의 종류를 조사해 보고, 특히 청소년에게 미치는 영향이 큰 대중매체를 중심으로 논의를 전개한다.
③	활용 자료	청소년기의 특성을 다룬 논문과 대중매체의 특성에 대한 연구 자료, 대중매체와 관련한 청소년 대상의 설문 조사 자료 등을 활용한다.
④	내용 전개	대중매체의 특성이나 파급력을 먼저 제시하고, 이어서 청소년기의 특성을 제시하여 청소년들에게 대중매체가 큰 영향을 미칠 수 있음을 밝힌다.
⑤	결론	대중매체는 청소년뿐 아니라 우리 사회 전반에 큰 영향을 미치고 있음을 강조하여 대중매체의 올바른 수용이 우리 모두의 문제로 인식되어야 함을 주장한다.

10. 다음은 '동양 연극과 서양 연극의 차이점'에 관한 글을 쓰기 위해 수집한 자료이다. '관객과 무대와의 관계'라는 항목에 활용할 수 있는 내용을 모두 고르면?

ⓐ 서양의 관객이 공연을 예술 감상의 한 형태로 본다면, 동양의 관객은 공동체적 참여를 통하여 함께 즐기고 체험한다.

ⓑ 동양 연극은 춤과 노래와 양식화된 동작을 통해서 무대 위에서 현실을 모방하는 게 아니라, 재창조한다.

ⓒ 서양 연극의 관객이 정숙한 분위기 속에서 격식을 갖추고 관극(觀劇)을 하는 데 비하여, 동양 연극의 관객은 매우 자유분방한 분위기 속에서 관극한다.

ⓓ 서양 연극은 지적인 이론이나 세련된 대사로 이해되는 텍스트 중심의 연극이라면, 동양 연극은 노래와 춤과 언어가 삼위일체가 되는 형식을 지닌다.

ⓔ 서양 연극과는 달리, 동양 연극은 공연이 시작되는 순간부터 관객이 신명나게 참여하고, 공연이 끝난 후의 뒤풀이에도 관객, 연기자 모두 하나가 되어 춤판을 벌이는 것이 특징이다.

---

① ㉠, ㉡, ㉣
② ㉠, ㉢, ㉤
③ ㉡, ㉢, ㉣
④ ㉡, ㉢, ㉤
⑤ ㉢, ㉣, ㉤

┃11~15┃ 제시된 글을 고쳐 쓰기 위한 방안으로 적절하지 않은 것을 고르시오.

11.

건강과 스트레스

㉠스트레스를 많이 받을 수 있는 성격 유형과 행동 특성

외부의 자극에 대하여 사람이 느끼는 신체적, 심리적 긴장 상태를 '스트레스'라고 한다. 스트레스를 경험 하면 사람은 생리적으로 원래 상태로 되돌아가기 위하여 스트레스와 정면으로 대립하거나 (㉡) 도피하려는 경향을 갖는다. 그런 점에서 스트레스는 그 요인에 대하여 평온한 상태를 유지하기 위한 생리적 반응 과정이라고 할 수 있다.

㉢스트레스는 고통스러울 때만 일어나는 것이 아니라 즐거울 때에도 일어난다. 어떤 사람들은 스트레스로 인해 질병을 얻지만, 어떤 사람들은 스트레스를 극복하여 기쁨을 얻는다. 예를 들어 산악인이나 항해사들은 거친 자연 조건에서의 산행이나 항해를 통해 자신의 목표를 이룸으로써 성취감과 희열을 느낄 수 있다.

이들이 스트레스를 극복하고 목표를 이룬 것처럼, 우리도 스트레스를 이겨내고 더 나은 사람으로 성장할 수 있다면 그 자체가 보람 있는 일일 것이다. 스트레스 없는 삶을 살아갈 수는 없지만 어떤 마음가짐으로 스트레스에 ㉣순응하느냐에 따라 우리의 삶이 달라질 수 있다. ㉤그러나 중요한 것은 스트레스 자체가 아니라 스트레스에 대처하는 우리의 자세이다.

---

① ㉠은 내용과 어울리지 않으므로 '스트레스에 대처하는 바람직한 자세'로 바꾼다.

② ㉡에는 문장의 호응을 고려하여 '스트레스로부터'라는 단어를 추가한다.

③ ㉢은 문단의 통일성을 해치므로 삭제한다.

④ ㉣은 문맥에 어울리지 않으므로 '대응'으로 교체한다.

⑤ ㉤은 문장을 자연스럽게 연결하기 위해 '그런데'로 고친다.

12.

　예절이란 무엇일까요? 자, 우리에게 익숙한 엘리베이터 타기를 예로 들어 설명해 보겠습니다. ㉠계단보다 엘리베이터를 이용해야 현대인이죠. 여러분이 엘리베이터를 타려고 할 때, 이미 그 안에 네 명이 타고 있는 상황을 가정해 보겠습니다. 과연 어떤 일이 벌어질까요?

　여러분은 엘리베이터에서 내리는 사람을 위하여 옆으로 비켜섭니다. 엘리베이터에 타고 있던 사람 중 누구는 다른 사람이 탈 수 ㉡있거나 자신의 짐을 벽 쪽으로 약간 옮기고, 또 다른 사람은 한 걸음 물러납니다. 이런 모든 일이 아무런 말도 없이, 눈짓을 주고받지도 않고 ㉢진행합니다. 누군가 "짐 좀 치워 주세요."라고 하거나 "비켜줘야 들어가죠.", "더 이상 자리가 없어요."라고 말하지 않습니다. 이런 경우 여러분과 엘리베이터에 타고 있던 사람들은 모두 예절을 지킨 것입니다.

　그렇습니다. 예절은 일상의 많은 상황에서 필요합니다. 그리고 그것은 무언의 과정에서 체득하는 것도 많습니다.

　엘리베이터를 타는 방법에 대한 설명서는 없지만, ㉣설령 그들이 이전에 비밀리에 약속한 것처럼, 그리고 수백 번 연습을 해 본 것처럼 각자 적절히 타인을 ㉤배치하며 움직였음을 확인할 수 있습니다. 이 경우 내리는 사람, 타려는 사람, 타고 있는 사람이 각각의 역할을 하는 것, 이것을 예절이라고 할 수 있습니다.

① ㉠은 글의 통일성을 해치므로 삭제하는 것이 좋다.

② ㉡은 어미의 쓰임이 적절하지 않으므로 '있도록'으로 바꾸어야 한다.

③ ㉢은 주어와 서술어의 호응 관계를 고려하여 '진행하게 합니다'로 고친다.

④ ㉣은 부사의 쓰임이 적절하지 않으므로 '마치'로 수정한다.

⑤ ㉤은 문맥에 어울리지 않으므로 '배려'로 바꾸어야 한다.

13.

　이번 설 전날, 어머니와 함께 ○○마트에 갔을 때의 일이다. 로비 의자에 앉아 있었는데, 그 옆에서 어떤 아저씨가 귀엽게 생긴 아기에게 분유를 먹이고 있었다. 아기는 젖꼭지를 물다 이내 울음을 터트리곤 했는데, 주변 소리가 성가신 듯했다.

　어느새 아기 응가 냄새가 폴폴 나기 시작한다. 울음 끝에 일을 보고 만 것이다. 아기를 데리고 화장실로 가겠지? ㉠그럼에도 불구하고 아저씨는 그 자리에서 기저귀를 갈기 시작한다. 결코 익숙해지지 않는 시큼하고 비릿한 냄새. 마치 파도타기를 하는 것처럼, 사람들은 대화를 멈추고 이쪽을 쳐다보기 시작한다. 그 모양이 꼭 냄새가 번지는 모습을 보는 것 같다. 결국 직원이 가서 무슨 말을 하자 아저씨는 화를 내며 아기를 안고 나가버리는 것이 아닌가.

　집에 돌아오는 길, 어머니께선 ㉡고약한 냄새와 시끄러운 소리가 들려서 마트 직원들이 곤란했겠다며, 아저씨의 에티켓이 조금 부족한 것 같다고 말씀하셨다. 그러나 ㉢곰곰히 생각해 보니, 그 문제만은 아닌 것 같았다. 명절 선물을 사려고 했을 테지. 엄마는 왜 없었을까. 엄마가 있었다면 수유실로 갔겠지. 그렇지만 응가는…… 그래, 그 마트 남자 화장실에는 기저귀 교환대가 없었다. 그렇다고 변기 뚜껑 위에 아기를 눕힐 수는 없는 것 아닌가. 그 아저씨는 모유 수유실도, 화장실도 이용할 수 없었던 것이다.

　나는 어렸을 때, 시골에서 자랐다. 모유 수유실도 기저귀 교환대도 없었지만, 엄마들이 뒤돌아 앉아 아기들의 배를 채워주고, 기저귀를 갈아줄 만한 공간은 어디든 있었으니, 널린 게 요람이었다. 우선은 도시 공공시설에 아빠들이 이용할 수 있는 수유실을, 남자 화장실에 기저귀 교환대 설치를 확대해야겠지만, 그런다고 계절이 돌아오듯 아기들이 행복했던 시절이 돌아올까. 아기 전용 공간이 늘어나지만 도리어 아기에게 허용된 공간은 줄어들고 있는 이 ㉣궤변에 나는 한동안 생각에 잠겨야 했다.

　가장 행복했어야 하는 존재지만, 충분히 배려 받지 못했던 그 아기. 생각이 여기까지 미치자 아기에게 미안한 마음이 들었다. ㉤물론 그 아저씨에게 뭐라 말을 건넸던 직원처럼 우리도 할 일은 해야 하겠지만, 힘차게 기저귀를 풀어헤치던 아저씨의 당당한 모습 뒤로 많은 사람들이 눈총을 주는 모습이 떠올랐다. 아, 그 사이에 내가 있었구나!

① ㉠은 문장의 접속 관계를 고려하여 '한편'으로 고쳐 쓴다.

② ㉡은 필요한 문장 성분이 생략되었으므로 '고약한 냄새가 나고 시끄러운 소리가 들려서'로 고쳐 쓴다.

③ ㉢은 맞춤법에 맞도록 '곰곰이'로 고친다.

④ ㉣은 문맥에 어울리지 않으므로 '역설'로 바꾼다.

⑤ ㉤은 문단의 통일성을 해치므로 삭제한다.

14.

㉠	〈한 학생이 같은 반 친구에게〉 선생님 아까 수업 마치시고 일찍 퇴근하는 것 같던데.
㉡	〈가게 점원이 손님에게〉 손님, 주문하신 커피 나오셨습니다.
㉢	〈손자가 할아버지에게〉 할아버지, 고모가 진지 잡수시라고 하였습니다.
㉣	〈학교 후배의 집에 전화한 선배가 후배의 초등학생 아들(철호)에게〉 철호야, 잘 있었어? 아저씨인데, 아빠 지금 집에 있니?
㉤	〈장모가 사위에게〉 잘 가게. 특히 고속도로에서 운전 조심하게.

① ㉠ : 선어말 어미 '-시-'를 통해 주체인 선생님을 높여 말해야 하므로 '퇴근하시는'으로 말해야 한다.

② ㉡ : '나오셨습니다'는 '커피'를 손님과 밀접한 관계를 맺고 있는 대상으로 생각하여 간접 높임 표현을 과도하게 사용한 것이므로 '나왔습니다'로 고쳐 말해야 한다.

③ ㉢ : 할아버지에 대해서는 특수 어휘 '잡수시다'를 통해 높여 말하지만, 할아버지보다 낮은 사람인 고모에 대해서는 '하였습니다'와 같이 말하여 주체를 높이지 않고 있다.

④ ㉣ : 화자의 후배이지만 청자인 아들의 입장에서는 높여 말해야 하는 아버지이므로, 화자는 특수 어휘 '계시다'를 통해 후배를 높여 말해야 한다.

⑤ ㉤ : 화자인 장모는 사위를 높여 말해야 할 필요가 없으나, 직접적으로 낮춰 말하기가 어색하므로 두루 높임의 해요체 어미를 통해 사위를 높여 말해야 한다.

15.

지난 5월의 내 모습은 '5'와 관련이 깊었다. 늘 5분 간격으로 알람을 다섯 개씩 맞춰 두었지만, 이불속에서 뒤척이다가 회사에 ㉠늦게 지각하는 경우가 많았기 때문이다. 상반기 근무태도 평정표에 나온 지각 횟수를 보면서 하반기에는 지각을 줄여야겠다고 다짐하였다.

친구가 여름도 다가오고 하는데 몸도 만들 겸 회사 건물 지하 헬스장에서 아침 운동을 함께 하자고 제안했다. 지금도 피곤해서 겨우 일어나는데 1시간이나 일찍 일어나는 것이 ㉡바람직할까 걱정되었다. ㉢그런데 회사에 1시간 일찍 도착하려고 노력하면 아무리 늦어도 지각은 안 할 수 있을 것 같다는 생각이 들었다. 그래서 친구와 함께 운동을 하기로 약속했다.

처음 한 달은 너무 힘이 들었다. 내 부탁으로 아침마다 깨워 주시는 어머니께 짜증을 부리기도 하였다. 또 어머니께서 깨우시다 포기하셔서 늦게 일어나는 날이면 어머니께 화를 내기도 하였다. ㉣날이 더워지니 사소한 일에도 툭하면 짜증을 내어 며칠 전에는 친구랑 크게 다투었다. 그런데 가을이 지나면서 조금씩 내가 달라지고 ㉤있음이 느낄 수 있었다. 아침 바람이 시원해지면서 헬스장으로 향하는 발걸음이 점차 가벼워졌고, 오전 업무 집중도 오히려 높아졌다. 요즘 나는 '1'과 관련이 깊다. 1시간 일찍 회사에 와서 매일 1시간 운동을 하고, 일찍 잠자리에 들기 위해 컴퓨터를 하는 시간을 1시간 줄였다. 앞으로도 나의 건강을 위해 매일 1시간을 소중하게 사용하고 싶다.

① ㉠ : 의미가 중복되므로 '늦게'를 삭제한다.

② ㉡ : 문맥으로 보아 부적절한 단어이므로 '가능할까'로 수정한다.

③ ㉢ : 접속어의 사용이 부적절하므로 '더욱이'로 수정한다.

④ ㉣ : 글의 통일성을 떨어뜨리므로 문장을 삭제한다.

⑤ ㉤ : 문장 성분 간의 호응이 부적절하므로 '있음을'로 수정한다.

1. 회사에서 최근 실시한 1차 폐휴대폰 수거 캠페인에 참여한 1~3년차 직원 중 23%가 1년 차 직원이었다. 2차 캠페인에서는 1차 캠페인에 참여한 직원들이 모두 참여하고 1년차 직원 20명이 새롭게 더 참여하여 1년차 직원들의 비중이 전체 인원의 30%가 되었다. 1차 캠페인에 참여한 1~3년 차 직원 수를 구하면?

① 180명　　　　　　② 200명

③ 220명　　　　　　④ 240명

⑤ 250명

2. 35명 이상 50명 미만인 직원들이 지방에 연수를 떠났다. 참가비는 1인당 50만 원이고, 단체 입장 시 35명 이상은 1할 2푼을 할인해 주고, 50명 이상은 2할을 할인해 준다고 한다. 몇 명 이상일 때, 50명의 단체로 입장하는 것이 유리한가?

① 37명　　　　　　② 42명

③ 45명　　　　　　④ 46명

⑤ 47명

3. 8%의 설탕물 300g에서 설탕물을 조금 퍼내고, 퍼낸 설탕물만큼의 물을 부은 후 4%의 설탕물을 섞어 6%의 설탕물 400g을 만들었다. 처음 퍼낸 설탕물에 들어있는 설탕의 양은 얼마인가?

① 3g　　　　　　② 4g

③ 5g　　　　　　④ 6g

⑤ 7g

4. 김 과장은 이번에 뽑은 신입사원을 대상으로 교육을 실시하려고 한다. 인원 파악을 해야 하는데 몇 명인지는 모르겠지만 긴 의자에 8명씩 앉으면 5명이 남는다는 것을 알았고, 또한 10명씩 앉으면 의자가 1개 남고 마지막 의자에는 7명만 앉게 된다. 의자의 수를 구하면?

① 6　　　　　　② 7

③ 8　　　　　　④ 9

⑤ 10

5. 투표참여에 대한 설문조사 결과 99명의 응답자 중 투표한 사람은 투표하지 않은 사람보다 25명이 많았으며, 투표한 사람 중 A후보를 찍은 사람이 B후보를 찍은 사람보다 10명 더 많았다. A후보를 찍은 사람의 수는 몇 명인가?

① 30　　　　　　② 36

③ 42　　　　　　④ 48

⑤ 54

6. 주머니 안에 1, 2, 3, 4의 숫자가 하나씩 적혀 있는 4장의 카드가 있다. 주머니에서 갑이 2장의 카드를 임의로 뽑고 을이 남은 2장의 카드 중에서 1장의 카드를 임의로 뽑을 때, 갑이 뽑은 2장의 카드에 적힌 수의 곱이 을이 뽑은 카드에 적힌 수보다 작을 확률은?

① $\dfrac{1}{12}$　　　　　　② $\dfrac{1}{6}$

③ $\dfrac{1}{4}$　　　　　　④ $\dfrac{1}{3}$

⑤ $\dfrac{5}{12}$

7. 어느 지역에서 발생한 식중독과 음식 A의 연관성을 알아보기 위해 300명을 조사하여 다음 결과를 얻었다.

(단위 : 명)

	식중독에 걸린 사람	식중독에 걸리지 않은 사람	합계
A를 먹은 사람	22	28	50
A를 먹지 않은 사람	24	226	250
합계	46	254	300

조사 대상 300명 중에서 임의로 선택된 사람이 A를 먹은 사람일 때 이 사람이 식중독에 걸렸을 확률을 p_1, A를 먹지 않은 사람일 때 이 사람이 식중독에 걸렸을 확률을 p_2라고 하자. $\dfrac{p_1}{p_2}$의 값은?

① $\dfrac{11}{3}$　　　　　　② $\dfrac{25}{6}$

③ $\dfrac{55}{12}$　　　　　　④ $\dfrac{21}{4}$

⑤ $\dfrac{35}{6}$

8. 어느 여객선의 좌석이 A 구역에 2개, B 구역에 1개, C 구역에 1개 남아 있다. 남아 있는 좌석을 남자 승객 2명과 여자 승객 2명에게 임의로 배정할 때, 남자 승객 2명이 모두 A 구역에 배정될 확률을 p라 하자. $120p$의 값은?

① 16

② 18

③ 20

④ 22

⑤ 24

9. 철수가 받은 전자우편의 10%는 '여행'이라는 단어를 포함한다. '여행'을 포함한 전자우편의 50%가 광고이고, '여행'을 포함하지 않은 전자우편의 20%가 광고이다. 철수가 받은 한 전자우편이 광고일 때, 이 전자우편이 '여행'을 포함할 확률은?

① $\dfrac{5}{23}$ 　　② $\dfrac{6}{23}$

③ $\dfrac{7}{23}$ 　　④ $\dfrac{8}{23}$

⑤ $\dfrac{9}{23}$

10. 남학생 수와 여학생 수의 비가 2:3인 어느 고등학교에서 전체 학생의 70%가 K자격증을 가지고 있고, 나머지 30%는 가지고 있지 않다. 이 학교의 학생 중에서 임의로 한 명을 선택할 때, 이 학생이 K자격증을 가지고 있는 남학생일 확률이 $\dfrac{1}{5}$이다. 이 학교의 학생 중에서 임의로 선택한 학생이 K자격증을 가지고 있지 않을 때, 이 학생이 여학생일 확률은?

① $\dfrac{1}{4}$ 　　② $\dfrac{1}{3}$

③ $\dfrac{5}{12}$ 　　④ $\dfrac{1}{2}$

⑤ $\dfrac{7}{12}$

11. 다음 중 연도별 댐 저수율 변화의 연도별 증감 추이가 동일한 패턴을 보이는 수계로 짝지어진 것은 어느 것인가?

〈4대강 수계 댐 저수율 변화 추이〉

(단위 : %)

수계	2011	2012	2013	2014	2015
평균	59.4	60.6	57.3	48.7	43.6
한강수계	66.5	65.1	58.9	51.6	37.5
낙동강수계	48.1	51.2	43.4	41.5	40.4
금강수계	61.1	61.2	64.6	48.8	44.6
영·섬강수계	61.8	65.0	62.3	52.7	51.7

① 낙동강수계, 영·섬강수계

② 한강수계, 금강수계

③ 낙동강수계, 금강수계

④ 영·섬강수계, 한강수계

⑤ 한강수계, 낙동강수계

12. 다음은 2018년 7월 20일 오전 인천공항 제1여객터미널의 공항 예상 혼잡도에 대한 자료이다. 자료를 잘못 분석한 것은?

(단위 : 명)

시간	입국장				출국장			
	A/B	C	D	E/F	1/2	3	4	5/6
0~1시	0	714	0	0	0	0	471	0
1~2시	0	116	0	0	0	0	350	0
2~3시	0	0	0	0	0	0	59	0
3~4시	0	0	0	0	0	0	287	0
4~5시	0	998	0	0	0	0	1,393	0
5~6시	0	1,485	1,298	0	0	0	3,344	0
6~7시	1,573	1,327	1,081	542	714	488	2,261	739
7~8시	3,126	549	132	746	894	1,279	1,166	1,778
8~9시	978	82	82	1,067	1,110	1,432	1,371	1,579
9~10시	1,187	376	178	1,115	705	955	1,374	1,156
10~11시	614	515	515	140	724	911	1,329	1,344
11~12시	1,320	732	1,093	420	747	851	1,142	1,024
합계	8,798	6,894	4,379	4,030	4,894	5,916	14,547	7,620

① 이날 오전 가장 많은 사람이 이용한 곳은 출국장 4이다.

② 이날 오전 출국장을 이용한 사람은 입국장을 이용한 사람보다 많다.

③ 9~12시 사이에 출국장 1/2를 이용한 사람 수는 이날 오전 출국장 1/2를 이용한 사람 수의 50% 이상이다.

④ 입국장 A/B와 출국장 5/6은 가장 혼잡한 시간대가 동일하다.

⑤ 이날 0~6시까지 이용되는 출국장은 단 하나이다.

13. 아래의 자료는 A 지역의 2017~2018년 상반기 대비 5대 범죄의 발생을 분석한 표이다. 이를 참조하여 예측 및 분석한 내용으로 가장 거리가 먼 것을 고르면?

〈17년~18년 상반기 대비 5대 범죄 발생 분석〉

구분	계	살인	강도	강간	절도	폭력
18년	934	2	6	46	360	520
17년	1,211	2	8	39	601	561
대비	−277 (−22.9%)	0	−2 (−25%)	+7 (7.9%)	−241 (−40.1%)	−41 (−7.3%)

① 살인의 경우에는 2017~2018년 동기간 동안 동일한 건수를 기록하고 있다.

② 강간의 경우에는 2017년 대비 2018년에는 7건 정도가 증가하였으며, 폭력의 경우에는 41건 정도가 감소함을 알 수 있다.

③ 자료를 보면 치안 담당자들이 전반적으로 해당 지역의 정보를 공유하지 않고 범죄 검거에 대한 의지가 약함을 알 수 있다.

④ 표를 보면 5대 범죄 중 가장 괄목할만한 것은 민생치안 및 체감안전도와 직결되는 절도의 경우에 2018년에 360건이 발생하여 전년 601건 대비 240건 정도 감소했다.

⑤ 전년대비 범죄 발생이 감소된 범죄 중 감소율이 가장 낮은 것은 강도이다.

14. ㈜○○의 김 대표는 비서로부터 5월 중 자재에 관한 거래 내역을 보고받았으며 그 내역은 다음과 같다. 이때 아래의 자료를 기반할 때 선입선출(FIFO) 방법으로 5월에 출고한 자재의 재료비를 구하면?

일자	활동내역	개수	단가
5월 2일	매입	50개	₩100
5월 10일	매입	50개	₩120
5월 15일	출고	60개	
5월 20일	매입	50개	₩140
5월 24일	출고	70개	

① ₩10,536

② ₩11,090

③ ₩13,450

④ ₩14,490

⑤ ₩15,200

15. 다음은 어느 회사 전체 사원의 SNS 이용 실태를 조사한 자료이다. 이에 대한 설명 중 옳은 것은?

사용기기	성명	SNS 종류	SNS 활용형태	SNS 가입날짜	기기 구입비	앱 구입비
스마트폰	김하나	페이스북	소통	2013.08.01	440,000원	6,500원
스마트폰	김준영	트위터	소통	2014.02.02	420,000원	12,000원
태블릿PC	정민지	페이스북	교육	2014.01.15	400,000원	10,500원
컴퓨터	윤동진	블로그	교육	2015.02.19	550,000원	14,500원
스마트폰	이정미	트위터	소통	2013.10.10	380,000원	6,500원
태블릿PC	박진숙	페이스북	취미	2014.02.28	440,000원	14,500원
컴퓨터	김영지	트위터	교육	2014.01.10	480,000원	18,000원
컴퓨터	한아름	블로그	취미	2013.09.11	580,000원	10,500원

※ 각 사원은 SNS를 한 종류만 사용하고 SNS 활용형태도 하나임

① 페이스북을 이용하거나 태블릿PC를 사용하는 사원은 4명이다.

② SNS를 2014년에 가입한 사원은 트위터를 이용하거나 페이스북을 이용한다.

③ 취미로 SNS를 활용하는 사원의 기기구입비 합계는 100만원을 넘지 않는다.

④ 2013년에 SNS를 가입하거나 블로그를 이용하는 사원은 5명이다.

⑤ 블로그를 이용하는 사원이 취미로 SNS를 이용하는 사원보다 많다.

16. 다음은 어느 보험회사의 보험계약 현황에 관한 표이다. 이에 대한 설명으로 옳지 않은 것은?

(단위 : 건, 억 원)

구분	2015년		2014년	
	건수	금액	건수	금액
개인보험	5,852,844	1,288,847	5,868,027	1,225,968
생존보험	1,485,908	392,222	1,428,422	368,731
사망보험	3,204,140	604,558	3,241,308	561,046
생사혼합	1,162,792	292,068	1,198,297	296,191
단체보험	0	0	0	0
단체보장	0	0	0	0
단체저축	0	0	0	0
소계	5,852,844	1,288,847	5,868,027	1,225,968

※ 건수는 보유계약의 건수임

※ 금액은 주계약 및 특약의 보험가입금액임

① 2014년과 2015년에 단체보험 보유계약의 건수는 0건이다.

② 2015년은 2014년에 비해 개인보험 보유계약 건수가 감소하였다.

③ 2015년은 2014년에 비해 개인보험 보험가입금액은 증가하였다.

④ 2015년 개인보험 보험가입금액에서 생존보험 금액이 차지하는 구성비는 30% 미만이다.

⑤ 2015년 생사혼합보험은 가입건수와 금액이 전부 감소했다.

17. 다음은 N국의 연도별 교육수준별 범죄자의 현황을 나타낸 자료이다. 다음 자료를 올바르게 해석한 것은 어느 것인가?

(단위 : %, 명)

구분 연도	교육수준별 범죄자 비율					범죄자 수
	무학	초등학교	중학교	고등학교	대학 이상	
1970	12.4	44.3	18.7	18.2	6.4	252,229
1975	8.5	41.5	22.4	21.1	6.5	355,416
1980	5.2	39.5	24.4	24.8	6.1	491,699
1985	4.2	27.6	24.4	34.3	9.5	462,199
1990	3.0	18.9	23.8	42.5	11.8	472,129
1995	1.7	11.4	16.9	38.4	31.6	796,726
2000	1.7	11.0	16.3	41.5	29.5	1,036,280

① 중학교 졸업자와 고등학교 졸업자인 범죄자 수는 매 시기 전체 범죄자 수의 절반에 미치지 못하고 있다.

② 1970~1980년 기간 동안 초등학교 졸업자인 범죄자의 수는 계속 감소하였다.

③ 1990년과 1995년의 대학 이상 졸업자인 범죄자의 수는 약 3배가 조금 못 되게 증가하였다.

④ 매 시기 가장 많은 비중을 차지하는 범죄자들의 학력은 최소한 유지되거나 높아지고 있다.

⑤ 조사기간 동안 전체 범죄자 수는 매 시기 지속적으로 증가했다.

18. 다음 자료는 2012년 5월 공항별 운항 및 수송현황에 관한 자료이다. 주어진 자료와 〈보기〉를 근거로 하여 A~E에 해당하는 공항을 바르게 나열한 것은?

〈공항별 운항 및 수송현황〉

공항＼구분	운항편수(편)	여객수(천 명)	화물량(톤)
인천	20,818	3,076	249,076
A	11,924	1,836	21,512
B	6,406	(가)	10,279
C	11,204	1,820	21,137
D	(나)	108	1,582
광주	944	129	1,290
E	771	121	1,413
전체	52,822	7,924	306,289

※ 전체 공항은 광주, 김포, 김해, 대구, 인천, 제주, 청주공항으로 구성됨.

〈보기〉
㉠ 김포공항과 제주공항 여객수의 합은 인천공항 여객수보다 많다.
㉡ 화물량이 많은 공항부터 순서대로 나열하면 제주공항이 세 번째이다.
㉢ 김해공항 여객수는 광주공항 여객수의 6배 이상이다.
㉣ 운항편수가 적은 공항부터 순서대로 나열하면 대구공항이 두 번째이다.
㉤ 광주공항과 청주공항 운항편수의 합은 전체 운항편수의 5% 미만이다.

	A	B	C	D	E
①	김포	김해	제주	대구	청주
②	김포	김해	제주	청주	대구
③	김포	청주	제주	대구	김해
④	제주	청주	김포	김해	대구
⑤	제주	김해	김포	청주	대구

19. 다음 자료는 2017년 지방법원(A~E)의 배심원 출석현황에 관한 자료이다. 이에 대한 〈보기〉의 설명 중 옳은 것만을 모두 고르면?

〈2017년 지방법원(A~E)의 배심원 출석 현황〉

(단위 : 명)

지방법원＼구분	소환인원	송달불능자	출석취소통지자	출석의무자	출석자
A	1,880	533	573	(가)	411
B	1,740	495	508	(나)	453
C	716	160	213	343	189
D	191	38	65	88	57
E	420	126	120	174	115

※ 1) 출석의무자수＝소환인원－송달불능자수－출석취소통지자수

2) 출석률(%)＝$\dfrac{출석자수}{소환인원}×100$

3) 실질출석률(%)＝$\dfrac{출석자수}{출석의무자수}×100$

〈보기〉
㉠ 출석의무자 수는 B지방법원이 A지방법원보다 많다.
㉡ 실질출석률은 E지방법원이 C지방법원보다 낮다.
㉢ D지방법원의 출석률은 25% 이상이다.
㉣ A~E지방법원 전체 소환인원에서 A지방법원의 소환 인원이 차지하는 비율은 35% 이상이다.

① ㉠, ㉡   ② ㉠, ㉢

③ ㉡, ㉢   ④ ㉡, ㉣

⑤ ㉢, ㉣

20. 다음은 우리나라의 다문화 사회와 관련된 통계이다. 이에 대한 옳은 분석을 모두 고른 것은?

구분	전체 혼인(천 건)	외국인과의 혼인이 전체 혼인에서 차지하는 비중(%)	한국 남성＋외국 여성(%)	한국 여성＋외국 남성(%)
2005년	314.3	13.5	9.8	3.7
2010년	326.1	10.5	8.0	2.5
2015년	302.8	7.0	4.9	2.1

㉠ 다문화 가구의 수는 지속적으로 감소하고 있다.
㉡ 2010년에 외국인과의 혼인 건수는 3만 건을 넘는다.
㉢ 한국 남성과 외국 여성의 혼인 건수는 2005년이 2015년의 3배에 미치지 못한다.
㉣ 제시된 모든 연도에서 남성이 외국인인 혼인 건수보다 여성이 외국인인 혼인 건수가 더 많다.

① ㉠, ㉡   ② ㉠, ㉢

③ ㉡, ㉢   ④ ㉡, ㉣

⑤ ㉢, ㉣

21. 다음 자료를 참고하여 내린 판단으로 적절한 것은?

〈가구주 연령대별 가구당 순자산 보유액〉

(단위 : 만 원)

구분		전체	30세 미만	30대	40대	50대	60세 이상
평균	2017년	31,572	7,489	21,904	31,246	37,026	33,772
	2018년	34,042	7,509	23,186	34,426	39,419	35,817

〈가구주 종사상 지위별 가구당 순자산 보유액〉

(단위 : 만 원)

구분		전체	상용 근로자	임시 · 일용근로자	자영업자	기타 (무직 등)
평균	2017년	31,572	34,389	13,390	39,998	26,475
	2018년	34,042	37,436	14,567	42,112	29,323

* 단, 계산 값은 소수점 둘째 자리에서 반올림한다.

① 2017년과 2018년 임시 · 일용근로자는 모두 30대이다.

② 평균 가구당 순자산 보유액이 가장 크게 증가한 연령대는 50대이다.

③ 평균 가구당 순자산 보유액의 증가율이 가장 큰 종사상 지위는 기타(무직 등)이다.

④ 전체 평균의 가구당 순자산 보유액 증가율은 10%를 조금 넘는다.

⑤ 전체 순자산 보유액에서 자영업자의 순자산이 차지하는 비중이 가장 크다.

22. 4차 산업혁명 관련 기술을 개발 또는 활용하고 있는 기업에 대한 다음 자료를 올바르게 해석한 설명은 어느 것인가?

〈표1〉

(단위 : 개, %)

	산업 대분류												
	기업 수	농림어업	광업제조업	제조업	전기가스업	건설업	도소매업	운수 · 창고업	숙박음식업	정보통신업	부동산업	기타서비스업	금융보험업
조사 대상 기업 수	12,579	26	6,119	6,106	59	543	1,401	715	323	1,047	246	1,773	327
구성비	100.0	0.2	48.6	48.5	0.5	4.3	11.1	5.7	2.6	8.3	2.0	14.1	2.6
4차 산업 기술 개발 · 활용 기업 수	1,014	–	408	408	9	28	94	22	19	265	3	114	52
구성비	100.0	–	40.2	40.2	0.9	2.8	9.3	2.2	1.9	26.1	0.3	11.2	5.1

〈표2〉

(단위 : 개, %)

4차 산업 기술 개발 · 활용 기업 수	분야(복수응답)									
	계	사물인터넷	클라우드	빅데이터	모바일(5G)	인공지능	블록체인	3D프린팅	로봇공학	가상증강현실
1,014	1,993	288	332	346	438	174	95	119	96	105
	100.0	14.5	16.7	17.4	22.0	8.7	4.8	6.0	4.8	5.3

* 단, 계산 값은 소수점 둘째 자리에서 반올림한다.

① 4차 산업 기술을 활용하는 전기가스업 기업은 모두 사물인터넷을 활용한다.

② 조사대상 기업체 중 4차 산업 기술을 활용하는 기업의 비중은 금융보험업이 전기가스업보다 더 높다.

③ 전체 조사대상 기업 중 4차 산업 기술을 활용하는 기업의 수는 1,993개이다.

④ 가장 많이 활용되고 있는 3가지 4차 산업 기술은 5G 모바일, 빅데이터, 사물인터넷이다.

⑤ 조사대상 기업체 중 4차 산업 기술 활용 비중이 가장 낮은 업종은 운수 · 창고업이다.

23. 다음 자료는 탄소포인트제 가입자 A~D의 에너지 사용량 감축률 현황을 나타낸 자료이다. 아래의 〈지급 방식〉에 따라 가입자 A~D가 탄소포인트를 지급받을 때, 탄소포인트를 가장 많이 지급받는 가입자와 가장 적게 지급받는 가입자를 바르게 나열한 것은?

〈가입자 A~D의 에너지 사용량 감축률 현황〉

(단위 : %)

에너지 사용유형 \ 가입자	A	B	C	D
전기	2.9	15.0	14.3	6.3
수도	16.0	15.0	5.7	21.1
가스	28.6	26.1	11.1	5.9

〈지급 방식〉

• 탄소포인트 지급 기준

에너지 사용유형 \ 에너지 사용량 감축률	5% 미만	5% 이상 10% 미만	10% 이상
전기	0	5,000	10,000
수도	0	1,250	2,500
가스	0	2,500	5,000

• 가입자가 지급받는 탄소포인트=전기 탄소포인트+수도 탄소포인트+가스 탄소포인트

	가장 많이 지급받는 가입자	가장 적게 지급받는 가입자
①	B	A
②	B	C
③	B	D
④	C	A
⑤	C	D

24. 다음 〈표〉는 창호, 영숙, 기오, 준희가 홍콩 여행을 하며 지출한 경비에 관한 자료이다. 지출한 총 경비를 네 명이 동일하게 분담하는 정산을 수행할 때 〈그림〉의 A, B, C에 해당하는 금액을 바르게 나열한 것은?

〈표〉 여행경비 지출 내역

구분	지출자	내역	금액	단위
숙박	창호	호텔비	400,000	원
교통	영숙	왕복 비행기	1,200,000	
기타	기오	간식1	600	홍콩달러
		중식1	700	
		관광지1 입장권	600	
		석식	600	
		관광지2 입장권	1,000	
		간식2	320	
		중식2	180	

※ 환율은 1홍콩 달러당 140원으로 일정하다고 가정함.

〈그림〉 여행경비 정산 관계도

※ 돈은 화살표의 방향으로 각각 1회만 이동함.

	A	B	C
①	540,000원	20,000원	120,000원
②	540,000원	20,000원	160,000원
③	540,000원	40,000원	100,000원
④	300,000원	40,000원	100,000원
⑤	300,000원	20,000원	120,000원

25. 자료에 대한 옳은 분석만을 바르게 짝지은 것은?

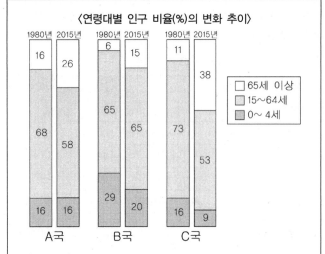

〈연령대별 인구 비율(%)의 변화 추이〉

범례:
- □ 65세 이상
- ▨ 15～64세
- ▨ 0～4세

A국: 1980년 (16, 68, 16), 2015년 (26, 58, 16)
B국: 1980년 (6, 65, 29), 2015년 (15, 65, 20)
C국: 1980년 (11, 73, 16), 2015년 (38, 53, 9)

※ 노년 부양비 : (65세 이상 인구 / 15 ～ 64세 인구) ×100
※ 유소년 부양비 : (0 ～ 14세 인구 / 15 ～ 64세 인구) ×100

ⓐ 2015년에 노년 부양비가 가장 큰 국가는 1980년과 2015년에 동일하다.
ⓑ 2015년에 0 ～ 14세 인구 대비 65세 이상 인구의 비율이 가장 높은 국가는 C국이다.
ⓒ 1980년 대비 2015년에 A국과 B국의 유소년 부양비는 감소하였다.
ⓓ 1980년 대비 2015년에 A ～ C국 모두 노년 부양비가 증가하였다.

① ⓐ, ⓑ
② ⓐ, ⓒ
③ ⓑ, ⓒ
④ ⓑ, ⓓ
⑤ ⓒ, ⓓ

▌1-15▐ 다음 규칙에 따라 도형을 변화시켰을 때 물음표에 들어갈 도형으로 알맞은 것은?

〈기본규칙〉

	Ⅰ	Ⅱ	Ⅲ	Ⅳ
i				
ii				
iii				
iv				

- n◈ : 해당 행/열의 도형 색상 반전
  예 i◈ = i 행의 도형 색상 반전
- n◇ : 해당 행/열의 도형 상하 반전
  예 Ⅱ◇ = Ⅱ열의 도형 상하 반전
- x▉ n : 해당 행/열을 오른쪽/위쪽으로 x칸 이동
  예 2▉iii = iii행을 오른쪽으로 2칸 이동
  예 2▉Ⅲ = Ⅲ열을 위쪽으로 2칸 이동
- x n▉ : 해당 행/열을 왼쪽/아래쪽으로 x칸 이동
  예 3 i ▉ = i 행을 왼쪽으로 3칸 이동
  예 3 Ⅰ ▉ = Ⅰ열을 아래쪽으로 3칸 이동
- (도형) : 해당 도형의 색을 전부 지정색으로 변환
  예 ♤ = ♤을 전부 흰색으로 변환
  예 ♠ = ♤을 전부 검은색으로 변환
- n◖ x° : 해당 행/열의 도형을 시계 방향으로 x° 회전
  예 i◖ 90° = i 행의 도형을 시계 방향으로 90° 회전
- x◎ : 외부 도형을 시계 방향으로 x칸씩 이동

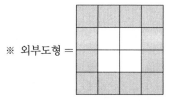

※ 외부도형 =

- x◉ : 내부 도형을 시계 방향으로 x칸씩 이동

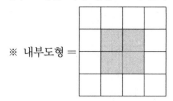

※ 내부도형 =

〈대조규칙〉

△ : 해당 칸이 도형과 모양 비교
- 해당 칸의 도형과 모양이 같으면 1열씩 오른쪽으로 이동
- 해당 칸의 도형과 모양이 다르면 1행씩 아래로 이동

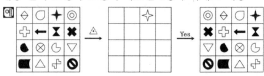

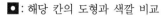

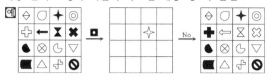

1.

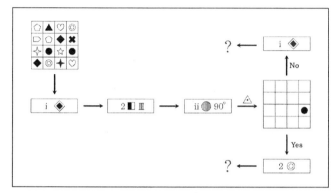

2.

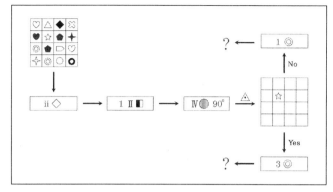

3.

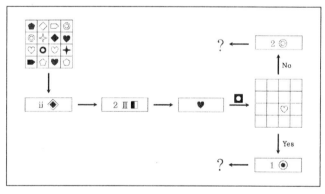

4.

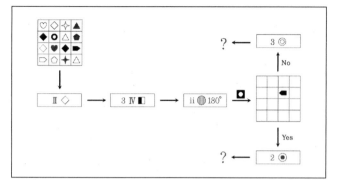

①

②

③

④

⑤

5.

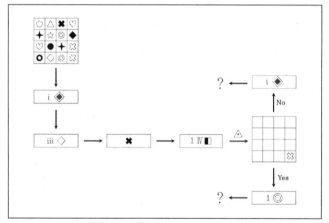

①

②

③

④

⑤

6.

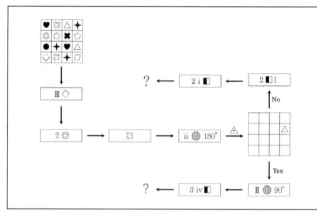

①

②

③

④

⑤

7.

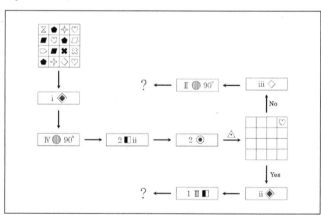

①

②

③

④

⑤

8.

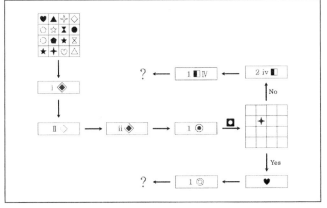

①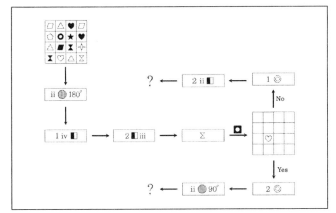

9.

10.

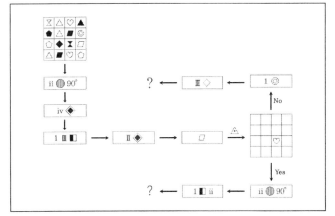

11.

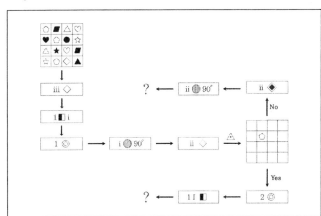

12.

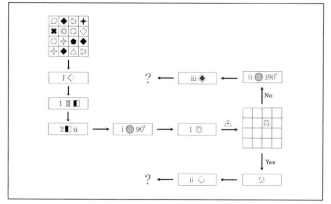

① ② ③ ④ ⑤

13.

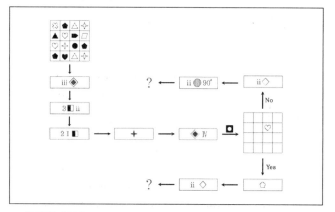

① ② ③ ④ ⑤

14.

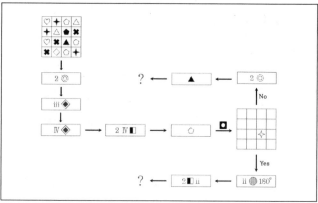

① ② ③ ④ ⑤

15.

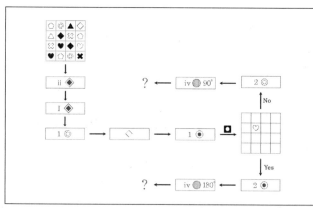

① ② ③ ④ ⑤

CJ그룹

CAT
기출동형 모의고사

제 3 회	영 역	CAT part1 (언어추리, 장문독해, 언어이해) CAT part2 (응용수리, 자료해석, 도식이해)
	문항수	80문항
	시 간	100분
	비 고	객관식 5지 택일형

SEOWONGAK
(주)서원각

제3회 기출동형 모의고사

📝 문항수 : 80문항
⏰ 시 간 : 100분

✏️ 1교시 (25문항 / 30분)

1. 다음 글의 논지로 가장 적절한 것은?

현재 실학은 대체로 '성리학의 이념 논쟁을 극복하고 근대 사회를 지향했던 조선 후기의 진보적 사상'이라고 이해된다. 그런데 이런 상식적 정의의 이면에는 다른 문제가 포함되어 있다. 사람들이 실학이라는 이름으로 끌어내고자 하는 무언가가 있었기 때문이다. 근현대 학자들이 조선 후기의 학풍을 실학이라고 정의하고 주목했던 데에는 실학에서 '우리 스스로 근대화할 수 있는 힘'을 찾으려는 의도가 깔려 있다. 어떤 학자들은 실학을 봉건 지형을 뚫고 올라온 근대적인 사상이라고 파악하고 외세의 침략 같은 다른 외적인 요인들이 아니었다면 실학을 통해 우리 스스로가 근대화를 이룰 수 있었을 것이라고 생각했다. 이런 생각이 크게 잘못된 것은 아니다. 그러나 이런 측면을 지나치게 부각할 경우 문제가 생길 수 있다.

먼저 지적할 것은 지나치게 이전 학문과의 불연속을 강조하면 문제가 일어날 수 있다는 점이다. 이전의 학문이란 성리학 내지는 유학을 말한다. 물론 조선 후기의 사상적 흐름은 기존의 조선 성리학과는 다른 것이었다. 조선 성리학이 지나치게 이론적 공방을 펼치느라 현실의 문제를 등한시했고 이에 따른 반동으로 실학이 나타났다는 평가도 크게 틀리지 않다. 그러나 이들이 모두 과거의 학문을 극복해야 할 '적'으로 생각했다는 것은 옳은 평가가 아니다. 성리학적 논쟁에 빠져서 사회 변화에 대처하지 못하는 풍토에 대해서는 경계하고 비판했지만 이들이 자기가 성장한 토양을 완전히 부정하고 새로운 사상을 시도했다고 볼 수는 없다.

조선 후기에 활동했던 이른바 실학자들은 대부분 유학의 경전에서 시대를 바꿀 힘을 찾았다. 청나라에서 들어온 고증학과 서학도 이들에게 큰 충격과 영향을 주었지만 궁극적으로 이들의 토대가 된 것은 고대 유학이었다. 결과적으로 이들은 유학의 전제들을 바탕으로 다양한 분야를 연구했다는 점에서 유학을 비판적으로 계승해 시대의 요구에 부응하고자 했던 사람들이라고 할 수 있다. 더 나아가 실학자들이 모두 근대적이고 진보적이었다고 보는 것도 무리가 있다. 실학자로 분류되는 학자들 중에는 보수적이고 복고적인 성향을 보이는 경우도 많다.

조선 후기의 학풍이 성리학을 넘어서려 했다는 점은 사실이다. 많은 학자들이 개방적이고 진보적인 태도로 자기 전통을 극복하고자 했고 새로운 세계관을 활용하고자 했다. 이들은 진취적으로 근대적인 가치를 향해 생각을 바꿔 나갔다. 그러나 그것이 자기 전통과의 완전한 단절을 의미하지는 않는다. 어떤 학자들은 실학자들이 거부했던 것은 고답적인 조선의 성

리학적 분위기, 또는 오직 주희만을 숭상하는 경직된 '주자학'이었지 유학이라는 학문적 토대 전체는 아니었다고 평가하기도 한다. 어떤 학문도 자기가 성장한 토대와 전제를 완전히 거부하거나 부정할 수는 없는 것이 현실이다.

이처럼 실학은 복합적인 요인과 다양한 학자들이 만들어 낸 스펙트럼이기 때문에 단편적으로만 이해하면 도리어 조선 후기의 사상적 의의와 풍요로움을 놓칠 수 있다. 이런 파(派)니 저런 파니 하면서 실학을 억지로 일정한 도식에 넣어 이론을 정당화하기보다는 각 사상가들의 주장을 들어 보고 그들이 진짜 원했던 것이 무엇인지를 따져 보는 것이 실학을 제대로 이해하는 올바른 길일 것이다.

---

① 실학자들이 지녔던 혁신적 자세를 계승해야 한다.

② 실학에 미친 유학과 서학의 영향을 함께 고려해야 한다.

③ 실학자들이 지닌 개혁성과 보수성을 균형 있게 다뤄야 한다.

④ 실학이 봉건 사회를 근대화한 주체적 학문임을 자부해야 한다.

⑤ 실학에 대한 획일적 시각에서 벗어나 다채로운 면모를 살펴야 한다.

2. 글쓴이가 강조한 '신명'의 내용으로 적절하지 않은 것은?

놀이는 일과 상충되는 것이어서 언제나 생산적일 수는 없으며 유한적이고 향락적인 속성이 적지 않게 포함되어 있다. 그러나 놀이는 때로 막힌 숨길을 틔우고 닫힌 것을 열어젖히는 구실을 하여 살맛을 느끼게 해 준다. 이른바 창조적 생명력을 과시하기도 하는 것이다.

그러므로 춤추고 노는 것이 일하는 것보다 더 격심한 육체적 피로를 몰고 왔다고 하더라도, 그것은 과로가 아니라 개인적인 신체 기능의 증대라는 뜻에서나 이웃과 함께 어울렸다는 유대감의 확충 내지 공동체 의식의 나눔이란 뜻에서 힘의 충전이 된다.

춤추는 일 자체로선 삶의 깊이와 뜻을 구하지 못한다 하더라도, 그것이 평화적 삶의 한 양상임에는 틀림없다. 더욱 강조해 본다면, 새로운 삶을 기약하는 마음의 바탕이 되고 삶을 향유하는 방식이 된다. 어떤 의미에서든 춤은 살아가는 방식의 하나이다.

가끔 행락철에 고성방가를 곁들인 파행적인 유락 행각으로 나타나는 부녀자들의 춤은 사회적 지탄의 대상이 되곤 하지만 이 안에는 새로운 차원의 긍정적인 면이 존재한다. 이는 남모르게 은밀하고 밀폐된 공간에서 개인적인 신명을 개발적으로 수렴하는 카바레 춤과는 성격을 달리한다. 앞의 것을 이른바 '마당춤'이라고 한다면 뒤의 것은 '밀실춤'이라고 할 수 있고, 앞의 것을 '열린 신명의 춤'이라고 한다면 뒤의 것은 '닫힌 신명의 춤'이라고 할 수 있다. 이 두 춤의 관계는 생산성과 소비성, 공동체성과 개별성 등의 서로 충돌되는 개념으로도 이야기할 수 있을 것이다. 이런 의미에서 마당춤은 여럿이 더불어 함께 추는 춤, 얽매인 삶 속에서 추는 춤, 진정한 의미에서의 살풀이의 춤이라고 할 수 있다.

우리나라 사람은 부당하게 삶을 저해하는 요소가 침입하였을 때, '살이 끼었다'고 한다. 이러한 '살'을 물리치는 살풀이는 생존의 방식이며 수단이 된다. '살'의 정체가 드러나 그것에 대한 싸움의 정신이 투철할 때, 살풀이는 삶의 자리를 튼튼하게 보장해 준다. 즉, 살풀이는 제대로 살아 있음을 위해 제 나름으로 삶을 사는 생명체의 자기 회복의 과정인 것이다. 이러한 살풀이의 과정이 절정에 오를 때 신인융합(神人融合), 성숙일여(聖俗一如)와 같은 초인적인 능력이 보통 인간에게도 주어지며 이때 놀이와 춤이 베풀어지는 데 이러한 체험이 곧 '신명'이다. 말하자면, 신명이란 굴절되고 억압된 생명력을 한꺼번에 풀어헤쳐 활기를 돋우는 새로운 창조적 체험인 것이다.

세시 풍속 일반에서 보여지는 제액이나 벽사 진경, 농경 예축 등등의 것은 모든 생활에서의 일상적이고 초현실주의적인 살풀이의 한 양상인 동시에 신명 창출의 계기를 만드는 삶의 기술이기도 하다. 축제의 도화선은 이러한 배경 속에서 당겨지고, 그것은 춤과 노래로써 일상적인 것의 반란·초탈을 체험한다. 옥죄인 생명 에너지가 봇물 터지듯 하는 속에서 신명은 생명 해방의 거대한 기운을 지펴내고 이끌고 당기고 풀어낸다. 생명 에너지가 그득하게 충전된 상태, 창조적 에너지가 거칠 것 없이 분출되는 상태, 어디엔가 홀린 듯 기운이 생동하고 출렁이며, 이윽고 살맛나는 상태가 신명나는 때이다.

부당한 세력이 강하면 강할수록, 삶을 압제하는 요인이 강하면 강할수록, 다시 말하여 '살이 끼면 낄수록, 삶의 응어리가 깊으면 깊을수록 신명은 더욱 자기의 것이 되고, 그것이 공동의 삶일 때 신명은 공동의 것이 된다. 잔치 마당에서의 집단적인 가무로써 행동화되는 놀이판, 그것은 곧 집단적인 생명 회복을 기약하는 집단적인 신명 춤판이다.

① 새로운 창조적 체험으로써 삶의 활기를 북돋워 주는 것

② 삶을 저해하는 요소를 제거하는 과정의 절정에서 느낄 수 있는 것

③ 창조적 에너지가 거침없이 분출되고 기운이 생동하는 중에 느껴지는 것

④ 제대로 된 삶을 유지하려는 생명체의 자기 회복의 과정에서 탄생되는 것

⑤ 제액이나 살을 막아 주는 요소로서 인간의 삶을 평화롭게 유지해 주는 것

3. 다음 글을 통해 볼 때, ㉠의 원인에 해당하지 않는 것은?

최근 통계청이 발표한 가계수지동향을 보면 ㉠빈부 격차가 보통 심각한 문제가 아님을 알 수 있다. 2분기 도시근로자 가구 월 평균 소득은 310만 9,600원으로 전년 동기보다 4.7% 느는데 그쳐, 외환위기 이후 최저 증가율을 기록했다. 요즘 같은 장기적인 불황 속에서 소득이 많이 늘어나지 않는 것은 특별히 이상한 일도 아니다. 문제는 장기 불황이 부자들에게는 별 타격이 되지 않는 반면 저소득층에게는 크고 깊은 문제로 다가간다는 데 있다. 최상위 10% 계층 가구의 소득은 7.8%나 증가하여 넉넉히 쓰고도 흑자 가계를 기록했다. 그러나 최하위 10% 가구의 소득은 0.26% 늘어나 물가 상승률에도 미치지 못했으며 최저생계비 수준에 머물러 50만 원 정도의 가계 적자를 면치 못했다. 이들 최하위소득층은 국가 보호가 필요한 절대빈곤층으로 추락한 것으로 추정된다.

빈부 격차 심화 현상이 발생한 것은 기본적으로 장기적인 불황과 고용 사정의 악화로 인한 저임금 근로자와 영세 자영업자들의 생업 기반이 무너진 탓이다. 또한 고소득층의 소비가 주로 해외에서 이뤄지기 때문에 내수 회복이나 서민 경제에 별 도움이 되지 않는다는 지적도 있다. 넘쳐흐르는 물이 바다을 고루 적신다고 하는 '적하(積荷) 효과가 일어나지 않는다는 뜻이다. 개인 파산 신청 건수가 급격히 늘고 있는 사실도 결코 이와 무관하지만은 않다.

이처럼 계층 간 소득 격차가 확대되면 사회 경제적 갈등은 필연적으로 발생하기 마련이고 성장 잠재력을 훼손할 우려도 높다. 정부가 적극적으로 양극화 해소책을 서둘러 마련해야 할 까닭이 여기에 있다. 전문가들은 '남북 분단'과 '동서 분단'에 이어 '빈부 양극화 고착'이라는 제3의 분단을 경고한다. 수출과 내수 간 양극화, 산업 간 양극화, 기업 간 양극화와 함께

소득의 양극화 현상은 단기적으로 경기회복 지연 요인이 되고 장기적으로 자본과 인적 자원 축적을 저해함으로써 경제 성장 잠재력 확충에 부정적인 영향을 미쳐 선진국 진입의 장애 요인으로 작용할 것이기 때문이다.

자본주의 체제에서 모든 계층의 사람이 똑같이 많이 벌고 잘 살 수는 없는 일이다. 선진국은 우리보다 소득 격차가 더 많이 벌어져 있다. 또 어느 정도의 소득 격차는 경쟁을 유발하는 동기 기능을 하는 것도 부인할 수 없다. 그러나 지금과 같은 양극화 현상의 심화 추세를 그대로 방치한 채 자연 치유되도록 기다릴 수만은 없고, 서민 경제가 붕괴 조짐을 보이는데도 넋 놓고 있어서는 안 된다. 그동안 분배와 관련된 몇 개의 단편적인 대책이 나오기는 하였으나, 모두 일시적 처방에 불과한 것이어서 오히려 상황의 악화를 초래한 것은 매우 심각한 일이다.

분배 정책도 성장 없이는 한낱 허울에 불과하다. 과거의 실패를 거울 삼아 저소득층의 소득 향상을 통한 근본적인 빈부 격차 개선책을 제시하여 빈자에게도 희망을 불어넣어야 한다. 그렇다고 고소득자와 대기업을 욕하거나 경원해서는 안 된다. 무엇보다 기업 투자와 내수경기를 일으키는 일이 긴요하다. 그래야 일자리가 생기고 서민 소득도 늘어나게 된다. 더불어 세제를 통한 재분배 정책을 추진할 필요가 있다. 세제만큼 유효한 재분배 정책 수단도 없다. 동시에 장기적인 관점에서 각 부문의 양극화 개선을 위해 경제 체질과 구조 개선을 서둘러야 할 것이다.

① 정부의 단편적 분배 정책
② 수출과 내수 간 양극화 현상
③ 고소득층의 해외 소비 현상
④ 장기적인 불황과 고용 사정의 악화
⑤ 저임금 근로자와 영세 자영업자의 생업 기반 붕괴

4. ㉠에 대한 설명으로 적절한 것은?

유전자를 연구하려면 원하는 특정 유전자의 DNA를 골라낼 수 있어야 한다. 생물에서 DNA 합성은 세포가 분열할 때 일어난다. 염색체는 세포가 분열하기 전에 두 배로 늘어나는데, 이는 염색체 구성 물질인 DNA도 두 배로 늘어났다는 것을 의미한다. 그러나 필요로 하는 작은 DNA를 수많은 DNA에서 분리해 내는 것은 어려운 일이다. 멀리스는 반대로 전체 유전체 중에서 원하는 DNA 부분만을 증폭하여 그 숫자를 크게 늘리는 아이디어를 생각해 냈다.

멀리스는 증폭하고 싶은 DNA 염기 서열의 앞부분과 뒷부분에 시발체*를 결합시키면 원하는 DNA를 많이 복제할 수 있을 것이라고 생각했다. 이 과정은 다음과 같다. DNA를 복제할 때는 먼저 DNA의 이중 나선 구조에 95℃ 이상의 열을 가해 한 줄로 풀어 주고 온도를 50 ~ 60℃로 낮춘 후 시발체를 넣는다. 시발체는 DNA 단일 가닥에서 복제하고 싶은 염기 서열

에 결합한다. 즉 DNA에 시발체를 넣은 후 온도를 낮춰 주면 DNA 한 가닥과 시발체가 붙게 되는 것이다. 다시 온도를 72℃ 정도까지 높여 여기에 ㉠DNA 중합 효소를 넣으면 시발체에 DNA 조각이 붙어 이중 나선 DNA가 만들어진다. 이 과정을 반복하면 DNA는 제곱수로 복제된다. 이것이 멀리스가 고안한 PCR(Polymerase Chain Reaction, 중합 효소 연쇄 반응)이다.

그러나 이 방법에는 해결하기 어려운 문제가 남아 있었다. 멀리스가 고안한 방법으로 DNA를 복제하려면 실험 시 반응 온도를 90℃ 이상으로 올려야 하는데, 이 온도에서는 DNA 중합 효소가 제 역할을 하지 못한다는 사실이다. 또한 온도가 낮아지면 분리된 DNA가 다시 결합하는 문제도 발생한다. 이 문제를 해결한 사람은 일본인 미생물학자 사이키이다. 그는 온천물에서도 생존하는 세균이 있다는 사실에 주목했다. 이 세균에 DNA 중합 효소가 있다면 멀리스가 고안한 PCR의 문제점을 해결할 수 있기 때문이다.

사이키는 온천에 사는 세균의 단백질 중에서 DNA를 합성하는 단백질을 분리해 냈다. 높은 온도에서도 기능을 잘 발휘하는 DNA 중합 효소를 찾은 것이다. 그것은 Taq DNA 중합 효소로 온천에서 살고 있다는 뜻으로 테르무스 아쿠아티쿠스(Thermus aquaticus)라 명명되었다. 멀리스가 고안한 PCR에 Taq DNA 중합 효소를 쓰자 끓는 물에서 아무 문제 없이 DNA를 합성할 수 있었다. DNA 중합 효소가 높은 온도에서도 파괴되지 않으니 활성 상태를 지속하기 위해 계속 넣어 주지 않아도 되고, 두 가닥으로 분리된 DNA가 다시 붙어 버리는 문제도 해결되었다.

이 연구 결과는 곧 세계에 알려졌다. 사이키가 분리한 Taq DNA 중합 효소는 특허 취득 후 판매를 시작하자마자 날개 돋친 듯이 팔려 나갔다. DNA를 대상으로 하는 연구를 하고자 하는 수많은 연구실에서 이 방법을 쓰기 시작했다.

* 시발체 : 고분자 물질의 합성 반응 등에서 반응 개시 계기를 만들고 반응을 촉진하는 물질

① DNA 합성에 독자적으로 작용한다.
② DNA 이중 가닥에 결합하면 활성화된다.
③ 시발체와 결합하면 불규칙적으로 작용한다.
④ 시발체가 DNA에 선택적으로 결합하도록 유도한다.
⑤ 일반적으로 주변의 온도에 따라 활성 상태가 변한다.

5.

유명인 모델의 광고 효과를 높이기 위해서는 유명인이 자신과 잘 어울리는 한 상품의 광고에만 지속적으로 나오는 것이 좋다.

㈎ 여러 광고에 중복 출연하는 유명인이 많아질수록 외견상으로는 중복 출연이 광고 매출을 증대시켜 광고 산업이 활성화되는 것으로 보일 수 있다.

㈏ 유명인을 비롯한 광고 모델의 적절한 선정이 요구되는 이유가 여기에 있다.

㈐ 하지만 모델의 중복 출연으로 광고 효과가 제대로 나타나지 않으면 광고비가 과다 지출되어 결국 광고주와 소비자의 경제적인 부담으로 이어진다.

㈑ 이렇게 할 경우 상품의 인지도가 높아지고, 상품을 기억하기 쉬워지며, 광고 메시지에 대한 신뢰도가 제고된다.

㈒ 유명인의 유명세가 상품에 전이되고 소비자가 유명인이 진실하다고 믿게 되기 때문이다.

① ㈎ - ㈏ - ㈑ - ㈐ - ㈒
② ㈎ - ㈒ - ㈑ - ㈏ - ㈐
③ ㈑ - ㈎ - ㈒ - ㈏ - ㈐
④ ㈑ - ㈒ - ㈎ - ㈐ - ㈏
⑤ ㈒ - ㈑ - ㈐ - ㈏ - ㈎

6.

㈎ 환경주의자들이 말하는 온난화의 주범 역시 자동차가 배출하는 가스를 비롯한 온실가스가 아니라 태양이다.

㈏ 결과적으로 태양의 활동이 활발해지면 지구의 기온이 올라가고, 태양의 활동이 상대적으로 약해지면 기온이 내려간다.

㈐ 기후 변화가 일어나는 이유는 인간이 발생시키는 온실가스 때문이 아니라 태양의 활동 때문이라고 보는 것이 합리적이다.

㈑ 태양 표면의 폭발이나 흑점의 변화는 지구의 기후 변화에 막대한 영향을 미친다.

㈒ 태양 활동의 거시적 주기에 따라 지구 대기의 온도는 올라가다가 다시 낮아지게 될 것이다.

① ㈎ - ㈐ - ㈒ - ㈏ - ㈑
② ㈏ - ㈒ - ㈐ - ㈎ - ㈑
③ ㈏ - ㈑ - ㈐ - ㈎ - ㈒
④ ㈐ - ㈑ - ㈏ - ㈎ - ㈒
⑤ ㈐ - ㈎ - ㈑ - ㈏ - ㈒

7.

시장에서 독점적 지위를 가지고 있는 판매자가 동일한 상품에 대해 소비자에 따라 다른 가격을 책정하여 판매하기도 하는데, 이를 '가격 차별'이라 한다.

㉠ 또한 시장이 분리 가능해야 한다. 즉, 상품의 판매 단위나 구매자의 특성에 따라 시장을 구분할 수 있어야 한다.

㉡ 가격 차별이 성립하기 위해서는 먼저 판매자가 시장 지배력을 가지고 있어야 한다.

㉢ 시장 지배력이란 판매자가 시장 가격을 임의의 수준으로 결정할 수 있는 힘을 말한다.

㉣ 만약 가격이 낮은 시장에서 상품을 구입하여 가격이 높은 시장에 되팔 수 있다면 매매 차익을 노리는 구매자들로 인해 가격 차별이 이루어지기 어렵기 때문이다.

㉤ 마지막으로 시장 간에 상품의 재판매가 불가능해야 한다.

① ㉠ - ㉢ - ㉡ - ㉣ - ㉤
② ㉡ - ㉢ - ㉠ - ㉤ - ㉣
③ ㉡ - ㉢ - ㉤ - ㉣ - ㉠
④ ㉢ - ㉡ - ㉠ - ㉤ - ㉣
⑤ ㉢ - ㉠ - ㉡ - ㉣ - ㉤

8.

현재의 지평 형성에는 '현전화' 작용도 영향을 미친다.

㉠ 또한 미래의 일을 현재에 떠올리기도 하는데 이를 기대라고 한다.

㉡ 다만 현재화가 원인상과의 감각적 연속성이 있는 것과 달리, 현전화는 원인상과의 감각적 연속성이 없어 생생함이 사라진다.

㉢ 현재화가 자아의 의지와 무관하게 자동적으로 진행되는 것이라면 현전화는 자아의 능동적 작용으로 일어난다.

㉣ 현전화에는 우선 회상이 있다. 파지된 것은 시간이 흐르면서 의식에서 사라지기 마련인데, 이렇게 사라진 것을 현재에 불러오는 것이 회상이다.

㉤ 현전화는 현재화를 기반으로 일어나며, 현재화와 융합되어 현재의 지평을 새롭게 할 수 있는 것이다.

① ㉠ - ㉡ - ㉣ - ㉢ - ㉤
② ㉡ - ㉢ - ㉣ - ㉠ - ㉤
③ ㉡ - ㉠ - ㉤ - ㉢ - ㉣
④ ㉢ - ㉣ - ㉠ - ㉤ - ㉡
⑤ ㉢ - ㉣ - ㉤ - ㉡ - ㉠

9. 다음 글의 내용과 일치하는 것은?

부모 세대와 자식 세대 사이에는 세대 격차가 있지만 유사성도 있다. 동기집단으로서 한 세대는 특정 시기에 구성한 가치를 나이가 들어도 유지하는 경향이 있다. 한 세대와 후속 세대는 단절된 것이 아니라 연결되어 있다. 한 세대와 다른 세대로 변화하는 가교가 있다. 그 시기와 맥락을 '교차 지대'라고 부를 수 있다. 세대 연구의 관심사는 세대 차이나 갈등을 해명하는 것과 더불어 세대의 '연속성'에 관한 것이다. 이것은 두 가지 측면에서 논의된다.

하나는 부모 세대와 자식 세대 사이 가치의 흐름이 어떻게 나타나는가이다. 부모 세대와 자식 세대 사이에는 세대 격차가 존재한다. 그러나 세대 격차만 있는 것이 아니라 유사성도 존재한다. 베른 벵슨(Vern Bengtson)은 집단주의 개인주의와 인간주의 물질주의라는 두 개의 범주를 통해서 가족 내 가치가 어떻게 공유되고 차이가 나는지를 분석했다. 부모 세대와 자녀 세대는 집단주의 개인주의에서는 분명한 차이가 있지만 인간주의 물질주의에서는 별다른 차이가 없었다. 이것은 부모 세대와 자식 세대 사이에 세대 격차가 존재하지만 공유되는 가치의 흐름도 있다는 것이다.

다른 하나는 동기집단으로서 세대 의식의 흐름에 대한 것이다. 동기집단이 갖고 있는 의식은 고정된 것이 아니다. 세대의 의식 변화는 세 가지 요소, 즉 동기 효과(cohort effect), 연령 효과(age effect), 특정 시기 효과(period effect)의 영향을 받는다. 동기 효과는 비슷한 시기에 태어나서 같은 사회적 변화 속에서 성장하면서 유사한 경험과 의식을 갖는 것이다. 연령 효과는 생물학적으로 나이를 먹으면서 변하는 것이고 특정 시기 효과는 급격한 사회변동 속에서 구성된 가치 변화다. 한 세대의 의식은 변하기도 하고 연속성을 지니기도 하는데, 어느 요인이 가장 큰 영향력을 행사하는지, 세 가지 요인들이 서로 어떻게 영향을 미치는지에 대해서는 논란이 적지 않다.

1960년대 초반~후반에 태어난 민중문화세대를 놓고 생각해 보자. 1980년대 민주화운동의 경험은 민중문화세대의 의식에 중요한 영향을 미쳤을 것이다. 동기 효과와 특정 시기 효과가 상호작용을 하면서 세대 의식을 구성한 것이다.

1986년 12월 서울대학교 사회과학연구소와 한국일보가 공동으로 조사한 세대 의식 조사에 따르면, 기성세대(40대 이상)와 청년세대(대학생 집단) 사이 의식 차이는 매우 컸다. 정치 현실 인식에서 기성세대의 16.0%만이 매우 불만이었지만, 청년세대의 55.3%가 매우 불만으로 응답했다. 경제 현실 인식은 기성 세대 5.3%, 청년세대 22.0%, 사회 현실 인식은 기성세대 8.5%, 청년세대 27.5%가 매우 불만족스럽다고 대답했다. 조사 결과의 함의는 한국 사회에서 세대 변수가 아주 중요하다는 것이었다.

① 세대 연구의 주된 관심사는 세대 사이에 나타나는 갈등의 정당화에 관한 것이다.

② 세대의 연속성은 부모 세대가 자식 세대의 가치를 어떻게 받아들이는가에 따라 다양한 양태를 보인다.

③ 벵슨은 두 개의 범주를 설정하여 가족 내의 가치가 어떻게 공유되는 지를 분석하였다.

④ 동기집단은 의식적으로 고정적인 성격을 가지고 있어 갈등을 유발하는 원인이 되기도 한다.

⑤ 민중문화세대의 세대의식은 동기 효과, 특정 시기 효과 각각의 독립적 영향을 받았다는 증거를 찾을 수 없다.

10. 다음 글의 내용과 일치하는 것은?

컴퓨터그래픽스(Computer Graphics)는 디지털 기술을 기반으로 한 화상의 전반을 일컫는 표현이며, 편의상 CG 혹은 CGI(Computer-Generated Imagery)라 칭한다. CG는 디지타이저(digitizer)를 통해 입력한 이미지를 단순 변형시키는 작업에서부터 3차원 모델링까지 매우 다양한 형태로 발전해왔다. 영화 〈스타워즈 : 에피소드 4-새로운 희망〉(1977)에서 처음 활용 되었는데, 미니어처의 제작만으로는 그 공상과학적 효과가 불가능했을 '죽음의 별'을 구현하기 위해서다. CG는 특히 영상의 합성 및 캐릭터의 변태 그리고 폭발 등 다양한 효과를 가능케 한다. 때문에 CG는 극영화보다 애니메이션에서 더욱 빠른 기술의 발달을 보였다. 〈토이스토리〉는 온전히 CG 렌더링으로만 제작된 최초의 작품이다. 한국영화에서는 〈구미호〉가 인물의 변신을 형상화하기 위한 기법으로 모핑(morphing)을 최초로 사용했다.

CG의 장점으로는 특수 분장이나 모델링 같은 아날로그 방식으로 구현이 불가능한 초현실적 미장센을 창조할 수 있다는 점이 있다. CG는 또한 자유로운 변형과 수정을 통해 더욱 더 정교하고 스펙터클한 영상을 사실적으로 그려낼 수도 있다. 이렇게 CG는 이미지의 역설을 양분으로 하고 있는데, 비현실적 상상을 마치 실상인 것처럼 구현해내기 때문이다. 비현실의 시각적 사실성이라는 형용모순을 기반으로 CG는 오늘날 SF 장르와 같이 형식주의를 지향하는 영화에서는 필수다.

CG를 남발했을 경우에 동반되는 부작용 역시 언급되어야 할 사항이다. CG의 과잉사용은 특히 언캐니(Uncanny) 현상을 불러일으킨다. 언캐니는 '낯선', '두려운'의 뜻을 가진 개념으로, 영화에서는 디지털 기술이 자아내는 괴기스러움, 설명하기 힘든 불편함과 이에 따른 두려움을 의미한다. 따라서 SF나 애니메이션 장르에 등장하는 디지털 캐릭터, 즉 로봇이나 인조인간 혹은 인류와 유사한 생명체에게서 흔히 언캐니 현상이 발생한다. 특히 모션 캡처나 배우의 실사감을 한층 더 정교하게 재현하는 퍼포먼스 캡처는 언캐니 현상을 일으키는 대표적인 CG기술이다. 인공적 캐릭터가 인간과 유사하면 관객은 호감을 가지지만, 그 정교함이 지나치면 오히려 거부감이나 심지어 혐오감이 발생하기 때문이다. 인간과 동일하지만 동시에 낯선 인상, 이것이 바로 언캐니다. 이것은 인간이 본능적으로 가지는 정서이며, 모든 영장류에 보편적으로 적용되는 원칙이다.

예를 들어 〈스타워즈〉 시리즈에 등장하는 로봇 R2D2는 관객의 큰 호감을 얻었다. 인간을 빼닮은 그 형상이 실제 인간과는 적당히 거리를 유지하기 때문이다. 하지만 〈폴라 익스프레스〉의 경우는 사뭇 다르다. 인간의 형상과 움직임을 최대한 재현했던 극사실주의적 CG는 오히려 낯설고 섬뜩한 인상을 심어 준다. 이 영화의 흥행 실패는 바로 CG 캐릭터가 불러일으키는 언캐니 현상에 기인한다. 온전히 CG로만 구현된 영화 〈베오울프〉 역시 인공캐릭터의 역반응을 극복하지 못한 또 다른 예다.

① CG는 디지타이저를 통해 입력한 이미지를 단순 변형시키는 작업이며 CGI는 3차원 모델링을 일컫는 말이다.
② 〈스타워즈 : 에피소드 4-새로운 희망〉는 온전히 CG 렌더링으로만 제작된 최초의 작품이다.
③ CG는 비현실의 시각적 사실성이라는 형용모순을 기반으로 SF 장르에서 필수적으로 사용된다.
④ 언캐니는 SF 장르에서만 나타나는 CG의 부작용으로 인류와 유사한 생명체에게서 흔히 발생한다.
⑤ 〈스타워즈〉 시리즈에서 볼 수 있는 극사실주의적 CG는 오히려 낯설고 섬뜩한 인상을 심어 준다.

11. 서원 그룹의 K부서에서는 자기 부서의 정책을 홍보하기 위해 책자를 제작해 배포하는 프로젝트를 진행하였다. 프로젝트 진행 과정이 다음과 같을 때, 프로젝트 결과에 대한 평가로 항상 옳은 것을 모두 고르면?

이번에 K부서에서는 자기 부서의 정책을 홍보하기 위해 책자를 제작해 배포하였다. 이 홍보 사업에 참여한 K부서의 팀은 A와 B 두 팀이다. 두 팀은 각각 500권의 정책홍보 책자를 제작하였다. 그러나 책자를 어떤 방식으로 배포할 것인지에 대해 두 팀 간에 차이가 있었다. A팀은 자신들이 제작한 K부서의 모든 정책홍보책자를 서울이나 부산에 배포한다는 지침에 따라 배포하였다. 한편, B팀은 자신들이 제작한 K부서 정책홍보책자를 서울에 모두 배포하거나 부산에 모두 배포한다는 지침에 따라 배포하였다. 사업이 진행된 이후 배포된 결과를 살펴보기 위해서 서울과 부산을 조사하였다. 조사를 담당한 한 직원은 A팀이 제작·배포한 K부서 정책홍보책자 중 일부를 서울에서 발견하였다.

한편, 또 다른 직원은 B팀이 제작·배포한 K부서 정책홍보책자 중 일부를 부산에서 발견하였다. 그리고 배포 과정을 검토해 본 결과, 이번에 A팀과 B팀이 제작한 K부서 정책 홍보책자는 모두 배포되었다는 것과, 책자가 배포된 곳과 발견된 곳이 일치한다는 것이 확인되었다.

㉠ 부산에는 500권이 넘는 K부서 정책홍보책자가 배포되었다.
㉡ 서울에 배포된 K부서 정책홍보책자의 수는 부산에 배포된 K부서 정책홍보책자의 수보다 적다.
㉢ A팀이 제작한 K부서 정책홍보책자가 부산에서 발견되었다면, 부산에 배포된 K부서 정책홍보책자의 수가 서울에 배포된 수보다 많다.

① ㉠
② ㉢
③ ㉠, ㉡
④ ㉡, ㉢
⑤ ㉠, ㉡, ㉢

12. 다음 조건을 바탕으로 할 때, 김 교수의 연구실 위치한 건물과 오늘 갔던 서점이 위치한 건물을 순서대로 올바르게 짝지은 것은?

• 최 교수, 김 교수, 정 교수의 연구실은 경영관, 문학관, 홍보관 중 한 곳에 있으며 서로 같은 건물에 있지 않다.
• 이들은 오늘 각각 자신의 연구실이 있는 건물이 아닌 다른 건물에 있는 서점에 갔었으며, 서로 같은 건물의 서점에 가지 않았다.
• 정 교수는 홍보관에 연구실이 있으며, 최 교수와 김 교수는 오늘 문학관 서점에 가지 않았다.
• 김 교수는 정 교수가 오늘 갔던 서점이 있는 건물에 연구실이 있다.

① 문학관, 경영관
② 경영관, 문학관
③ 홍보관, 경영관
④ 문학관, 홍보관
⑤ 홍보관, 문학관

13. R사는 공작기계를 생산하는 업체이다. 이번 주 R사에서 월요일~토요일까지 생산한 공작기계가 다음과 같을 때, 월요일에 생산한 공작기계의 수량이 될 수 있는 수를 모두 더하면 얼마인가? (단, 1대도 생산하지 않은 날은 없었다.)

- 화요일에 생산된 공작기계는 금요일에 생산된 수량의 절반이다.
- 이 공장의 최대 하루 생산 대수는 9대이고, 이번 주에는 요일별로 생산한 공작기계의 대수가 모두 달랐다.
- 목요일부터 토요일까지 생산한 공작기계는 모두 15대이다.
- 수요일에는 9대의 공작기계가 생산되었고, 목요일에는 이보다 1대가 적은 공작기계가 생산되었다.
- 월요일과 토요일에 생산된 공작기계를 합하면 10대가 넘는다.

① 10   ② 11
③ 12   ④ 13
⑤ 14

14. 다음 명제가 참일 때 항상 참인 것은?

- 자동차 수리를 잘하는 사람은 자전거도 잘 고친다.
- 자동차 수리를 잘하지 못하는 사람은 가전제품도 잘 고치지 못한다.

① 자동차 수리를 잘하지 못하는 사람은 자전거도 잘 고치지 못한다.
② 자전거를 잘 고치는 사람은 가전제품을 잘 고친다.
③ 가전제품을 잘 고치지 못하는 사람은 자동차 수리도 잘하지 못한다.
④ 가전제품을 잘 고치는 사람은 자전거도 잘 고친다.
⑤ 가전제품을 잘 고치지 못하는 사람은 자전거도 잘 고치지 못한다.

15. 다음 명제가 참일 때 항상 참인 것은?

- 오 대리가 출장을 가면 정 사원은 야근을 해야 한다.
- 남 대리가 교육을 받지 못하면 진급 시험 자격을 얻지 못한다.
- 정 사원이 야근을 하면 남 대리가 교육을 받으러 가지 못한다.

① 남 대리가 교육을 받지 못하면 오 대리가 출장을 가야 한다.
② 정 사원가 야근을 하면 오 대리가 출장을 가야 한다.
③ 남 대리가 진급 시험 자격을 얻으려면 오 대리가 출장을 가면 안 된다.
④ 남 대리가 진급 시험 자격을 얻지 못하면 오 대리가 출장을 가지 않은 것이다.
⑤ 정 사원이 야근을 해도 남 대리가 진급 시험 자격을 얻을 수 있다.

16. 다음 글을 통해 알 수 있는 내용이 아닌 것은?

돈의 총량을 뜻하는 통화량이 과도하게 많거나 적으면 심한 물가 변동이 일어날 수 있으며, 실업률, 이자율 등에도 영향을 미칠 수 있다. 따라서 통화량을 파악하여 적절한 수준으로 조절하는 통화정책의 중요성이 갈수록 커지고 있다. 문제는 통화량의 파악이 쉽지 않다는 것이다. 현금뿐 아니라, 현금으로 바뀔 수 있는 성질인 유동성을 가진 금융상품까지 통화에 포함되기 때문이다.

통화량 파악이 복잡한 이유를 통화 형성 과정을 통해 더 자세히 살펴보자. 통화는 중앙은행이 화폐를 발행하여 개인과 기업 등의 경제 주체들에게 공급함으로써 창출된다. 이때 중앙은행이 발행한 화폐를 본원통화라고 한다. 본원통화의 일부는 현금으로 유통되고, 일부는 은행에 예금된다. 예금은 경제 주체가 금융기관에 돈을 맡겨 놓는 것이므로 이들의 요구가 있으면 현금으로 바뀔 수 있는 유동성이 있어 통화에 포함된다. 그런데 이 예금 중 일정 비율만 예금자의 인출에 대비해 지급준비금으로 남고 나머지는 대출된다. 예금의 일부가 대출되면 대출액만큼의 통화가 새로 만들어지는데, 이를 신용창조라고 한다. 예를 들어 은행에 예금되어 있는 1만 원이 시중에 대출될 때, 예금액 1만 원은 그대로 통화량에 포함되어 있는 채 대출된 1만 원이 통화량에 새로 추가되는 것이다. 이러한 신용창조의 과정이 반복되면서 본원통화보다 몇 배 많은 통화량이 형성되는데 그 증가된 배수를 통화승수라고 한다. 다만 시중에 유통되던 현금이 은행에 예금되더라도 그 예금액만큼 시중의 현금이 줄어들기 때문에 이런 경우에는 통화량에 변화가 없다.

그런데 금융기관의 금융상품마다 유동성의 정도가 달라 모두 동일한 통화로 취급하기 어려운 까닭에 통화량 파악이 복잡해진다. 그래서 각 나라의 중앙은행은 다양한 통화 지표를 만들어 통화량을 파악하고 있다. 우리나라의 통화 지표는 2003년을 기점으로 양분된다. 앞 시기에는 '통화', '총통화', '총유동성'이라는 통화 지표를 사용했다. '통화'와 '총통화'에는 현금과 예금은행의 금융상품들이 포함되었고, '총유동성'에는 여기에다 비은행금융기관*의 금융상품들이 추가되었다. 2003년 이후에는 IMF의 통화금융통계매뉴얼에 따라 '협의통화', '광의통화', 'Lf(금융기관 유동성)'라는 지표가 사용되었다. 협의통화에는 현금뿐 아니라 예금을 취급하는 모든 금융기관의 요구불예금 및 수시입출식 저축성 예금이 포함된다. 요구불예금과 수시입출식 저축성 예금은 고객의 요구가 있으면 즉시 현금으로 바뀔 수 있기에 유동성이 매우 높다고 판단되어 현금과 같은 지표에 묶였다. 광의통화는 협의통화에, 예금을 취급하는 모든 금융기관의 예금 상품 중 이자 소득을 포기해야만 현금화할 수 있어 유동성이 낮은 상품들까지 추가한 것이다. 여기에는 정기예금 등 만기 2년 미만의 금융상품들이 해당된다. 다만 이전 지표의 '총통화'에 포함되었던 만기 2년 이상의 저축성 예금은 유동성이 매우 낮다는 이유로 제외했다. Lf는 만기 2년 이상의 저축성 예금 등 광의통화에 포함되지 않았던 모든 금융기관의 금융상품까지 포괄한다.

보통 광의통화는 시중의 통화량을 가장 잘 드러내는 지표로 인정받고, 통화승수 역시 광의통화를 기반으로 한다. 그리고 협의통화는 단기금융시장의 규모를 파악하는 데, Lf는 실물경제의 규모를 파악하는 데 더 적합하다. 이렇게 통화 지표는 통화량을 다층적으로 파악하게 하여 효율적인 통화정책 운용에 기여할 수 있다.

① 유동성의 의미

② 지급준비금의 용도

③ 통화량 파악의 필요성

④ 국가별 통화 지표의 종류

⑤ 우리나라 통화 지표의 변화

17. 밑줄 친 사례로 적절하지 않은 것은?

경매에서 존 레논의 기타가 구입 가격의 1만 배가 넘는 가격에 낙찰되었다고 한다. 경매에서 낙찰의 기쁨을 얻은 승자는 그 상품에서 얻을 수 있는 자신의 기쁨만큼 가격을 지불했고, 판매자도 높은 가격에 만족했을 것이다.

그러나 낙찰자가 얼마 가지 않아 레논의 기타에 싫증을 낸다면, 그 물건이 과대평가되었다는 것을 곧 알게 될 것이다. 오늘의 낙찰가가 효율적인 것처럼 보이지만, 길게 보면 결코 합리적인 가격 수준이 아닐 수도 있는 것이다.

원유의 채굴권이 경매되는 과정을 생각해보자. 누구도 매장량과 상업성을 정확히 예측할 수 없는 상황에서 기업 A가 과학적인 방법을 동원하여 가장 정확하게 가치를 산정했다고 하자. 그렇다고 경매에서 채굴권이 A에게 돌아간다는 보장은 없다. 오히려 가장 낙관적으로 과대평가한 B 기업이 채굴권을 차지한다. 그런데 이 경우 채굴권을 따낸 승자는 시장에서는 오히려 큰 손실을 보는 패자가 된다. 이런 현상을 '승자의 저주'라고 부른다. 불확실한 미래가치를 너무 용기 있게 평가했기 때문에 나타난 결과이다.

구매자가 합리적이라면, 자신이 원하는 용도에 적합하게 가격을 부른다. 그 결과 적정한 가격에서 효율적인 교환이 성립된다. 경제학에서 '효율적인 교환'이라는 말은 모든 거래 당사자가 서로 손해를 보지 않는 가격에서 교환하는 것을 말한다. 예를 들어 적정 이윤을 포함한 원가가 1만 원인데, 2만 원에 판매하거나 8,000원에 판매한다면 누군가가 손실을 부담하므로 비효율적이다. 그러나 정확히 1만 원에 판매한다면, 양자가 서로 만족하면서 교환하므로 효율적인 거래가 성립된다. 1만 원 이외에는 다른 어떤 가격도 두 사람을 다 만족시킬 수 없는 것이다. 독점가격은 비효율적이고 경쟁가격이 효율적인 이유가 여기에 있다.

경매는 효율적인 가격을 결정해 주는 과정이다. 경매에 참여하는 구매자가 모두 합리적이라면, 승자의 저주도 나타나지 않는다. 특히 미래가치에 대한 확실한 정보를 알거나, 동일한 유형의 상품이 많이 거래될 때에는 합리적인 가격이 결정된다. 따라서 주식시장에서도 경매를 통해 효율적인 가격이 형성될 수 있다. 그러나 누군가가 비합리적인 행동을 한다면, 경매는 의외의 결과를 가져올 수도 있다. 주가에 거품이 있는 것처럼, 경매가격도 턱없이 올라갈 수 있기 때문이다. 그래서 승자는 비합리적인 의사결정에 대한 고통과 저주를 감당해야 한다.

① A 제작사는 흥행을 목적으로 가장 인기 있는 배우 섭외에 성공하여 영화를 만들었으나, 관객 동원에 실패하였다.

② B 과장은 집값이 오르리라는 기대로 남들보다 비싼 가격으로 아파트를 샀으나, 가격이 하락하면서 많은 손해를 보았다.

③ C 사원은 어려운 입사 시험을 통과하여 원하던 회사에 취직하였지만, 경제 위기 탓으로 자신이 기대한 임금을 받지 못했다.

④ D 감독은 다른 구단에 비해 더 좋은 조건을 제시하여 유명한 선수들을 영입하였지만, 성적이 좋지 않아 결국 해임되고 말았다.

⑤ E 사장은 무리한 경쟁을 통해 다른 기업의 인수합병에 성공하였으나, 그 후 자금 운영이 어려워지면서 인수합병을 후회하게 되었다.

18. 다음 글의 내용을 토대로 알 수 있는 사실은?

우리나라의 전통 음악은 대체로 크게 정악과 속악으로 나뉜다. 정악은 왕실이나 귀족들이 즐기던 음악이고, 속악은 일반 민중들이 가까이 하던 음악이다.

개성을 중시하고 자유분방한 감정을 표출하는 한국인의 예술 정신은 정악보다는 속악에 잘 드러나 있다. 우리 속악의 특징은 한 마디로 즉흥성이라는 개념으로 집약될 수 있다. 판소리나 산조에 '유파(流派)'가 자꾸 형성되는 것은 모두 즉흥성이 강하기 때문이다. 즉흥으로 나왔던 것이 정형화되면 그 사람의 대표 가락이 되는 것이고, 그것이 독특한 것이면 새로운 유파가 형성되기도 하는 것이다.

물론 즉흥이라고 해서 음악가가 제멋대로 하는 것은 아니다. 곡의 일정한 틀은 유지하면서 그 안에서 변화를 주는 것이 즉흥 음악의 특색이다. 가령 판소리 명창이 무대에 나가기 전에 "오늘 공연은 몇 분으로 할까요?" 하고 묻는 것이 그런 예다. 이 때 창자는 상황에 맞추어 얼마든지 곡의 길이를 조절할 수 있는 것이다. 이것은 서양 음악에서는 어림없는 일이다. 그나마 서양 음악에서 융통성을 발휘할 수 있다면 가령 4악장 가운데 한 악장만 연주하는 것 정도이지 각 악장에서 조금씩 뽑아 한 곡을 만들어 연주할 수는 없다. 그러나 한국 음악에서는, 특히 속악에서는 연주 장소나 주문자의 요구 혹은 연주자의 상태에 따라 악기도 하나면 하나로, 둘이면 둘로 연주해도 별문제가 없다. 거문고나 대금 하나만으로도 얼마든지 연주할 수 있다. 전혀 이상하지도 않다. 그렇지만 베토벤의 운명 교향곡을 바이올린이나 피아노만으로 연주하는 경우는 거의 없을 뿐만 아니라, 설령 연주를 하더라도 어색하게 들릴 수밖에 없다.

즉흥과 개성을 중시하는 한국의 속악 가운데 대표적인 것이 시나위다. 현재의 시나위는 19세기말에 완성되었으나 원형은 19세기 훨씬 이전부터 연주되었을 것으로 추정된다. 시나위의 가장 큰 특징은 악보 없는 즉흥곡이라는 것이다. 연주자들이 모여 아무 사전 약속도 없이 "시작해 볼까" 하고 연주하기 시작한다. 그러니 처음에는 서로가 맞지 않는다. 불협음 일색이다. 그렇게 진행되다가 중간에 호흡이 맞아 떨어지면 협음을 낸다. 그러다가 또 각각 제 갈 길로 가서 혼자인 것처럼 연주한다. 이게 시나위의 묘미다. 불협음과 협음이 오묘하게 서로 들어맞는 것이다.

그런데 이런 음악은 아무나 하는 게 아니다. 즉흥곡이라고 하지만 '초보자(初步者)'들은 꿈도 못 꾸는 음악이다. 기량이

뛰어난 경지에 이르러야 가능한 음악이다. 그래서 요즘음은 시나위를 잘 할 수 있는 사람들이 별로 없다고 한다. 요즘에는 악보로 정리된 시나위를 연주하는 경우가 대부분인데, 이것은 시나위 본래의 취지에 어긋난다. 악보로 연주하면 박제된 음악이 되기 때문이다.

요즘 음악인들은 시나위 가락을 보통 '허튼 가락'이라고 한다. 이 말은 그대로 '즉흥 음악으로 이해된다. 미리 짜 놓은 일정한 형식이 없이 주어진 장단과 연주 분위기에 몰입해 그때그때의 감흥을 자신의 음악성과 기량을 발휘해 연주하는 것이다. 이럴 때 즉흥이 튀어 나온다. 시나위는 이렇듯 즉흥적으로 흐드러져야 맛이 난다. 능청거림, 이것이 시나위의 음악적 모습이다.

① 판소리나 산조는 유파를 형성하기 위하여 즉흥적인 감정을 표출하기도 한다.

② 오늘날 시나위를 잘 계승·보존하기 위해서는 악보를 체계적으로 정리해야 한다.

③ 속악과 마찬가지로 정악도 악보대로 연주하는 것보다 자연 발생적인 변주를 중시한다.

④ 불협음과 협음이 조화를 이루는 시나위를 연주하기 위해서는 연주자의 기량이 출중해야 한다.

⑤ 교향곡을 서양 악기 하나로 연주하는 것이 어색하듯, 시나위를 전통 악기 하나로 연주하는 것도 어색하다.

19. 강연의 내용을 고려할 때 ㉠에 대한 대답으로 가장 적절한 것은?

여러분 안녕하세요. 저는 타이포그래피 디자이너 ○○○입니다. 이렇게 사내 행사에 초청받아 타이포그래피에 대해 소개하게 되어 무척 기쁩니다.

타이포그래피는 원래 인쇄술을 뜻했지만 지금은 그 영역이 확대되어 문자로 구성하는 디자인 전반을 가리킵니다. 타이포그래피에는 언어적 기능과 조형적 기능이 있는데요, 그 각각을 나누어 말씀드리겠습니다.

먼저 타이포그래피의 언어적 기능은 글자 자체가 가지고 있는 의미전달에 중점을 두는 기능을 말합니다. 의미를 정확하게 전달하기 위해서는 가독성을 높이는 일이 무엇보다 중요하지요. (화면의 '작품1'을 가리키며) 이것은 여러분들도 흔히 보셨을 텐데요, 학교 앞 도로의 바닥에 적혀 있는 '어린이 보호 구역'이라는 글자입니다. 운전자에게 주의하며 운전하라는 의미를 전달해야 하므로 이런 글자는 무엇보다도 가독성이 중요하겠지요? 그래서 이 글자들은 전체적으로 크면서도 세로로 길게 디자인하여 운전 중인 운전자에게 글자가 쉽게 인식될 수 있도록 제작한 것입니다.

이어서 타이포그래피의 조형적 기능을 살펴보겠습니다. 타이포그래피의 조형적 기능이란 글자를 재료로 삼아 구체적인 형태의 외형적 아름다움을 전달하는 기능을 말합니다. (화면의

'작품2'를 가리키며) 이 작품은 '등'이라는 글씨의 받침 글자 'ㅇ'을 전구 모양으로 만들었어요. 그리고 받침 글자를 중심으로 양쪽에 사선을 그려 넣고 사선의 위쪽을 검은색으로 처리했어요. 이렇게 하니까 마치 갓이 씌워져 있는 전등에서 나온 빛이 아래쪽을 환하게 밝히고 있는 그림처럼 보이지요. 이렇게 회화적 이미지를 첨가하면 외형적 아름다움뿐만 아니라 글자가 나타내는 의미까지 시각화하여 전달할 수 있습니다.

(화면의 '작품3'을 가리키며) 이 작품은 '으'라는 글자 위아래를 뒤집어 나란히 두 개를 나열했어요. 그러니까 꼭 사람의 눈과 눈썹을 연상시키네요. 그리고 'ㅇ' 안에 작은 동그라미를 세 개씩 그려 넣어서 눈이 반짝반짝 빛나고 있는 듯한 모습을 표현했습니다. 이것은 글자의 의미와는 무관하게 글자의 형태만을 활용하여 제작자의 신선한 발상을 전달하기 위한 작품이라고 할 수 있습니다.

지금까지 작품들을 하나씩 보여 드리며 타이포그래피를 소개해 드렸는데요, 한번 정리해 봅시다. (화면에 '작품1', '작품2', '작품3'을 한꺼번에 띄워 놓고) ㉠좀 전에 본 작품들은 타이포그래피의 어떤 기능에 중점을 둔 것일까요?

① '작품1'은 운전자가 쉽게 읽을 수 있도록 글자를 제작하였으므로 타이포그래피의 언어적 기능에 중점을 둔 것이라 할 수 있습니다.

② '작품2'는 글자가 나타내는 의미와 상관없이 글자를 작품의 재료로만 활용하고 있으므로 타이포그래피의 조형적 기능에 중점을 둔 것이라 할 수 있습니다.

③ '작품3'은 회화적 이미지를 활용하여 글자의 외형적 아름다움을 표현했으므로 타이포그래피의 언어적 기능에 중점을 둔 것이라 할 수 있습니다.

④ '작품1'과 '작품2'는 모두 글자의 색을 화려하게 사용하여 의미를 정확하게 전달하고 있으므로 타이포그래피의 언어적 기능에 중점을 둔 것이라 할 수 있습니다.

⑤ '작품2'와 '작품3'은 모두 글자의 외형적 아름다움을 통해 글자의 의미 전달을 돕고 있으므로 타이포그래피의 조형적 기능에 중점을 둔 것이라 할 수 있습니다.

20. 다음 글의 서술 방식에 대한 설명으로 옳지 않은 것은?

글로벌 광고란 특정 국가의 제품이나 서비스의 광고주가 자국 외의 외국에 거주하는 소비자들을 대상으로 하는 광고를 말한다. 브랜드의 국적이 갈수록 무의미해지고 문화권에 따라 차이가 나는 상황에서, 소비자의 문화적 차이는 글로벌 소비자 행동에 막대한 영향을 미친다고 할 수 있다. 또한 점차 지구촌 시대가 열리면서 글로벌 광고의 중요성은 더 커지고 있다. 비교문화연구자 드 무이는 "글로벌한 제품은 있을 수 있지만 완벽히 글로벌한 인간은 있을 수 없다"고 말하기도 했다. 오랫동안 글로벌 광고 전문가들은 광고에서 감성 소구 방법이 이성 소구에 비해 세계인에게 보편적으로 받아들여진다고 생각해 왔지만 특정 문화권의 감정을 다른 문화권에 적용하면 동일한 효과를 얻기 어렵다는 사실이 속속 밝혀지고 있다. 일찍이 홉스테드는 문화권에 따른 문화적 가치관의 다섯 가지 차원을 제시했는데 권력 거리, 개인주의-집단주의, 남성성-여성성, 불확실성의 회피, 장기지향성이 그것이다. 그리고 이 다섯 가지 차원은 국가 간 비교 문화의 맥락에서 글로벌 광고 전략을 전개할 때 반드시 고려해야 하는 기본 전제가 된다.

그렇다면 글로벌 광고의 표현 기법에는 어떤 것들이 있을까? 글로벌 광고의 보편적 표현 기법은 크게 공개 기법, 진열 기법, 연상전이 기법, 수업 기법, 드라마 기법, 오락 기법, 상상 기법, 특수효과 기법 등 여덟 가지로 나눌 수 있다.

① 용어의 정의를 통해 논지에 대한 독자의 이해를 돕고 있다.
② 기존의 주장을 반박하는 방식으로 논지를 펼치고 있다.
③ 의문문을 사용함으로써 독자들로 하여금 호기심을 유발시키고 있다.
④ 전문가의 말을 인용함으로써 글의 신뢰성을 높이고 있다.
⑤ 예시와 열거 등의 설명 방법을 구사하여 주장의 설득력을 높이고 있다.

21. 다음 글에 나타난 셸러의 주장과 일치하지 않는 것은?

칸트는 '인간(人間)'이란 이성을 바탕으로 자신이 지켜야 할 도덕 법칙을 인식하고 이를 실천할 수 있는 '실천 능력'을 가진 존재라고 생각하였다. 그리고 이러한 도덕적 인간성을 '인격(人格)'이라 불렀고, 이는 인간이라면 누구나 동일하게 가지고 있는 보편적인 것이라 보았다.

셸러는 칸트의 이러한 견해가 인간의 감정은 배제하고 이성만을 강조하였으며, 인간의 개별성을 간과하고 인간을 몰개성적인 존재로 보았다는 점을 비판하면서 새로운 인격 개념을 제시하였다. 셸러는 인간의 감정을 강조하면서 인격은 인간으로 하여금 어떠한 가치를 지향하게 하는 감정작용의 통일체라고 주장했다. 따라서 셸러의 인격 개념을 이해하기 위해서는 가치와 감정에 관한 셸러의 논의를 살펴볼 필요가 있다.

셸러는 가치가 경험 이전에 존재하기 때문에 선험적이라고 보았다. 그리고 가치에는 객관적인 위계질서가 있는데 재화, 도구처럼 유용함과 관련된 가치는 낮은 가치이며, 도덕성과 같은 정신적 가치는 높은 가치라고 구분하면서 이러한 가치의 위계질서를 직관적으로 파악하는 것이 감정이라고 주장했다. 또한 셸러는 감정에도 객관적인 위계질서가 있으며, 낮은 감정은 그에 대응하는 낮은 가치를, 높은 감정은 높은 가치를 선택한다고 보았다. 인격은 이러한 감정작용을 통해 더 높은 가치를 선택하여 선(善)을 실현할 수도 있고, 또 낮은 가치를 선택하여 악을 실현할 수도 있다는 것이다.

셸러에 의하면 이처럼 가치의 위계를 직관적으로 파악하는 감정이 인간에게는 선천적으로 주어져 있지만, 가치를 선택해야 하는 순간에 자신이 처한 내외적 상황에 따라 그러한 선천적 감정의 지향과는 다른 선택을 할 수도 있다는 것이다. 셸러는 가치 선택의 순간에서 내외적 상황에 구애받지 않고 더 높은 가치를 선택하는 것이 선(善)이고, 이렇게 인간을 선(善)으로 이끄는 감정이 사랑이라고 보았다. 반대로 인간에게는 미움이라는 감정이 있는데, 셸러는 미움이 인간이 더 높은 가치를 선택하는 것을 방해한다고 보았다. 미움으로 인해 인간은 가치들 간의 위계를 잘못 파악하는 가치 왜곡에 빠지거나, 더 높은 가치를 제대로 감지하지 못하는 가치 맹목에 빠질 수 있다고 주장했다.

이처럼 셸러는 인간의 감정이 어떤 가치를 지향하느냐에 따라 인격이 달라지므로 인격은 보편적인 것이 아니라 개별적인 것이라고 파악했다. 그리고 성숙한 인격이란 사랑을 통해 항상 보다 높은 가치를 선택하여 선(善)을 실현하는 감정작용이라 보았다. 따라서 셸러는 훌륭한 인격을 갖추기 위해서는 보다 높은 감정을 통해 높은 가치를 추구하려는 노력이 중요하다고 강조하면서 도덕 교육의 토대를 정립했다.

① 인격과 감정은 서로 독립적으로 작용한다.

② 감정과 가치는 모두 객관적인 위계질서를 지닌다.

③ 가치 왜곡은 가치의 위계 관계를 잘못 파악한 것이다.

④ 미움의 감정은 인간이 더 높은 가치를 선택하는 것을 방해한다.

⑤ 훌륭한 인격을 갖추기 위해 높은 감정을 통해 높은 가치를 추구하도록 노력해야 한다.

22. 다음 글의 내용과 일치하는 것은?

한 경제의 움직임은 그 경제를 구성하는 사람들의 움직임을 나타내기 때문에 우리는 경제를 이해하고 합리적인 판단을 내리기 위해서 각 개인들의 의사결정 과정과 관련된 네 가지의 측면을 살펴볼 필요가 있다.

먼저 모든 선택에는 대가가 있다는 것이다. 우리가 무엇을 얻고자 하면, 대개 그 대가로 무엇인가를 포기해야 한다. 예를 들어 가정에서는 가계 수입으로 음식이나 옷을 살 수도 있고, 가족 여행을 떠날 수도 있을 것이다. 이 중에서 어느 한 곳에 돈을 쓴다는 것은, 그만큼 다른 용도에 쓰는 것을 포기함을 의미한다.

다음으로 선택할 때는 기회비용을 고려해야 한다는 것이다. 모든 일에는 대가가 있기 때문에, 선택의 과정을 이해하기 위해서는 다른 선택을 할 경우의 득과 실을 따져볼 필요가 있는 것이다. 이때 어떤 선택을 위해 포기한 다른 선택으로부터 얻을 수 있는 이득을 '기회비용'이라고 한다. 사실 대부분의 사람들은 이미 기회비용을 고려하여 행동하고 있다. 어떤 운동선수가 대학 진학과 프로팀 입단 중에서 프로팀 입단을 선택했다면, 이것은 대학 진학에 따른 기회비용을 고려하여 결정한 것이다.

그리고 합리적 선택은 한계비용과 한계이득을 고려하여 이루어진다. 한계비용이란 경제적 선택의 과정에서 한 단위가 증가할 때마다 늘어나는 비용을 의미하고, 한계이득이란 한 단위가 증가할 때마다 늘어나는 이득을 의미한다. 합리적인 사람은 어떤 선택의 한계이득이 한계비용보다 큰 경우에만 그러한 선택을 하게 될 것이다. 예를 들어 어느 항공사에서 특정 구간의 항공료를 50만 원으로 책정했는데, 비행기가 10개의 빈자리를 남겨둔 채 목적지로 출발하게 되었다. 이때, 대기하고 있던 승객이 30만 원을 지불하고 이 비행기를 이용할 용의가 있다고 하면 항공사는 이 승객을 태워주어야 한다. 빈자리에 이 승객을 태워서 추가되는 한계비용은 고작해야 그 승객에게 제공되는 기내식 정도일 것이므로, 승객이 이 한계비용 이상의 항공료를 지불할 용의가 있는 한, 그 사람을 비행기에 태우는 것이 당연히 이득이기 때문이다.

마지막으로 사람들은 경제적 유인*에 따라 반응한다. 사람들은 이득과 비용을 비교해서 결정을 내리기 때문에, 이득이나 비용의 크기가 변화하면 선택을 달리하게 된다. 예를 들어 참외 가격이 상승하면 사람들은 참외 대신 수박을 더 사먹을 것이다. 이와 함께 참외 생산의 수익성이 증가했기 때문에 참외 과수원 주인들은 인부들을 더 고용해서 참외 수확량을 증대시키고자 할 것이다. 이처럼 공급자와 수요자의 선택에 있어서 가격이라는 경제적 유인은 매우 중요하다.

* 유인 : 어떤 일 또는 현상을 일으키는 원인

① 합리적인 사람은 한계이득보다 한계비용을 중시한다.

② 경제적 선택은 개인의 기호, 취향 등의 영향을 받는다.

③ 생산자와 소비자 모두 경제적 유인에 따라서 반응한다.

④ 경제를 이해하기 위해서는 국가의 역할에 대한 이해가 선행되어야 한다.

⑤ 한계비용은 어떤 선택을 위해 포기한 다른 선택으로부터 얻을 수 있는 이득을 뜻한다.

23. 다음 글의 내용과 일치하지 않는 것은?

1776년 애덤 스미스가 '국부론(The Wealth of Nations)'을 펴낼 때는 산업혁명이 진행되는 때여서, 그는 공장과 새로운 과학기술에 매료되었다. 공장에서 각 부품을 잘 연결해 만든 기계에 연료를 투입하면 동륜(動輪)이 저절로 돌아가는 것이 신기했던 애덤 스미스는 시장경제도 커다란 동륜처럼 생각해서 그것을 구동하는 원리를 찾은 끝에 '자기 이득(self-interest)'이라는 에너지로 작동하는 시장경제의 작동원리를 발견했다. 이는 개인이 자기 자신의 이득을 추구하기만 하면 '보이지 않는 손'에 의해 공동체 이익을 달성할 수 있다는 원리다. 이것은 모두가 잘살기 위해서는 자신의 이득을 추구하기에 앞서 공동체 이익을 먼저 생각해야 한다는 당시 교회의 가르침에 견주어볼 때 가히 혁명적 발상이었다. 경제를 기계로 파악한 애덤 스미스의 후학들인 고전학파 경제학자들은 우주의 운행원리를 '중력의 법칙'과 같은 뉴턴의 물리학 법칙으로 설명하듯, 시장경제의 작동원리를 설명해주는 '수요 공급의 법칙'을 비롯한 수많은 경제법칙을 찾아냈다.

경제를 기계로 보았던 18세기 고전학파 경제학자들의 전통은 200년이나 지난 지금까지도 내려오고 있다. 경제예측을 전문으로 하는 이코노미스트들은 한 나라 거시경제를 여러 개 부문으로 구성된 것으로 상정하고, 각 부문 사이의 인과관계를 수식으로 설정하고, 에너지인 독립변수를 입력하면 국내총생산량이 얼마일지 계산할 수 있을 것으로 본다. 그래서 매년 연말이 되면 다음 해 국내총생산이 몇 % 증가할 것인지 소수점 첫째 자리까지 계산해서 발표하고, 매스컴에서는 이를 충실하게 게재하고 있다.

경제를 기계처럼 보는 인식은 기업의 생산량을 자본과 노동의 함수로 상정하고 있는 경제원론 교과서에 나오는 생산함수에서도 볼 수 있는데 기업이 얼마의 자본(기계)과 얼마의 노동을 투입하면 얼마의 제품을 생산할 수 있다고 설명한다. 하지만 이러한 인식에서 기업의 생산 과정 중 인간인 기업가의 위험부담 의지나 위기를 기회로 만드는 창의적 역할이 작용할 여지는 없다. 기계는 인간의 의지와 관계없이 만들어진 원리에 따라서 자동으로 작동하는 것이기 때문이다.

우리나라가 60년대 말에 세계은행(IBRD)에 제철소 건립에 필요한 차관을 요청했을 때 당시 후진국 개발 차관 담당자였던 영국인 이코노미스트가 후진국에서 일관제철소 건설은 불가능하다면서 차관 제공을 거절한 것은 기계론적 기업관으로 보면 이해할 수 있는데, 우리나라 기술 수준으로 보아 아무리 포항제철에 자본(기계)과 노동을 투입해도 철강이 생산되지 않을 것은 분명해 보였을 것이기 때문이다.

박태준 포철 회장이 생존해 있을 때 박 회장은 그 영국인을 만나서 "아직도 후진국에서 일관제철소 건설은 불가능하다고 생각하느냐?"라고 질문하였고 그는 여전히 "그렇다"고 대답했다고 한다. 박 회장이 세계적 종합제철소로 부상한 포항제철을 예로 들면서 한국은 가능하지 않았느냐고 반론을 제기하자, 그 사람은 "박태준이라는 인적 요인을 참작하지 못했다"고 실토했다는 이야기는 기업가와 기업가 정신의 중요성을 웅변적으로 보여주고 있다.

① 애덤 스미스는 시장 경제를 움직이는 작동 원리를 발견하였다.
② 고전학파 경제학자들은 경제를 기계처럼 보았다.
③ 일정량의 제품 생산을 투입되는 자본과 노동의 함수로 설명하는 것이 기업가 정신의 핵심이다.
④ 기업가와 기업가 정신 측면에서의 생산량 예측은 자본 및 노동 투입량만으로 계산하기 어렵다.
⑤ 포철의 종합제철소 건설은 고전학파 경제학자들의 관점을 뛰어넘은 결과였다.

24. 다음 글의 내용과 일치하지 않는 내용은?

일반적으로 예술(藝術)이라고 할 때 떠오르는 것은 춤, 시, 음악, 건축, 회화, 조각 등 아름다움을 드러내는 작품들이다. 고대 그리스인들은 춤, 시, 음악은 '엔투시아스모스(enthousiasmos)'로부터, 그리고 건축, 회화, 조각은 '테크네(techne)'로부터 비롯된다고 생각하였다. 보통 '엔투시아스모스'는 '열광', '열정'을 의미하고 '테크네'는 '기술', '제작'을 의미한다. 엔투시아스모스와 테크네는 고대 그리스 시대부터 예술 작품 창작의 기원으로 여겨졌는데, 예술에 대한 관점에 따라서 그 가치에 대한 판단이 달라져 왔다.

고대 그리스인들에게 엔투시아스모스는 종교적인 행사에서 사제가 신의 메시지를 얻기 위해 신과 교감하는 열광적인 상태를 의미하였다. 그런데 그들은 이런 상태가 사제뿐만 아니라 종교 행사에 참가한 사람들에게서도 나타난다고 보았다. 고대 그리스인들은 몸짓, 언어, 그리고 멜로디와 리듬으로 감정과 충동을 표현하는 활동에 심취하여 사제를 통해 신과 교감하는 상태인 엔투시아스모스에 이를 수 있다고 믿었다. 그리고 이러한 활동에서 춤, 시, 음악이 나왔다고 생각하였다.

고대 그리스인들에게 테크네는 신적 존재와 무관한, 인간이 무엇인가를 제작할 때 발휘되는 지적 능력을 의미하였다. 즉 테크네는 정해진 규칙 체계를 준수해 가며 수행되는 의식적인 지적 제작 능력을 지시하는 말이었다. 고대 그리스인들은 이러한 테크네를 발휘해서 나올 수 있는 것이 건축, 회화, 조각이라고 생각했다. 그런데 그들은 건축은 실물을 제작하는 활동이라고 여겼던 반면 회화와 조각은 실물을 모방하는 활동이라고 여겼다. 또 회화와 조각이 실물의 모방이기 때문에 이 모방은 실물의 정확한 이미지의 제작이 될 수도 있지만, 왜곡을 사용한 모방, 즉 환상의 제작이 될 수도 있다고 생각하였다.

그런데 당시 플라톤은 자신의 철학적 사유를 바탕으로 엔투시아스모스와 테크네에 대해서 비판적인 관점을 취했다. 그는 인간의 '이성'을 초월적 세계의 이데아를 파악할 수 있는 중요한 능력으로 보았다. 이런 관점을 바탕으로 그는 엔투시아스모스를 인간이 '이성'으로부터 멀어진 상태로 보았기 때문에 여기에서 비롯된 예술을 인간에게 유해한 것으로 규정하였는데, 특히 시를 강하게 비판했다. 시는 인간에 의한 소산이라기보다는 신과의 교감에 의해서 얻은 메시지에 가까운 것이므로, 인간의 '이성'과는 더 멀어진 것이라고 생각했기 때문이다. 또한 플라톤은 현실 세계의 본질인 이데아에 최상의 가치를 부여하고, 현실 세계는 이 이데아를 모방하여 생겨난 것이기 때문에 이데아보다 더 낮은 가치를 지닐 수밖에 없다고 말했다. 이런 관점을 바탕으로 플라톤은 테크네를 발휘하여 이루어진, 현실 세계에 대한 모방의 결과물에 대해서도 비판적인 관점을 취했는데 회화와 조각에 대한 비판이 대표적이다. 당시 고대 그리스인들과 마찬가지로 플라톤도 건축은 현실 세계의 실물이라고 여겼다. 그런데 그는 회화나 조각은, 이데아를 모방한 현실 세계를 한 번 더 모방한 대상이므로 현실 세계 그 자체보다도 더 낮은 가치를 지닐 수밖에 없다고 이야기했다. 특히 이 두 번째 모방의 과정에서 왜곡을 통한 환상이 만들어질 수 있다는 점은 회화와 조각에 대한 플라톤의 비판적 관점의 중요한 근거가 된다.

그러나 플라톤 이후 예술에 대한 다양한 담론 속에서 엔투시아스모스와 테크네는 다시 중요한 가치를 지니게 된다. 특히 근대에 들어와서 엔투시아스모스의 가치를 높게 평가한 것은 낭만주의였다. 왜냐하면 낭만주의는 예술에서 인간의 합리성을 거부하고 감정의 표현을 중시했기 때문이다. 그러나 엔투시아스모스가 고대 그리스 시대에는 신적 존재와 관련되어 강조되었다면, 낭만주의 시대에는 인간 자신의 상상력, 무의식 등과 관련되어 강조되었다. 그리고 근대에 들어와서 테크네의 가치는 사실주의에 의해서 부각된다. 사실주의는 현실 세계의 정확한 모방을 추구했기 때문에 환상의 제작이라는 측면을 제외한 테크네, 즉 정확한 이미지의 제작을 가능하게 하는 테크네의 가치를 중시하였다.

① 플라톤은 이데아를 모방해서 현실 세계가 생겨난 것이라고 보았다.
② 고대 그리스인들은 테크네가 신적 존재와 무관한 능력이라고 생각했다.
③ 플라톤은 인간이 테크네를 통해서 이데아를 파악할 수 있다고 보았다.
④ 고대 그리스인들은 음악 작품과 회화 작품의 창작 기원이 서로 다르다고 생각했다.
⑤ 고대 그리스인들은 종교 행사에서 행한 몸짓, 언어 등의 활동이 인간을 엔투시아스모스로 이끈다고 생각했다.

25. 다음 글의 내용과 일치하지 않는 것은?

우리는 가만히 앉아 있는 상태에서 옆의 사물을 힐끗 쳐다보기도 하고, 흔들리는 차 안에서 책을 읽기도 한다. 그런데 만약 눈의 안구가 움직이지 않는다면 사물을 선명하게 볼 수 없다. 왜냐하면 몸이나 머리의 움직임이 없는 상태에서 눈동자만을 움직여 일정 범위 내의 사물을 바라보거나, 움직임이 있는 상태에서 고정되어 있는 사물을 계속 바라볼 때 안구가 움직여야만 물체의 이미지가 망막의 중심오목에 안정되게 머물러 있기 때문이다. 이때 안구의 움직임을 '안구 운동'이라고 한다.

안구 운동을 이해하기 위해서는 눈돌림근육의 수축과 이완에 대해 이해해야 한다. 머리를 똑바로 하고 정면을 주시하는 경우 눈돌림근육 6개가 1개의 안구를 동일한 힘으로 잡아당기고 있다. 그런데, 머리나 몸의 움직임이 없는 상태에서 눈만 위로 치켜뜨게 되면 위곧은근이 수축되고 이에 상응하여 수축된 정도만큼 아래곧은근은 이완된다. 또한 머리나 몸의 움직임이 없는 상태에서 한쪽으로 눈을 흘겨 볼 때, 흘기는 방향과 같은 쪽 눈의 가쪽곧은근이 수축되고 그 수축된 정도만큼 그 눈의 안쪽곧은근은 이완된다.

한편 몸이나 머리가 움직이는 상태에서 어떤 사물을 바라볼 때, 머리나 몸이 움직이는 방향과 반대로 안구가 움직이는데 이를 '전정안반사'라고 한다. 예를 들어 정면에 거울이 있다고 하자. 거울에 비친 얼굴을 응시하면서 고개를 위로 살짝 들어도 우리는 자신의 얼굴을 선명하게 볼 수 있다. 왜냐하면 고개를 든 각도만큼 안구가 아래쪽으로 움직이는 전정안반사가 일어나기 때문이다. 이 경우에도 눈돌림근육의 수축과 이완은 발생하는데, 고개를 위로 들면 전정안반사에 의해 두 눈의 안구의 아래곧은근이 수축되고 수축된 만큼 위곧은근은 이완되는 것이다. 거울을 바라보며 고개를 살짝 옆으로 돌리면, 고개를 돌리는 방향과 같은 쪽의 눈은 안쪽곧은근이 수축되고 반대쪽 눈은 가쪽곧은근이 수축된다.

그렇다면 전정안반사는 어떤 과정을 거쳐 발생하게 되는 것일까? 먼저 우리 몸의 전정기관에서 머리나 몸의 움직임을 감지한다. 우리 몸이나 머리가 중력과 나란한 수직 방향이나 지면과 나란한 수평 방향으로 움직이면 귓속의 둥근주머니는 수직 방향, 타원주머니는 수평 방향으로의 움직임을 감지한다. 또한 귓속 수평반고리관은 머리를 가로저을 때 발생하는 회전 운동을, 전반고리관과 후반고리관은 고개를 끄덕일 때 발생하는 회전 운동을 감지한다. 이후 운동이 감지된 전정기관에서는 신호가 생성되는데, 생성된 신호는 눈돌림근육을 지배하는 신경에 전달된다. 위빗근은 도르래신경, 가쪽곧은근은 갓돌림신경, 나머지 근육은 눈돌림신경의 지배를 받는데, 흥분 신호는 신경을 통해 눈돌림근육을 수축하게 만들고, 억제 신호는 눈돌림근육을 이완하게 만들면서 안구가 움직이게 된다.

① 전정안반사는 안구 운동 중 하나이다.

② 사람의 한쪽 눈에는 6개의 눈돌림근육이 있다.

③ 사람이 움직이며 고정된 사물을 바라볼 때 전정안반사가 나타난다.

④ 타원주머니는 수평 방향으로 움직이는 머리의 움직임을 감지한다.

⑤ 수평반고리관과 전반고리관이 감지하는 머리의 운동 방향은 동일하다.

▌1~5▐ 다음 글을 읽고 논리적 흐름에 따라 바르게 배열한 것을 고르시오.

1.

(가) 『성화보』 이후 여러 성관의 족보가 활발히 편찬되면서 양반들은 대개 족보를 보유하게 되었다. 하지만 가계의 내력을 정확하게 파악할 수 있는 자료가 충분하지 않아서 조상의 계보와 사회적 지위를 윤색하거나 은폐하기도 하였다. 대다수의 양반 가계가 족보를 편찬하면서 중인은 물론 평민들도 족보를 보유하고자 하였다.

(나) 현존하는 족보 가운데 가장 오래된 것은 성종 7년(1476)에 간행된 안동 권씨의 『성화보(成化譜)』이다. 이 족보의 간행에는 달성 서씨인 서거정이 깊이 관여하였는데, 그가 안동 권씨 권근의 외손자였기 때문이다. 조선 전기 족보의 가장 큰 특징을 바로 여기에서 찾을 수 있다. 『성화보』에는 모두 9,120명이 수록되어 있는데, 이 가운데 안동 권씨는 9.5퍼센트인 867명에 불과하였다. 배우자가 다른 성씨라 하더라도 절반 정도는 안동 권씨이어야 하는데 어떻게 이런 현상이 나타났을까?

(다) 그것은 당시의 친족 관계에 대한 생각이 이 족보에 고스란히 반영되었기 때문이다. 우선 『성화보』에서는 아들과 딸을 차별하지 않고 출생 순서대로 기재하였다. 이러한 관념이 확대되어 외손들도 모두 친손과 다름없이 기재되었다. 안동 권씨가 당대의 유력 성관이고, 안동 권씨의 본손은 물론이고 인척 관계의 결연으로 이루어진 외손까지 상세히 기재하다 보니, 조선 건국에서부터 당시까지 과거 급제자의 절반 정도가 『성화보』에 등장한다.

(라) 한편 『성화보』의 서문에서 서거정은 매우 주목할 만한 발언을 하고 있다. 즉 "우리나라는 자고로 종법이 없고 족보가 없어서 비록 거가대족(巨家大族)이라도 기록이 빈약하여 겨우 몇 대를 전할 뿐이므로 고조나 증조의 이름과 호(號)도 기억하지 못하는 이가 있다."라고 한 것이다. 『성화보』 역시 시조 쪽으로 갈수록 기록이 빈약한 편이다.

① (가) – (나) – (다) – (라)

② (가) – (나) – (라) – (다)

③ (나) – (다) – (가) – (라)

④ (나) – (다) – (라) – (가)

⑤ (나) – (라) – (가) – (다)

2.

(가) 하지만, 페리오이코이는 일개 병졸로만 종사했으므로, 스파르타인이 갖는 권리와는 차이가 있었다. 스파르타의 세 번째 계급은 '헬로트'라고 불리는 농노들로, 도리아인이 침략하기 전에 스파르타 지역에 살았던 선주민이다. 이들의 유일한 직업은 스파르타인이 소유한 농장에서 일하는 것으로, 비록 노예는 아니었지만 생활은 비참했다. 이들은 결혼권을 제외하고는 참정권, 사유재산권, 재판권 같은 시민의 권리를 전혀 가지지 못했고, 병역의 의무도 없었다.

(나) 우선, 지배계급은 '스파르타인'으로 1만 명 남짓한 자유 시민과 그 가족뿐이다. 순수한 혈통을 가진 스파르타인들의 유일한 직업은 군인이었고, 참정권도 이들만이 가지고 있었다. 두 번째 계급은 상공업에만 종사하도록 되어 있는 '페리오이코이'라고 불리는 자유인이다. 이들은 도리아인도, 선주민도 아니었으며, 도리아 민족을 따라와 정착한 타지방 출신의 그리스인이었다. 이들은 시민권을 받지 못했으므로 참정권과 선거권이 없었지만, 병역 의무는 주어졌다. 그리스의 도시국가들에서는 일반적으로 병역에 종사하는 시민에게 참정권이 주어졌다.

(다) 그리스의 대표적 도시국가인 스파르타는 어떤 정치체제를 가지고 있었을까? 정치체제의 형성은 단순히 정치 이념뿐만 아니라 어떤 생활방식을 선택하느냐의 문제와도 연결되어 있다. 기원전 1200년경 남하해온 도리아 민족이 선주민을 정복하여 생긴 것이 스파르타이다. 지배계급과 피지배계급이 스파르타만큼 확실히 분리되고 지속된 도시국가는 없었다. 스파르타에서 지배계급과 피지배계급의 차이는 권력의 유무 이전에 민족의 차이였다.

(라) 스파르타인과 페리오이코이와 헬로트의 인구 비율은 1대 7대 16 정도였다. 스파르타인이 농업과 상공업을 피지배급들에게 맡기고 오직 군무에만 종사한 것은, 전체의 24분의 1밖에 안 되는 인구로 나머지를 지배해야 하는 상황이 낳은 방책이었을 것이다. 피지배계급들 중에서도 특히 헬로트는 스파르타인에게 적대적인 태도를 보이고 있었다. 이 때문에 스파르타는 우선 내부의 잠재적인 불만세력을 억압해야 할 필요성이 있었고, 군사대국으로 불리는 막강한 군사력을 가진 나라가 되었던 것이다.

① (나) - (가) - (다) - (라)
② (다) - (나) - (가) - (라)
③ (다) - (라) - (나) - (가)
④ (라) - (나) - (다) - (가)
⑤ (라) - (가) - (나) - (다)

3.

(가) 하지만 오늘날 플로지스톤이 실제로 존재한다는 것을 믿는 자연과학자는 없으며, 그런 개념은 현대 자연과학에서 사라져 버렸다. 이는 표준적인 현대 화학이론이 '플로지스톤'이라는 개념을 동원하지 않고서도 연소 현상을 플로지스톤 이론보다 더 잘 설명하기 때문이다. 가령 현대 화학이론은 플로지스톤 이론이 설명할 수 있는 현상은 물론, 그보다 훨씬 많은 연소 현상들을 설명해낸다.

(나) 즉 최근 신경과학이론은 '믿음', '욕구' 등에 호소하지 않고 신경들 사이의 연결과 그 구조를 통해서 인간의 행동 현상을 설명한다. 그렇다면 '믿음', '욕구' 등도 '플로지스톤'과 비슷한 운명을 겪게 될 것이다. 즉 우리는 통속 심리이론의 '믿음', '욕구'와 같은 개념들을 사용할 필요가 없게 될 것이며, 결국 그런 것들은 과학에서 사라져 버릴 것이다.

(다) 과거에는 실제로 존재한다고 간주되던 것들이 오늘날에는 허구적인 것으로 취급받게 된 경우들이 있다. 잘 알려져 있는 것처럼, 과거의 과학자들은 나무가 타는 것과 같은 연소 현상을 설명하기 위해서 플로지스톤 이론을 만들어냈다. 당시 과학자들은 '플로지스톤'이라는 개념을 이용해서 연소 현상을 설명했으며, 플로지스톤이 실제로 존재한다고 생각했다.

(라) 우리는 '믿음', '욕구' 등과 같은 통속 심리이론 속 개념들도 동일한 운명에 처할 것이라는 점을 알 수 있다. 일상적으로 우리는 행동 현상을 설명하기 위해서 '믿음', '욕구' 등 통속 심리이론에서 다루는 개념들을 사용한다. 예를 들어, 영화관으로 향하는 행동 현상은 영화감상에 대한 '욕구'와 '믿음' 등 통속 심리이론의 개념을 이용해 설명된다. 그런데 오늘날 신경과학이론은 통속 심리이론과 전혀 다른 방식으로 행동 현상을 설명한다.

① (다) - (가) - (나) - (라)
② (다) - (가) - (라) - (나)
③ (다) - (나) - (가) - (라)
④ (라) - (가) - (나) - (다)
⑤ (라) - (나) - (가) - (다)

4.

(가) 다만 인터넷상의 명예훼손 행위는 그 특성상 해당 악플의 내용이 인터넷 곳곳에 퍼져 있을 수 있어 명예감정의 훼손 정도가 피해자의 정보수집량에 좌우될 수 있다는 점을 간과해서는 안 될 것이다.

(나) 명예는 세 가지 종류가 있다. 첫째는 인간으로서의 존엄성에 근거한 고유한 인격적 가치를 의미하는 내적 명예이며, 둘째는 실제 이 사람이 가진 사회적·경제적 지위에 대한 사회적 평판을 의미하는 외적 명예, 셋째는 인격적 가치에 대한 자신의 주관적 평가 내지는 감정으로서의 명예감정이다.

(다) 악성 댓글, 즉 악플에 의한 인터넷상의 명예훼손이 통상적 명예훼손보다 더 심하기 때문에 통상의 명예훼손 행위에 비해서 인터넷상의 명예훼손 행위를 가중해서 처벌해야 한다는 주장이 일고 있다. 이에 대해 법학자 A는 다음과 같이 주장하였다.

(라) 인터넷 기사 등에 악플이 달린다고 해서 즉시 악플 대상자의 인격적 가치에 대한 평가가 하락하는 것은 아니므로, 내적 명예가 그만큼 더 많이 침해되는 것으로 보기 어렵다. 또한 만약 악플 대상자의 외적 명예가 침해되었다고 하더라도 이는 악플에 의한 것이 아니라 악플을 유발한 기사에 의한 것으로 보아야 한다. 오히려 악플로 인해 침해되는 것은 명예감정이라고 보는 것이 마땅하다.

(마) 구태여 자신에 대한 부정적 평가를 모을 필요가 없음에도 부지런히 수집·확인하여 명예감정의 훼손을 자초한 피해자에 대해서 국가가 보호해줄 필요성이 없다는 점에서 명예감정을 보호해야 할 법익으로 삼기 어렵다. 따라서 인터넷상의 명예훼손이 통상적 명예훼손보다 더 심하다고 보기 어렵다.

① (가) - (나) - (다) - (마) - (라)
② (나) - (가) - (마) - (라) - (다)
③ (나) - (다) - (가) - (마) - (라)
④ (나) - (다) - (라) - (가) - (마)
⑤ (다) - (라) - (가) - (나) - (마)

5.

(가) 베이즈주의 비판자들이 문제 삼는 주관적인 사전확률이란 배경지식을 고려한 것이 아니라, 가설을 제시한 사람에 대한 느낌과 같은 요소만 고려한 경우이다. 하지만 현실 과학자들의 사전확률은 언제나 배경지식을 토대로 한다. 만약 동일 가설에 대해서 두 과학자가 극단적으로 다른 사전확률을 가지고 있다면, 아마도 그 둘은 완전히 다른 배경지식을 가지고 있기 때문일 것이다.

(나) 그렇지만 동시대 과학자들이 완전히 다른 배경지식을 가지고 있는 경우는 거의 없다. 따라서 과학자들은 동일한 가설에 대해서 비슷한 사전확률을 부여하게 될 것이며, 이에 사전확률의 주관성 문제는 크게 완화될 것이다. 그러므로 베이즈주의 과학 방법론이 객관성을 확보할 수 없다는 주장은 성급하다.

(다) 베이즈주의자들이 사전확률을 결정할 때 고려해야 할 기준은, "A가 참일 확률과 A가 거짓일 확률의 합이 1이어야 한다."는 것과 같은 확률론의 기본 규칙을 준수해야 한다는 것뿐이다. 그럼 동일한 가설에 대해서 두 과학자가 극단적으로 다른 사전확률을 부여하는 것도 단지 확률론의 기본 규칙을 어기지 않는다는 이유로 허용될 수 있는가? 그렇다고 할 때 베이즈주의는 주관적이고 임의적인 사전확률을 허용하는 것으로 볼 수 있다. 바로 이 점에서 베이즈주의 과학 방법론은 과학의 객관성을 확보할 수 없다고 비판받는다.

(라) 하지만 동일한 가설에 부여하는 사전확률이 다르다는 것이, 그 사전확률의 결정이 완전히 임의적이라는 것을 함축하진 않는다. 물론 개개의 과학자들이 동일한 가설에 다른 사전확률을 부여할 때 가설에 대한 느낌에 의존할 수 있다. 이때 그 느낌은 가설을 제시한 사람에 대한 판단에서 비롯된 것일 수 있다. 하지만 과학자들이 사전확률을 부여할 때 의존하는 것은 느낌과 같은 것이 아니다. 그보다는 과학 공동체가 공유하고 있는 배경지식이 사전확률을 결정하는 데 있어 결정적인 역할을 한다.

(마) 베이즈주의는 확률을 이용해서 과학의 다양한 가설들을 평가하는 과학 방법론의 한 분야이다. 그것은 새로운 정보의 유입에 따른 과학적 가설의 확률 변화 메커니즘을 제시한다. 새로운 정보가 유입되기 전 확률을 사전확률, 유입된 후의 확률을 사후확률이라고 한다. 따라서 베이즈주의가 제시하는 메커니즘은 사전확률과 새로운 정보로부터 사후확률을 결정하는 것이라고 할 수 있다.

① (가) - (나) - (다) - (마) - (라)
② (나) - (가) - (마) - (라) - (다)
③ (나) - (라) - (가) - (마) - (다)
④ (마) - (다) - (라) - (가) - (나)
⑤ (마) - (라) - (가) - (다) - (나)

6. 다음의 내용을 서두로 하여 '청소년의 흡연율을 낮추어야 한다'는 주제로 글을 쓰려고 한다. 이어서 나올 수 있는 내용으로 가장 적절하지 않은 것은?

> 최근 통계 자료에 의하면 우리나라 청소년의 흡연율은 세계 최고 수준이며, 그 비율이 점차 증가 추세에 있다고 한다. 그 중에서 특히 여학생의 흡연율 증가가 뚜렷하다고 한다.

① 흡연이 성장기에 있는 청소년들에게 어떤 영향을 끼치는지 보여준다.
② 흡연과 폐암 발생과의 상관관계를 설명하는 의사의 인터뷰를 소개한다.
③ 청소년 흡연율을 낮추기 위한 정부 차원의 근본적인 대책 방안을 촉구한다.
④ 여학생들의 흡연 동기는 남학생들과 다르다는 것을 비교 분석하여 제시한다.
⑤ 청소년들이 영향을 많이 받는 대중 매체에서의 흡연 장면을 삭제하도록 한다.

7. 다음은 '원자재 가격 상승에 따른 문제점과 대책'에 관한 글을 쓰기 위해 작성한 개요이다. 논지 전개상 적절하지 않은 것은?

> Ⅰ. 서론 : 원자재 가격 상승의 현황
>   국제 시장에서 원자재 가격이 연일 최고가를 경신하는 상황을 언급함. ·· ⓐ
> Ⅱ. 본론
>   1. 원자재 가격 상승에 따른 문제점
>   가. 경제적 측면 : 상품의 가격 상승으로 수출 둔화, 수출 상품의 경쟁력 상실, 외국 바이어 방문의 감소 ······ ⓑ
>   나. 사회적 측면 : 내수 부진으로 소비 생활 위축, 경기 침체로 실업자 증가, 소득 감소로 가계 소비의 위축 ······· ⓒ
>   2. 원자재 가격 상승에 대한 대책
>   가. 경제적 측면 : 수출 경쟁력 확보를 위한 노력, 품질이 뛰어난 신상품 개발, 새로운 시장 개척으로 판로 확보 ··· ⓓ
>   나. 사회적 측면 : 소비 활성화 정책 시행, 수입 원자재에 대한 과세 강화 ··· ⓔ
> Ⅲ. 결론 : 경쟁력 확보와 소비 활성화 방안 모색
>   수출 경쟁력을 확보하고 소비 활성화를 위한 정책을 시행함.

① ⓐ   ② ⓑ
③ ⓒ   ④ ⓓ
⑤ ⓔ

8. 다음은 '고령화 사회'에 관한 글을 쓰기 위해 작성한 개요이다. 수정 의견 및 보완 사항으로 적절하지 않은 것은?

> 제목 : 고령화 대책 시급하다.
> 주제문 : 고령자를 위한 의료 보장 방안을 마련해야 한다.
>
> 서론 : 우리나라의 고령화 진행 양상
> 본론 :
>   1. 인구 고령화에 대응하는 정책
>   (1) 재정정책 : 국민연금과 건강보험을 변화하는 인구구조에 맞출 것
>   (2) 산업·인력정책 : 고령자의 생산성 향상을 통한 활용 방안 마련
>   2. 고령화의 개념과 원인
>   • 전체 인구에서 노인의 비율이 높아지는 현상
>   3. 고령화가 경제에 미치는 영향
>   (1) 노령 계층은 생산 계층이 아닌 소비 계층
>   - 저축 감소로 인한 투자 축소
>   - 세금 수입 감소와 사회 보장 비용 증가
>   (2) 노동 생산성 약화
>   - 산업 경쟁력 약화
>   - 경제 성장의 둔화
>   - 경기 침체의 장기화
> 결론 : 고령화 대책 마련의 시급성 강조

① 주제를 분명하게 드러내기 위해 주제문을 '고령 사회에 대비한 근본 대책을 시급히 마련해야 한다.'로 수정한다.
② 본론-1의 위치가 논지 전개상 어색하므로 본론의 마지막 부분으로 이동시켜 원인, 영향, 대응책 순서로 본론을 구성한다.
③ 본론-2에서 고령화 현상의 원인에 대한 내용이 언급되지 않았으므로 '출산율 감소와 평균 수명의 증가로 발생'을 추가한다.
④ 본론-3-(1)에 '세금 수입 감소와 사회 보장 비용 증가'는 불필요한 내용이므로 삭제한다.
⑤ 결론의 논지를 구체화하기 위해 투자와 효과 사이의 시간적 격차 때문에 대책을 마련하는 경향을 지적하고, 이럴 경우 다음 세대에 큰 부담을 준다는 점을 강조한다.

9. 다음은 '인터넷 중독을 예방하는 컴퓨터 사용법'에 관한 글을 쓰기 위해 작성한 도표이다. 구체화하는 방안으로 적절하지 않은 것은?

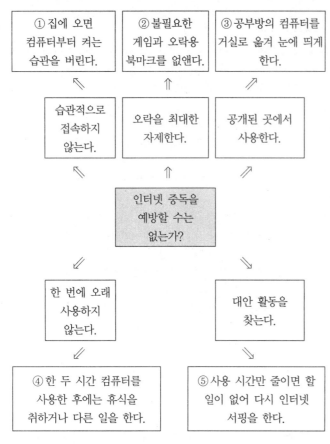

10. 다음은 '신입생의 성공적인 대학 생활을 위하여'라는 주제로 글을 쓰기 위해 계획한 내용이다. 계획을 구체화하는 방안으로 적절하지 않은 것은?

①	독자 설정	예비 대학생과 대학 신입생이 주된 독자가 된다.
②	논의 대상 범위	대학 생활에 대해 쓰는 것이니 먼저 대학의 재정 상태, 대학의 학과별 인원 등을 중요하게 다룬다.
③	활용 자료	전공별 교과 과정, 학교 편람, 대학생 동아리 안내, 장학 안내 등을 조사하여 활용한다.
④	내용 전개	고등학교와의 공부 방식의 차이, 전공별 특성 그리고 자기 주도적인 시간 활용 방법 등을 포함한다.
⑤	결론	전문인으로서의 능력뿐만 아니라 교양인으로서의 소양을 함께 갖추기 위한 대학 생활 전략이 있어야 함을 강조한다.

┃11~15┃ 제시된 글을 고쳐 쓰기 위한 방안으로 적절하지 않은 것을 고르시오.

11.

현대 사회에 들어서면서 종교와 문학은 서로 독자적인 길을 걷기 시작했고 ㉠이로인해 문화는 또 한 번의 위기를 맞게 되었다. 종교는 종교대로, 문학은 문학대로 자신들만의 세계에 빠져 들어감으로 다음과 같은 ㉡패단이 생기게 되었다. ㉢종교는 민중을 구제하는 본래의 기능을 상실한 채 부정과 부패의 온상이 되어 버렸다. 한편 문학 역시 사상적 뒷받침이었던 종교를 외면함으로 상업성과 독단이라는 ㉣수렁에 빠져 버리고 말았다.

먼 옛날부터 그래왔듯이 미래에도 종교와 문학은 인간 문화의 큰 축을 이룰 것이다. 종교는 문학을 사상적으로 뒷받침하면서 본성을 잃지 말아야 하고, 문학은 밑바탕에 종교 사상을 깔고 본래의 순수성을 ㉤유지하는 것이다. 이렇게 문학과 종교의 관계가 회복된다면 진정한 문화의 발전이 이루어질 수 있을 것이다.

① ㉠은 띄어쓰기 규정에 맞게 '이로 인해'로 고친다.

② ㉡은 표기가 잘못되었으므로 '폐단'으로 고쳐친다.

③ ㉢은 논지 전개상 어색하므로 삭제하고, 논지에 맞는 글을 삽입하는 것이 적절하다.

④ ㉣은 문맥상 어울리지 않으므로 '도탄'으로 바꾸는 것이 바람직하다.

⑤ ㉤은 어색하므로 '유지해야 한다'로 고친다.

12.

관현악을 위한 베토벤의 작품 중에서 교향곡 ⊙<u>못지 않게</u> 중요한 위치를 차지하는 것이 서곡이다. ⓒ<u>사실 베토벤의 교향곡에 대한 현대의 평가는 '위대하다'라는 평범한 말로 담을 수 없을 정도로 높다.</u> 베토벤은 오페라를 위한 서곡, 희곡 상연을 위한 서곡, 특별한 목적을 위한 연주회용 서곡 등 총 11곡의 서곡을 작곡했다. 그중에서도 〈에그몬트〉, 〈코리올란〉, 〈레오노레 제3번〉, 〈휘델리오〉 이 4곡은 고금의 명곡으로서, 희곡이나 오페라의 내용과 정신을 정확하게 ⓒ<u>표현하고 있는 중에도</u> 음악적으로도 매우 훌륭하다.

그중에서 〈에그몬트〉 서곡은 괴테가 쓴 5막의 비극 〈에그몬트〉에 붙은 부수 음악이다. ⓔ<u>그렇지만</u> 이 음악은 베토벤이 40세가 되던 1810년 5월에 완성되었다. 이 부수 음악은 서곡을 포함해서 전 10곡으로 되어 있는데 특히 서곡이 뛰어나므로 오늘날에 와서는 이 서곡만이 곧잘 연주회의 프로그램에 오른다. 이 곡은 비극적인 서주를 지닌 소나타 형식이며, 강인한 모습 속에 따뜻한 애정을 간직한 에그몬트 백작의 성격을 절묘하게 ⓜ<u>나타나게 되었다.</u>

① ⊙은 띄어쓰기가 잘못되었으므로 '못지않게'로 붙여 써야 한다.

② ⓒ은 앞뒤 문맥의 흐름상 필요하지 않으므로 삭제한다.

③ ⓒ은 뒷부분의 의미와 자연스럽게 연결되도록 '표현할 뿐 아니라'로 바꾼다.

④ ⓔ은 문맥을 고려하여 '그래서'로 바꾼다.

⑤ ⓜ은 문장의 호응관계를 고려하여 '나타내고 있다.'로 수정한다.

13.

요즘 ⊙<u>웬일인지</u> 그녀에 대해 생각하는 일이 잦아졌다. 그녀는 나와 헤어지기를 원하고 ⓒ<u>있을는지</u> 모른다는 생각이 자꾸 드는 것이다. 지난 일을 ⓒ<u>곰곰히</u> 생각하니 정말로 그런 것 같기도 했다. 생각이 여기까지 이르게 되자, 그녀에 대한 나의 감정은 더욱 더 복잡하게 ⓔ<u>됬다.</u> ⓜ<u>하옇든</u> 내일은 그녀를 꼭 만나야겠다.

① ⊙은 '어찌 된', '어떠한'의 뜻을 갖는 '웬'을 사용하여 '웬일인지'로 고친다.

② ⓒ은 '어떤 불확실한 사실의 실현 가능성에 대하여 의문을 나타내는 어미'인 '−을런지'를 붙여 '있을런지'로 고친다.

③ ⓒ은 끝음절이 분명히 '이'로만 나므로 '곰곰이'로 고친다.

④ ⓔ은 어간 '되−'에 선어말 어미 '−었−'이 붙어 '됐−'으로 줄어든 뒤, 종결 어미 '−다'가 붙어서 이루어진 말이므로 '됐다'로 고쳐야 한다.

⑤ ⓜ은 소리대로 적으므로 '하여튼'으로 고친다.

14.

현대인은 '아름다움'을 추구한다. 개인들은 대중매체를 통해 주어지는 미적 기준을 자신의 모습에 적용한다. 대중매체에 등장하는 연예인들처럼 되기 위해 무리하게 ⊙<u>다이어트를 하거나 트렌드에 맞는</u> 옷을 입는 경우가 바로 그 예이다. ⓒ<u>TV, 라디오에는 무리한 다이어트를 하다가 목숨을 잃은 사건이 자주 보도되고 있다.</u> 이 사람들은 대중이 아름답다고 인정하는 특정인의 외모와 자신의 외모를 비교하여 그 비슷함의 여부에 따라 자신의 아름다움을 판단한다. 그렇기 때문에 그 아름다움은 '주체적'인 것이 아니라 '상대적'인 것이 된다. ⓒ<u>그런데도</u> 그들은 이러한 노력들이 자신의 개성을 드러내는 ⓔ<u>행동이라고 생각된다.</u> 그러나 이러한 행동은 자신에 대한 미적 판단이 외부적 기준에 의해 이루어지는 것이므로 ⓜ<u>개성의 추구인 동시에 개성의 포기가 되는 셈이다.</u>

① ⊙ : 불필요한 외국어 표현이므로 '음식 조절을 하거나 유행에 맞는'과 같은 우리말 표현으로 바꾸어 쓴다.

② ⓒ : 글의 전개상 불필요한 내용이므로 삭제하는 것이 적절하다.

③ ⓒ : 두 문장을 자연스럽게 연결하기 위해서는 '그래서'로 교체하는 것이 좋다.

④ ⓔ : 문장 성분이 서로 호응되지 않으므로 '행동이라고 생각한다.'로 고친다.

⑤ ⓜ : 앞의 진술된 내용으로 보아 '개성의 추구가 아니라 개성의 포기가 되는 셈이다.'로 수정하는 것이 적절하다.

15.

올해 초에 나는 오랫동안 몸담았던 회사를 떠났다. ⊙가 만이 돌아보면 회사 생활이 결코 행복했던 것만은 아니었다. ⓒ견습사원 시절부터 해외로만 떠돌아 객지 생활의 고달픔을 누구보다도 절감했었으니 말이다. 그런 와중에 유일한 위안거리가 있었다면 골프를 ⓒ좋아했든 것이라고나 할까. ⓔ나는 골프를 좋아하고 아내는 교사여서, 부부가 함께 한 놀이는 거의 없다. 퇴직을 하고 보니 골프 방송을 보는 것이 하나의 즐거움이 되었다. ⓜ지난번 LPGA 대회에서 박세리 선수가 진 것은 내가 보기에는 정신력에서 열세였던 탓이 아니었나 싶다.

① ⊙은 끝음절의 발음이 '이'로도 '히'로도 나기 때문에 원칙에 따라 '히'로 적어야겠다.

② ⓒ은 일본어투이므로 '수습사원'으로 순화해야겠다.

③ ⓒ은 과거의 행위를 나타내야 하므로 '좋아했던'으로 고쳐야겠다.

④ ⓔ은 차이점이 분명하게 드러나지 않으므로 '교사여서' 앞에 '모범적인'을 넣어야겠다.

⑤ ⓜ은 내용의 연결이 자연스럽지 않으므로 삭제하는 것이 좋겠다.

1. KTX열차는 A지점에서 B지점까지 시속 200km, B지점에서 C지점까지 시속 100km로 달린다. A지점에서 C지점까지의 거리는 400km이다. 오전 9시에 A지점을 출발한 KTX열차가 2시간 30분 후에 C지점에 도착하였다면, B지점을 지날 때의 시각은?

① 오전 9시 40분

② 오전 10시

③ 오전 10시 20분

④ 오전 10시 30분

⑤ 오전 10시 40분

2. 어떤 물건을 100개 구입하여, 사온 가격에 60%를 더한 가격 x로 40개를 팔았다. x에서 $y\%$를 할인하여 나머지 60개를 팔았더니 본전이 되었다면 y는 얼마인가?

① 60

② 62.5

③ 65

④ 67.5

⑤ 70

3. 5%의 설탕물과 10%의 설탕물을 섞어서 농도가 8%인 설탕물 300g을 만들려고 한다. 이 때 5%의 설탕물의 양은 몇 g인가?

① 110g

② 115g

③ 120g

④ 125g

⑤ 130g

4. 집에서 학교까지 거리는 170km이다. 차를 타고 집에서 출발하여 시속 80km로 가다가 속도를 높여 시속 100km로 가서 학교에 도착하였더니 총 2시간이 걸렸다. 시속 80km로 간 거리는?

① 100km

② 110km

③ 120km

④ 130km

⑤ 140km

5. 톱니의 개수가 각각 36, 84인 톱니바퀴 A, B가 서로 맞물려 돌아가고 있다. 두 톱니바퀴가 회전을 시작하여 다시 같은 톱니에서 맞물릴 때까지 A, B가 회전한 바퀴수를 각각 a, b라 할 때, a+b의 값은?

① 10

② 11

③ 12

④ 13

⑤ 14

6. 한국, 중국, 일본 학생이 2명씩 있다. 이 6명이 그림과 같이 좌석 번호가 지정된 6개의 좌석 중 임의로 1개씩 선택하여 앉을 때, 같은 나라의 두 학생끼리는 좌석 번호의 차가 1 또는 10이 되도록 앉게 될 확률은?

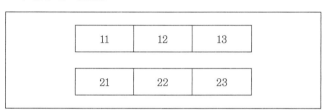

| 11 | 12 | 13 |
| 21 | 22 | 23 |

① $\dfrac{1}{20}$

② $\dfrac{1}{10}$

③ $\dfrac{3}{20}$

④ $\dfrac{1}{5}$

⑤ $\dfrac{1}{4}$

7. 1부터 9까지의 자연수가 하나씩 적혀 있는 9개의 공이 들어 있는 주머니가 있다. 이 주머니에서 임의로 3개의 공을 동시에 꺼낼 때, 꺼낸 공에 적혀 있는 세 수의 합이 짝수일 확률은?

① $\dfrac{5}{14}$

② $\dfrac{8}{21}$

③ $\dfrac{3}{7}$

④ $\dfrac{10}{21}$

⑤ $\dfrac{11}{21}$

8. 주머니 A에는 1, 2, 3, 4, 5의 숫자가 하나씩 적혀 있는 5장의 카드가 들어 있고, 주머니 B에는 1, 2, 3, 4, 5, 6의 숫자가 하나씩 적혀 있는 6장의 카드가 들어 있다. 한 개의 주사위를 한 번 던져서 나온 눈의 수가 3의 배수이면 주머니 A에서 임의로 카드를 한 장 꺼내고, 3의 배수가 아니면 주머니 B에서 임의로 카드를 한 장 꺼낸다. 주머니에서 꺼낸 카드에 적힌 수가 짝수일 때, 그 카드가 주머니 A에서 꺼낸 카드일 확률은?

① $\dfrac{1}{5}$

② $\dfrac{2}{9}$

③ $\dfrac{1}{4}$

④ $\dfrac{2}{7}$

⑤ $\dfrac{1}{3}$

9. 세 코스 A, B, C를 순서대로 한 번씩 체험하는 수련장이 있다. A코스에는 30개, B코스에는 60개, C코스에는 90개의 봉투가 마련되어 있고, 다음 표는 쿠폰 수에 따른 봉투의 수를 코스별로 나타낸 것이다.

쿠폰 수 코스	1장	2장	3장	계
A	20	10	0	30
B	30	20	20	60
C	40	30	20	90

각 코스를 마친 학생은 그 코스에 있는 봉투를 임의로 1개 선택하여 봉투 속에 들어있는 쿠폰을 받는다. 첫째 번에 출발한 학생이 세 코스를 모두 체험한 후 받은 쿠폰이 모두 4장이었을 때, B코스에서 받은 쿠폰이 2장일 확률은?

① $\dfrac{6}{23}$

② $\dfrac{8}{23}$

③ $\dfrac{10}{23}$

④ $\dfrac{12}{23}$

⑤ $\dfrac{14}{23}$

10. A가 동전을 2개 던져서 나온 앞면의 개수만큼 B가 동전을 던진다. B가 던져서 나온 앞면의 개수가 1일 때, A가 던져서 나온 앞면의 개수가 2일 확률은?

① $\dfrac{1}{6}$ ② $\dfrac{1}{5}$

③ $\dfrac{1}{4}$ ④ $\dfrac{1}{3}$

⑤ $\dfrac{1}{2}$

11. 표는 갑국의 연도별 취업자 수 증가율과 경제 활동 인구 증가율을 나타낸다. 이에 대한 분석으로 옳지 않은 것은? (단, 갑국의 15세 이상 인구는 일정하다.)

(단위 : %)

구분	2014년	2015년	2016년
취업자 수 증가율	1.0	0	−0.5
경제 활동 인구 증가율	2.0	0	−1.0

① 2014년의 실업자 수는 2013년보다 많다.
② 2014년 ~ 2016년 중 2016년의 비경제 활동 인구가 가장 많다.
③ 2016년의 고용률은 2014년보다 상승하였다.
④ 2016년의 경제 활동 참가율은 2015년보다 하락하였다.
⑤ 2014년과 2015년의 실업률은 같다.

12. 표는 갑국 남녀 근로자의 정규직과 비정규직 비율 변화를 나타낸 것이다. 이에 대한 옳은 분석을 모두 고른 것은? (단, 남녀 근로자의 수는 2015년 이후 각각 지속적으로 증가하였다.)

(단위 : %)

성별	2015년		2016년		2017년	
	정규직	비정규직	정규직	비정규직	정규직	비정규직
남자	73.5	26.5	73.4	26.6	73.5	26.5
여자	59.4	40.6	60.1	39.9	59.8	40.2

> ㉠ 2016년 비정규직 근로자 수는 남자가 여자보다 적다.
> ㉡ 2017년 전체 근로자 중 정규직 비율은 59.8%를 넘는다.
> ㉢ 2015년과 2017년의 남자 비정규직 근로자 수는 같다.
> ㉣ 2015년 ~ 2017년 여자 근로자의 과반수는 정규직이다.

① ㉠, ㉡   ② ㉠, ㉢
③ ㉡, ㉢   ④ ㉡, ㉣
⑤ ㉢, ㉣

13. 다음은 어느 통계사항을 나타낸 표이다. ㈎에 들어갈 수로 알맞은 것은?(단, 모든 계산은 소수점 첫째 자리에서 반올림한다)

구분	접수인원	응시인원	합격자수	합격률
1회	1,808	1,404	㈎	43.1
2회	2,013	1,422	483	34.0
3회	1,148	852	540	63.4

① 601
② 605
③ 613
④ 617
⑤ 618

14. 다음은 A철도공사의 경영 현황에 대한 자료이다. 이에 대한 설명으로 옳지 않은 것은?(단, 계산 값은 소수 둘째 자리에서 반올림 한다.)

〈A철도공사 경영 현황〉

(단위 : 억 원)

	2013	2014	2015	2016	2017
경영성적 (당기순이익)	−44,672	−4,754	5,776	−2,044	−8,623
총수익	47,506	51,196	61,470	55,587	52,852
영업수익	45,528	48,076	52,207	53,651	50,572
기타수익	1,978	3,120	9,263	1,936	2,280
총비용	92,178	55,950	55,694	57,631	61,475
영업비용	47,460	47,042	51,063	52,112	55,855
기타비용	44,718	8,908	4,631	5,519	5,620

① 총수익이 가장 높은 해에 당기순이익도 가장 높다.
② 영업수익이 가장 낮은 해에 영업비용이 가장 높다.
③ 총수익 대비 영업수익이 가장 높은 해에 기타 수익이 2,000억 원을 넘지 않는다.
④ 기타수익이 가장 낮은 해와 총수익이 가장 낮은 해는 다르다.
⑤ 2015년부터 총비용 대비 영업비용의 비중이 90%를 넘는다.

15. 다음과 같은 자료를 활용하여 작성할 수 있는 하위 자료로 적절하지 않은 것은?

(단위 : 천 가구, 천 명, %)

구분	2013	2014	2015	2016	2017
농가	1,142	1,121	1,089	1,068	1,042
농가 비율(%)	6.2	6.0	5.7	5.5	5.3
농가인구	2,847	2,752	2,569	2,496	2,422
남자	1,387	1,340	1,265	1,222	1,184
여자	1,461	1,412	1,305	1,275	1,238
성비	94.9	94.9	96.9	95.9	95.7
농가인구 비율(%)	5.6	5.4	5.0	4.9	4.7

※ 농가 비율과 농가인구 비율은 총 가구 및 총인구에 대한 농가 및 농가인구의 비율임.

① 2013년~2017년 기간의 연 평균 농가의 수
② 연도별 농가당 성인 농가인구의 수
③ 총인구 대비 남성과 여성의 농가인구 구성비
④ 연도별, 성별 농가인구 증감 수
⑤ 2017년의 2013년 대비 농가 수 증감률

16. 다음은 종사자 규모별 사업체 수와 종사자 수에 관한 자료이다. 자료를 올바르게 판단한 의견을 〈보기〉에서 모두 고른 것은?

종사자 규모별	사업체 수				종사자 수			
	2016년	2017년	증감률	기여율	2016년	2017년	증감률	기여율
합계	3,950,192 (100.0)	4,020,477 (100.0)	1.8	100.0	21,259,243 (100.0)	21,591,398 (100.0)	1.6	100.0
1~4인	3,173,203 (80.3)	3,224,683 (80.2)	1.6 (-0.1)	73.2	5,705,551 (26.8)	5,834,290 (27.0)	2.3 (0.2)	38.8
5~99인	758,333 (19.2)	776,922 (19.3)	2.5 (0.1)	26.4	10,211,699 (48.0)	10,281,826 (47.6)	0.7 (-0.4)	21.1
100~299인	14,710 (0.4)	14,846 (0.4)	0.9 (0.0)	0.2	2,292,599 (10.8)	2,318,203 (10.7)	1.1 (-0.1)	7.7
300인 이상	3,946 (0.1)	4,026 (0.1)	2.0 (0.0)	0.1	3,049,394 (14.3)	3,157,079 (14.6)	3.5 (0.3)	32.4

〈보기〉
㉮ "종사자 규모 변동에 따른 사업체 수와 종사자 수의 증감 내역이 연도별로 다르네."
㉯ "기여율은 '구성비'와 같은 개념의 수치로군."
㉰ "사업체 1개당 평균 종사자 수는 사업체 규모가 커질수록 더 많네."
㉱ "2016년보다 종사자 수가 더 적어진 사업체는 없군."

① ㉰, ㉱   ② ㉮, ㉰
③ ㉯, ㉱   ④ ㉮, ㉯, ㉰
⑤ ㉯, ㉰, ㉱

17. 다음은 소비자물가 총 지수와 주요 품목별 소비자물가 상승률을 연도별로 나타낸 자료이다. 자료를 올바르게 이해한 설명을 〈보기〉에서 모두 고른 것은?

(단위 : %)

	2011	2012	2013	2014	2015	2016	2017
소비자물가 총 지수 (2015년=100)	94.7	96.8	98.0	99.3	100.0	101.0	102.9
소비자물가 상승률	4.0	2.2	1.3	1.3	0.7	1.0	1.9
식료품	8.1	4.0	0.9	0.3	1.6	2.3	3.4
주류 및 담배	0.8	1.5	1.7	-0.1	50.1	0.7	1.5
의류 및 신발	3.3	4.8	2.9	4.0	1.3	1.8	1.1
주택/수도/전기/연료	4.5	4.6	3.5	2.9	-0.6	-0.8	1.5
교통	7.0	3.2	-0.5	-1.6	-7.8	-2.2	3.6
교육	1.7	1.4	1.2	1.5	1.7	1.6	1.1

〈보기〉
(가) 2015년의 소비자물가 총 지수는 2011년 대비 약 5.6% 증가한 것으로, 기준년도의 소비자물가 총 지수를 의미한다.
(나) 2010년 대비 2017년의 소비자물가 지수가 가장 많이 상승한 세 가지 품목은 식료품, 주류 및 담배, 교육이다.
(다) 평균치로 계산할 때, 2017년의 담배 1갑이 4,500원이라면 2014년의 담배 1갑은 약 2,933.2원이다.
(라) 2014년의 '연료'의 평균 물가지수가 100이라면, 2017년의 '연료'의 평균 물가지수는 100보다 크지 않다.
* 단, 계산 값은 소수점 둘째 자리에서 반올림한다.

① (가), (나) ② (나), (다)
③ (다), (라) ④ (가), (다)
⑤ (나), (라)

18. 다음 표에서 a~d의 값을 모두 더한 값은?

	2019년	2020년	전월대비		전년동월대비	
	1월	12월	1월	증감액	증감률 (차)	증감액	증감률 (차)
총거래액(A)	107,230	126,826	123,906	a	-2.3	b	15.6
모바일 거래액(B)	68,129	83,307	82,730	c	-0.7	d	21.4
비중(B/A)	63.5	65.7	66.8	-	1.1	-	3.3

① 27,780
② 28,542
③ 28,934
④ 33,620
⑤ 34,774

19. 다음은 우리나라 개인소유 주택의 단독 · 공동 소유 현황을 나타낸 자료이다. 표에 대한 설명으로 옳은 것은?

(단위 : 천 호)

구분	2018년		2019년		증감	
	주택	아파트	주택	아파트	주택	아파트
전체	14,521	8,426	14,964	8,697	443	271
단독소유	12,923	7,455	13,217	7,645	294	190
공동소유	1,598	971	1,747	1,052	149	81
2인	1,434	924	1,571	1,004	137	80
3인	99	37	109	38	10	1
4인	30	6	32	6	2	0
5인 이상	35	4	35	4	0	-0

※ 단, 계산 값은 소수점 둘째 자리에서 반올림 한다.
① 2인 공동소유 주택보다 3인 공동소유 주택 수의 전년 대비 증가율이 더 크다.
② 전체 공동소유 아파트 중, 2인 공동소유 아파트가 차지하는 비중은 2019년에 더 감소하였다.
③ 2019년 전체 아파트 수의 전년 대비 증가율은 3%에 못 미친다.
④ 전체 공동소유 주택과 아파트 중, 3인 공동소유 주택과 아파트가 차지하는 비중은 모두 2019년에 더 증가하였다.
⑤ 2019년 4인 이상 공동소유 아파트의 호 수는 전년 대비 소폭 증가했다.

20. 다음은 연도별, 상품군별 온라인쇼핑 거래액 구성비를 나타낸 자료이다. 다음 자료에 대한 올바른 설명이 아닌 것은?

(단위 : %)

구분	2017년		2018년			
	2월		1월		2월	
	온라인	모바일	온라인	모바일	온라인	모바일
컴퓨터 및 주변기기	6.3	3.7	5.6	3.5	5.6	3.7
가전·전자·통신기기	8.8	7.7	9.8	8.7	9.6	8.7
서적	2.2	1.2	2.4	1.9	2.0	1.2
사무·문구	0.8	0.5	0.8	0.5	0.9	0.5
의복	12.8	13.5	9.9	10.5	9.3	9.7
신발	1.8	2.1	1.5	1.7	1.6	1.8
가방	2.2	2.7	2.3	2.7	2.4	2.8
음·식료품	7.9	9.3	9.2	10.7	10.0	11.1
농축수산물	2.3	2.6	2.8	3.2	3.5	3.6
생활용품	8.7	9.4	8.0	8.4	7.9	8.3
자동차용품	1.1	1.1	0.9	0.9	0.9	0.8
가구	2.9	3.0	2.8	2.9	3.0	3.1
애완용품	0.8	1.0	0.8	0.9	0.7	0.8
여행 및 교통서비스	14.1	12.6	15.1	13.8	13.8	13.1

※ 단, 계산 값은 소수점 둘째 자리에서 반올림한다.

① 2018년 2월의 전년 동기 대비 거래액 비중이 증가한 모바일 상품군은 모두 6가지이다.

② 농축수산물의 2018년 2월 모바일 거래액 비중은 전년 동기 대비 38.5% 증가하였다.

③ 여행 및 교통서비스는 매 시기마다 가장 많은 모바일 거래액 비중을 차지한다.

④ 3개의 비교시기에서 온라인 거래액 비중이 꾸준히 증가한 상품군은 모두 3가지이다.

⑤ 2018년 2월의 전년 동기와 비교했을 때 애완용품의 온라인 거래액 비중은 낮아졌다.

---

21. 다음은 우리나라 특정 지역의 빈곤 가구 중에서 맞춤형 급여를 지원받는 가구의 비율을 나타낸 것이다. 이에 대한 옳은 분석만을 모두 고른 것은?

조사 당시 중위 소득은 500만 원이며, 조사한 빈곤 가구의 가구원 수는 모두 동일하다.

〈맞춤형 급여 지원 기준〉

기준(중위 소득 기준)	지원 급여
28% 이하	교육, 주거, 의료, 생계
28% 초과 ~ 40% 이하	교육, 주거, 의료
40% 초과 ~ 43% 이하	교육, 주거
43% 초과 ~ 50% 이하	교육

〈빈곤 가구 중 맞춤형 급여를 지원받는 비율〉

(단위 : %)

빈곤 가구 \ 급여	생계	의료	주거	교육
절대적 빈곤 가구	70	100	100	100
상대적 빈곤 가구	56	80	86	100

※ 절대적 빈곤 가구 : 월 소득이 최저 생계비 미만인 가구
※ 상대적 빈곤 가구 : 월 소득이 중위 소득의 50% 미만인 가구
※ 중위 소득 : 전체 가구를 소득 순으로 나열했을 때 한가운데 위치한 가구의 소득

ㄱ 상대적 빈곤 가구보다 절대적 빈곤 가구가 많다.

ㄴ 조사 시점의 최저 생계비는 월 소득 250만 원이다.

ㄷ 상대적 빈곤 가구 중 생계, 의료, 주거, 교육 급여를 모두 받는 비율은 56%이다.

ㄹ 월 소득이 최저 생계비 미만인 가구 중에서 30%는 월 소득 140만 원을 초과한다.

① ㄱ, ㄴ

② ㄱ, ㄹ

③ ㄷ, ㄹ

④ ㄱ, ㄴ, ㄷ

⑤ ㄴ, ㄷ, ㄹ

22. 다음은 S은행의 각 지점별 2년간의 직급자 변동 현황을 나타낸 자료이다. 다음 자료를 보고 판단한 S은행의 인사 정책에 대한 올바른 설명이 아닌 것은?

〈2016년〉

(단위 : 명)

구분	A지점	B지점	C지점	D지점	E지점
부장	1	1	0	1	0
차장	1	0	0	1	1
과장	3	3	2	0	3
대리	7	4	5	11	6
사원	14	12	11	5	13

〈2017년〉

(단위 : 명)

구분	A지점	B지점	C지점	D지점	E지점
부장	2	0	1	0	1
차장	1	0	1	1	0
과장	5	5	4	4	3
대리	10	2	8	3	4
사원	12	10	15	7	10

* 단, 계산 값은 소수점 둘째 자리에서 반올림한다.

① 5개 지점 전체 인원을 5% 이내에서 증원하였다.

② 인원이 더 늘어난 지점은 모두 2개 지점이다.

③ 사원의 비중이 전년보다 증가한 지점은 D지점뿐이다.

④ S은행은 과장급 직원의 인력을 가장 많이 증원하였다.

⑤ C지점의 대리 수가 전체 대리 수에서 차지하는 비중은 2016년 대비 2017년에 2배 이상 증가하였다.

23. 다음은 A~D팀의 팀별 총무용품의 구매 금액과 각 팀별 구매한 총무용품의 항목별 구성비를 나타낸 자료이다. 다음 자료를 참고로 복사용품, 팩스용품, 탕비용품, 기타 총무용품의 구매를 위한 지출 금액이 각각 가장 큰 팀을 순서대로 나열한 것은 어느 것인가?

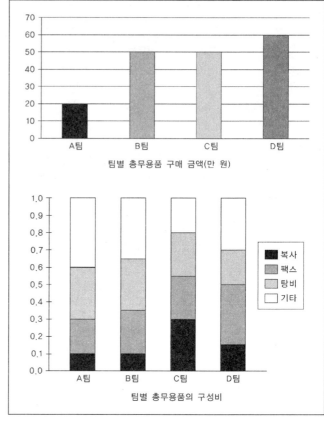

팀별 총무용품 구매 금액(만 원)

팀별 총무용품의 구성비

① D팀, C팀, B팀, A팀

② B팀, D팀, C팀, D팀

③ C팀, D팀, B팀, D팀

④ D팀, C팀, B팀, D팀

⑤ C팀, D팀, A팀, D팀

24. 다음 〈표〉는 각 종류별 수면제를 사용한 불면증 환자 '갑'~'무'의 숙면시간을 측정한 자료이다. 이에 대한 〈보기〉의 설명 중 옳은 것을 모두 고르면?

〈수면제별 숙면시간〉

(단위 : 시간)

수면제 \ 환자	갑	을	병	정	평균
상쾌한 아침	5.0	4.0	6.0	5.0	5.0
안졸려	4.0	4.0	5.0	5.0	( )
쿨쿨	6.0	6.0	4.0	( )	5.5
꿀잠	6.0	4.0	6.0	5.0	5.25

〈보기〉

㉠ 평균 숙면시간이 긴 수면제부터 순서대로 나열하면 쿨쿨-꿀잠-상쾌한아침-안졸려 순이다.
㉡ 환자 '을'과 환자 '정'의 숙면시간 차이는 수면제 쿨쿨이 수면제 안졸려보다 크다.
㉢ 수면제 안졸려와 수면제 꿀잠의 숙면시간 차이가 가장 큰 환자는 '병'이다.
㉣ 수면제 쿨쿨의 평균 숙면시간보다 수면제 쿨쿨의 숙면시간이 긴 환자는 3명이다.

① ㉠, ㉡
② ㉡, ㉢
③ ㉢, ㉣
④ ㉠, ㉣
⑤ ㉡, ㉣

25. 주어진 자료에 대한 해석으로 옳지 않은 것은?

〈메인 메뉴 단위당 영양성분표〉

메뉴 \ 구분	중량 (g)	열량 (kcal)	성분함량			
			당 (g)	단백질 (g)	포화지방 (g)	나트륨 (mg)
치즈버거	114	297	7	15	7	758
햄버거	100	248	6	13	5	548
새우버거	197	395	9	15	5	882
치킨버거	163	374	6	15	5	719
불고기버거	155	399	13	16	2	760
칠리버거	228	443	7	22	5	972
베이컨버거	242	513	15	26	13	1,197
스페셜버거	213	505	8	26	12	1,059

〈스낵 메뉴 단위당 영양성분표〉

메뉴 \ 구분	중량 (g)	열량 (kcal)	성분함량			
			당 (g)	단백질 (g)	포화지방 (g)	나트륨 (mg)
감자튀김	114	352	0	4	4	181
조각치킨	68	165	0	10	3	313
치즈스틱	47	172	0	6	6	267

① 열량이 가장 높은 메인 메뉴 3개의 열량이 높은 순서와 나트륨 함량이 높은 순서가 같다.
② 서로 다른 두 메인 메뉴를 섭취할 시 총 단백질 함량은 총 포화지방의 함량의 두 배 이상이다.
③ 중량 대비 열량의 비율은 치킨버거가 새우버거보다 높다.
④ 스낵 메뉴 한 단위씩 섭취 시의 총 나트륨 양보다 치즈버거 한 개의 나트륨 양이 더 많다.
⑤ 메인 메뉴 중 단백질 함량이 당 함량의 2배가 넘는 메뉴는 5개 이상이다.

┃예제┃ 다음 규칙을 참고하여 문제의 정답을 고르시오.

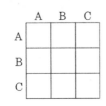

	A	B	C
A			
B			
C			

| 전체 시계 방향 90° 회전 |
| 전체 180° 회전 |
| 전체 시계 방향 270° 회전 |
| 도형만 시계 방향 90° 회전 |
| 도형만 180° 회전 |
| 도형만 시계 방향 270° 회전 |

A→n A행 칸을 화살표 방향으로 n만큼 이동(A행에 속한 도형 모두 이동하며, C열 오른쪽으로 벗어난 도형은 A열로 이동함)

A↓n A열 칸을 화살표 방향으로 n만큼 이동(A열에 속한 도형 모두 이동하며, C행 아래로 벗어난 도형은 A행로 이동함)

[비교규칙]

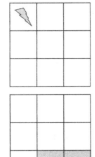

변환된 도형과 표시된 위치의 도형 모양 및 방향이 일치하면 Yes, 그렇지 않으면 No로 이동

변환된 도형과 배경색이 일치하면 Yes, 그렇지 않으면 No로 이동

┃1～15┃ 다음을 주어진 규칙에 따라 변환시킬 때 '?'에 해당하는 것을 고르시오.

1.

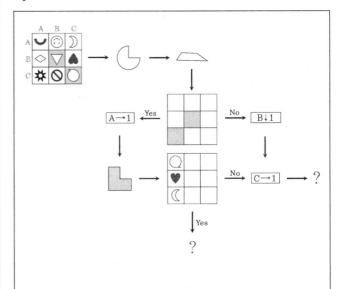

①
◠	⦸	✲
♥	△	◠
☾	☺	◇

②
◠	◀	◠
☉	▷	⦸
☾	◇	✲

③
◡	☉	☽
◇	▽	♥
✲	⦸	◯

④
◯	⦸	◠
♥	△	✲
☾	☺	◇

⑤
✲	◇	☾
⦸	◁	☉
◠	♠	☽

2.

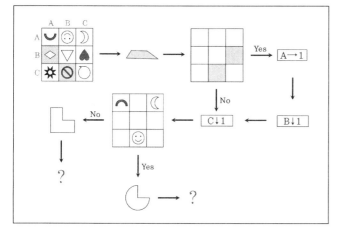

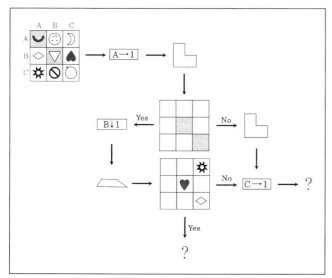

4.

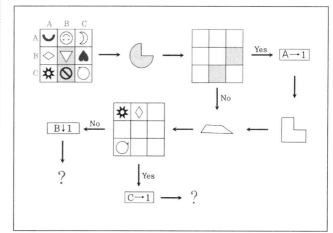

3.

5.

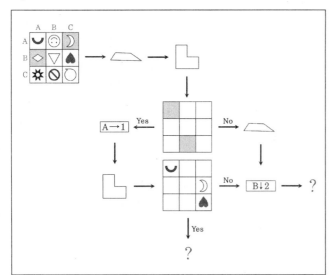

①

②

③

④

⑤

6.

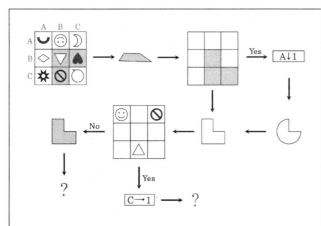

7.

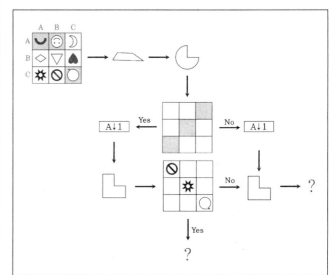

①

②

③

④

⑤

8.

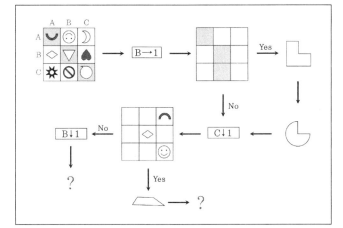

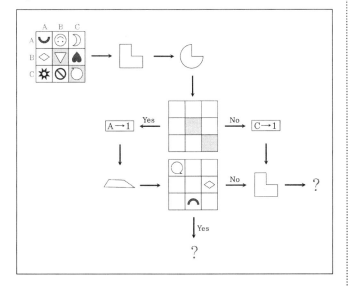

9.

①

10.

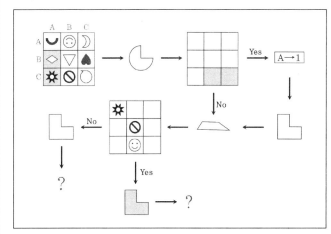

11.

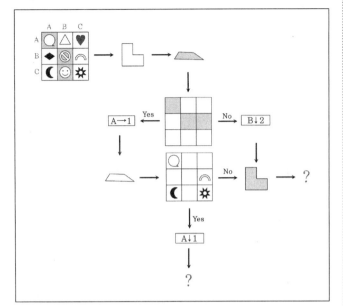

①

②

③

④

⑤

12.

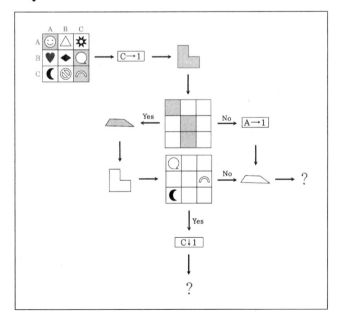

①

②

③

④

⑤

13.

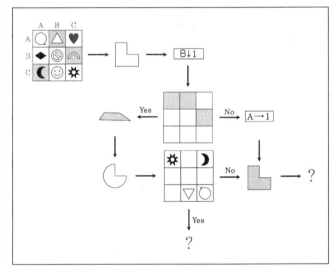

①

②

③

④

⑤

14.

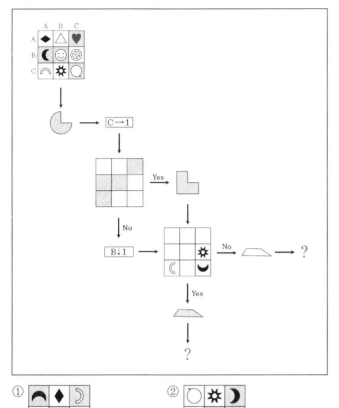

①

③

⑤

15.

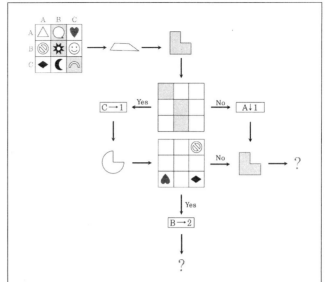

①   ②

③   ④

⑤

서 원 각

www.goseowon.com

CJ그룹

CAT
기출동형 모의고사

정답 및 해설

SEOWONGAK
(주)서원각

제1회 정답 및 해설

✎ 1교시

1 ⑤

주어진 글은 첫 문장에서 오른손 선호의 기원에 대한 궁금증으로 시작하여 그에 대한 다방면적인 탐구가 이루어지고 있으므로 ⑤가 적절하다.

2 ③

화자는 과학적 이론이나 가설을 검사하는 과정에서 일상적 언어가 사용될 수 밖에 없다고 말한다. 매우 불명료하고 엄밀하게 정의될 수 없는 용어들이 포함된 발룽엔은 명확한 규정이 어렵다고 말하며 이를 염두에 두면 '과학적 가설과 증거의 논리적 관계를 정확하게 판단할 수 있다는 생각은 잘못된 것이다.'라고 결론지을 수 있으므로 ③이 가장 적절하다.

3 ②

네 번째 문단에 따르면 신재생 에너지 시스템은 화석 에너지와 달리 발전량을 쉽게 제어할 수 없고, 지역의 환경에 따라 발전량이 서로 다르다는 특징이 있다. 따라서 ②에서 언급한 발전량 자동 조절보다는 잉여 에너지 저장 기술을 갖추어야 한다고 볼 수 있다.
① 중앙 집중식으로 이루어진 에너지 공급 상황에서 거주자는 에너지 생산을 고려할 필요가 없었으나, 분산형 전원 형태의 신재생 에너지 공급 상황에서는 거주자 스스로 생산과 소비를 통제하여 에너지 절감을 할 수 있어야 할 것이다.
③ 기존의 제한된 서비스를 넘어서는 다양한 에너지 서비스가 탄생될 수 있도록 하는 플랫폼 기술은 스마트 그리드를 기반으로 한 마이크로 그리드 시스템 구축에 필요한 요소라고 판단할 수 있다.
④ 과거의 경험으로 축적된 에너지 사용에 대한 데이터를 분석하여 필요한 상황에 적절한 맞춤형 에너지를 서비스하는 기능은 효과적인 관리 솔루션이 될 수 있다.

⑤ 소비자 스스로 에너지 수급을 관리할 수 있는, 스마트 시대에 요구될 수 있는 적합한 특성이라고 볼 수 있다.

4 ④

주어진 글의 핵심 논점은 '지자체의 에너지 정책 기능의 강화 필요성'이 될 것이다. 지자체 중심의 분산형 에너지 정책의 흐름을 전제한 후 기존 중앙 정부 중심의 에너지 정책의 장점을 소개하였으며, 그에 반해 분산형 에너지 정책을 추진함에 있어 유의해야 할 사안은 어떤 것인지를 열거하며 비교하였다고 볼 수 있다. ㄹ이 속한 단락의 앞 단락에서는 지역 특성을 고려하여 지자체가 분산형 에너지 정책의 주도권을 쥐어야 한다는 주장을 펴고 있으며, 이를 '이뿐만 아니라' 라는 어구로 연결하여 앞의 내용을 더욱 강화하게 되는 '각 지역의 네트워크에너지 중심'에 관한 언급을 하였다. 따라서 네트워크에너지 체제 하에서 드러나는 특징은, 지자체가 지역 특성과 현실에 맞는 에너지 정책의 주도권을 행사하기 위해서는 지역별로 공급비용이 동일하지 않은 특성에 기인한 에너지 요금을 차별화해야 한다는 목소리가 커지고 있다고 판단하는 것이 현실을 올바르게 판단한 내용이 된다. 뿐만 아니라 ㄹ의 바로 다음에 NIMBY 현상을 사례로 들고 있는 점은 이러한 에너지 요금 차별화의 목소리가 커지고 있다는 사실을 뒷받침하는 내용으로 볼 수 있다. 따라서 ㄹ은 글 전체의 내용과 반대되는 논리를 포함하고 있는 문장이 된다.
① 중앙 정부 중심의 에너지 정책에 대한 기본적인 특징으로, 대표적인 장점이 된다고 볼 수 있다.
② 분산형 에너지 정책과는 상반되는 중앙집중형 에너지 정책의 효율적인 특성이며, 뒤에서 언급된 NIMBY 현상을 최소화할 수 있는 특성이기도 하다.
③ 지자체별로 지역 특성을 고려한 미시적 정책이 분산형 에너지 정책의 관건이라는 주장으로 글의 내용과 논리적으로 부합한다.
⑤ 지역별로 소형화된 설비가 더 많이 필요하게 될 것이라는 판단은 분산형 에너지 정책에 대한 올바른 이해에 따른 주장이 된다.

5 ③

ㄹ 등장수축에 대한 설명 – ㄱ 등척수축에 대한 설명 – ㅁ 등척수축의 예 – ㄷㄴ 등척수축의 원리

6 ①

㈏ 혈액 도핑에 대한 설명 – ㈐ 혈액 도핑 방법 – ㈑㈎ 혈액 도핑의 원리 – ㈒ 혈액 도핑의 효과

7 ②

㈏는 ㈒의 원인이므로 둘은 나란히 위치한다. 이어서 명과 조선의 무역 거부하자 일본은 전쟁을 택하게 되고 임진왜란이 발발하였으므로 ㈎ – ㈒ – ㈐ 순으로 이어지는 것이 적절하다.

8 ⑤

ㄷ에서 유식철학을 소개하고 있으므로 가장 처음에 위치하며 이 학파의 사상에 대한 설명이 ㄱㅁ 이어진다. ㄴ은 ㄱ과 ㅁ에 대한 추가 설명이며 ㄹ은 유식 학파가 유가행파라고 불리는 이유를 앞선 내용과 종합하여 설명하고 있다.

9 ③

① 코노르스키는 '환각이 왜 일어나는가?'라는 질문을 뒤집어 '환각은 왜 항상 일어나지 않는가? 환각을 구속하는 것은 무엇인가?'라는 질문을 제기했다.

② 코노르스키는 뇌에서 감각기관으로 진행되는 연결의 존재에 대한 증거를 수집했다.

④ 멸 단위(off units)가 계속적인 활동을 발화하고 생성하기 때문에 평상시에는 침묵이나 어둠 속에 있다고 해서 입력되는 자료가 그렇게 줄어들지 않는다.

⑤ 티머시 그리피스는 양전자단층촬영을 통해 음악 환청이 일어나는 순간 평소 실제 음악을 들을 때 활성화되는 것과 똑같은 신경 네트워크가 폭넓게 가동된다는 사실을 보여주었다.

10 ④

④ 뇌과학자 A는 유리질화 냉동보존된 인간을 다시 살려냈을 때 커넥톰이 보존되어있어야 냉동보존이 유의미하다고 주장하며 냉동보존을 위해 알코어 재단에서 시신을 수령할 무렵에는 이미 시신의 두뇌가 손상되어있기 때문에 냉동보존에 대해 회의적이라고 주장한다.

① 주어진 글에 언급되지 않은 내용이다.

② 유리질화 냉동보존술에 대한 내용이다.

③ 정자나 난자, 배아, 혈액 등은 저속냉동술을 사용하여 온도를 1분에 1도 정도로 천천히 낮추는 방식으로 이 기술에서 느린 냉각은 삼투압을 이용해 세포 바깥의 물을 얼음 상태로 만들고 세포 내부의 물은 냉동되지 않도록 하는 방식이다.

⑤ 주어진 글에서는 파악할 수 없는 내용이다.

11 ③

ㄹ의 대우 명제 '가돌이를 좋아하는 사람이 있으면 마돌이가 가돌이를 좋아한다'가 되므로 마돌이는 가돌이가 좋아할 가능성이 있는 사람이다. 따라서 가돌이가 마돌이를 좋아하므로 라돌이는 가돌이를 좋아하지 않는다(ㄱ). ㅁ에 의해 다돌이는 라돌이를 좋아하지 않는다. ㄷ의 대우 명제 '라돌이가 다돌이를 싫어하고 가돌이가 라돌이를 싫어하면 바돌이가 가돌이를 싫어한다'가 되며 전제(라돌이가 다돌이를 싫어함, 가돌이가 라돌이를 싫어함)이 모두 참이므로 바돌이는 가돌이를 싫어한다. ㅂ의 대우 명제 '가돌이가 누군가를 좋아하면 가돌이와 나돌이가 서로 좋아하거나 가돌이가 다돌이를 좋아한다'와 ㄴ의 명제를 통해 나돌이와 다돌이도 가돌이가 좋아할 가능성이 있는 사람이다. 따라서 가돌이가 좋아할 가능성이 있는 사람은 나돌, 다돌, 마돌이다.

12 ②

② 관리팀의 예산이 감축되면 영업팀과 디자인팀의 예산이 감축되지 않고 ㉣에 따라 총무팀, 기획팀의 예산이 감축된다. '기획팀의 예산이 감축되면 인사팀과 디자인팀의 예산도 감축된다'는 ㉢의 역명제이므로 반드시 참이라고 할 수 없으므로 ②는 옳지 않다.

① 기획팀과 영업팀의 예산이 감축되면 ㉣에 따라 총무팀은 예산이 감축되지 않고 ㉤의 대우 명제인 '영업팀이나 디자인팀의 예산이 감축되면 관리팀의 예산이 감축되지 않는다'에 따라 관리팀의 예산도 감축되지 않는다.

③ 총무팀의 예산이 감축될 경우 조건 ㉠의 대우 명제에 따라 금융팀의 예산은 감축되지 않는다.

④ 관리팀의 예산이 감축되면 영업팀과 디자인팀의 예산이 감축되지 않고 ㉣에 따라 총무팀, 기획팀의 예산이 감축된다.

⑤ 만약 금융팀의 예산이 감축되면 총무팀의 예산이 감축되지 않으므로 ㉣에 따라 기획팀과 영업팀의 예산이 감축된다.

13 ①

세 사람은 모두 각기 다른 동에 사무실이 있으며, 어제 갔던 식당도 서로 겹치지 않는다.

- 세 번째 조건 후단에서 갑동이와 을순이는 어제 11동 식당에 가지 않았다고 하였으므로, 어제 11동 식당에 간 것은 병호이다. 따라서 병호는 12동에 근무하며 11동 식당에 갔다.
- 네 번째 조건에 따라 을순이는 11동에 근무하므로, 남은 갑동이는 10동에 근무한다.
- 두 번째 조건 전단에 따라 을순이가 10동 식당에, 갑동이가 12동 식당을 간 것이 된다.

따라서 을순이는 11동에 사무실이 있으며, 어제 갔던 식당은 10동에 위치해 있다.

14 ③

주어진 조건이 모두 참이라고 했으므로 교실은 조용하지 않고, 두 번째 조건에 의해 '복도가 깨끗하다'. 따라서 ③은 거짓이다.

15 ⑤

주어진 조건에 따라 범인을 가정하여 진술을 판단하면 다음과 같다.

〈사건 1〉

진술 ＼ 범인	가인	나은	다영
가인	거짓	참	참
나은	참	참	거짓
다영	거짓	거짓	참

〈사건 2〉

진술 ＼ 범인	라희	마준	바은
라희	거짓	참	참
마준	거짓	참	참
바은	거짓	거짓	참

따라서 〈사건 1〉의 범인은 가인, 〈사건 2〉의 범인은 라희이다.

16 ②

사람에게서도 신종플루 등 심각한 문제를 일으켰던 것도 A형이며 B형은 사람, 물개, 족제비를 감염시키고, C형은 사람, 개, 돼지를 감염시킨다고 했으므로 사람은 A, B, C 형 모두 감염 될 수 있다.

① 헤마글루티닌과 뉴라미니다제는 간단한 조합만으로도 존재할 수 있는 바이러스 종류가 198종이나 된다.

③ H7N9형 AI는 조류에게서는 전혀 병원성이 없는데 사람을 감염시키면 비로소 극심한 병증을 일으킨다고 했으므로 조류보다 사람에게 더 위험하다.

④⑤ 주어진 글에서 나타나지 않는 내용이다.

17 ①

스테판 린더는 임금이 상승하면 직장 밖 활동에 들어가는 시간의 비용도 함께 늘어난다고 했으므로 연봉이 높을수록 시간의 비용도 높아진다.

② 월급이 높은 사람일수록 시간의 비용이 높아진다고 볼 수 있지만 많은 시간을 사용한다고 볼 수 없다.

③ 개인의 직업에 따른 활동의 가치에 대한 내용은 제시되지 않고 있다.

④ 수면시간이 여가활동보다 시간의 가치가 있다고 말할 수 있지만 수면량이 많아지면 시간의 가치가 높아지는 것이라고 할 수 없다.

⑤ 제시된 글에 등장하지 않는 내용이다.

18 ④

변해석과 변담은 성이 같으며 변해석이 자신의 아들 항렬을 입양한 것을 알 수 있다. 변해석이 사망한 후 다시 생부의 호적으로 돌아온 것으로 보아 가계 계승을 위한 입양이 아닌 양부모 봉양을 위해 입양이 이루어진 조선 후기 하층민의 입양임을 알 수 있다.

19 ③

③ 망자는 죽은 후 7일이 될 때까지 진광대왕에게 심판을 받은 후 탈의파를 만난다고 했으므로 탈의파를 만나기 7일 전인 6월 4일에 처음 진광대왕을 만났을 것이다.

① 망자가 명부시왕에게 심판 받는 순서는 진광대왕 – 초강대왕 – 송제대왕 – 오관대왕 – 염라대왕이다.

② 인간은 죽어서 49일 동안 중음의 신세가 되어 7일 간격으로 7명의 시왕 앞에 나아가 생전에 지은 죄업의 경중과 선행·악행을 심판받는다고 한다.

④ 업의 무게를 측정한다고 나와있지만 무게에 따른 기준을 제시하고 있지는 않다.

⑤ 마지막 단락에서 동물도 사후 심판이 있다고 나와 있다.

20 ④

④ 14세기 스위스 보병군이 기마군에 맞서 성공할 수 있었던 것은 바로 병사들이 자신의 개성을 죽이고 지휘관의 명령에 즉각적으로 복종할 수 있었기 때문이다.

21 ③

주어진 글에서는 동물실험을 찬성했던 데카르트와 칸트의 입장과 동물실험을 반대하는 현대의 공리주의 생명윤리학자와 리건의 입장을 모두 소개하고 있으므로 글의 중심내용으로는 ③이 적절하다.

22 ③

'더러운, 역겨운'이란 부정적 함의를 포함한 네그르란 단어를 있는 그대로 사용하려 한 세제르의 전략은 비참하고 궁핍한 흑인의 현실을 떠안음과 동시에 자긍심의 원천으로 삼으려는 역설적 전략이었다.

23 ⑤

⑤ 신시아 콜렌 교수는 모유가 아이의 건강과 지능에 장기적으로 긍정적인 영향을 미친다는 기존의 연구결과들은 모유가 원인은 아니라 그 외의 환경적인 이유 때문이라고 말했다.

24 ④

주어진 글에서 폭발성 발화는 한 번에 2개 이상의 전기신호가 짧은 시간 동안 발생하는데, 이 전기신호의 전후로 신경세포의 발화가 억제된다고 하였으므로 폭발성 발화를 유도하여 신경세포의 발화를 억제하면 통증을 감소시킬 수 있을 것이다.

25 ③

③ 남아프리카연방의 헌법은 국민의 79%를 차지하는 흑인을 비롯해 혼혈인, 아시아인 등 비백인의 정치 참여를 배제하고 인구의 9.6%를 차지하는 백인의 지배를 강화하기 위한 장치였다고 했으므로 적절하지 않다.

1 ③
  ㉮ : 카페인 함량이 높은 원두커피를 판매하는 커피전
        문점 수가 급증하는 동안 함께 증가한 정신질환
        과 수면장애로 병원을 찾는 사람들
  ㉣ : 커피의 대사에 걸리는 시간과 수면장애의 관계
  ㉯ : 우울증이나 공황장애와 카페인의 상관관계를 보
        여주는 사례
  ㉰ : ㉮, ㉣, ㉯를 통해 내린 결론

2 ④
  ㉰ : 다산 정약용이 '원체'라는 문체를 통해 정치라는
        내용을 담고자 했던 '양식 선택의 정치학'
  ㉯ : 원체의 개념과 유래 및 원체에 대한 다산의 인식
        과 『원정』
  ㉮ : 다산의 원체와 유비될 수 있는 정선의 진경 화법
        의 특징
  ㉣ : 진경 화법과 다산의 원체의 글쓰기에 대한 구체
        적 비교

3 ②
  ㉯ : 지표생물 개념의 도입 목적과 장점
  ㉣ : 지표생물의 예 1 – 대장균
  ㉮ : 대장균만을 측정하기는 어렵기 때문에 분변오염
        여부를 판단하기 위해 사용하는 총대장균군
  ㉱ : 총대장균군이 좋은 지표생물이 될 수 있는 이유
  ㉰ : 지표생물의 예 2 – 분변성 연쇄상구균군

4 ⑤
  ㉣ : 목조 건축물에서 귀솟음 기법을 사용하는 이유
  ㉰ : 귀솟음 기법의 구조적인 측면에서의 장점
  ㉮ : (화제 전환) 안쏠림 기법을 사용하는 이유와 귀솟
        음 기법과의 비교
  ㉯ : 중층구조에 안쏠림 기법을 두는 이유

5 ①
  ㉮ : 한국적 근대 공론장의 원형 – 독립신문, 만민공동회
  ㉰ : 공론장의 형성을 근대 이행의 절대적 특징으로
        이해하는 태도에서 이어지는 비약적 사고
  ㉣ : ㉰에서 언급한 비약적 사고의 배경
  ㉯ : 근대 공론장 이론의 맹점과 한계

6 ④
  ④ 게임 셧다운제는 밤 12시부터 다음 날 오전 6시까
  지 만 16세 미만 청소년의 온라인 게임 접속을 금하
  는 내용의 법안으로 Ⅱ – 가의 사이버 공간에서의 익
  명성과는 관련성이 없다.

7 ②
  ② '우리말 오용의 사회적 측면에서의 원인'에 대한 내
  용이 언급되어야 하므로 '우리말 세계화의 필요성'이라
  는 내용보다는 '외국어 순화 작업의 중요성 간과' 정도
  의 내용이 적당하다.

8 ⑤
  ⑤ 본론에서는 화석 연료의 사용으로 증가한 탄소 배
  출로 인해 환경오염과 생태계 파괴가 일어났다고 보
  고, 화석 연료 사용 규제 및 탄소 배출 억제를 통해
  이를 해결해야 한다고 주장한다. 따라서 결론은 수정
  할 필요가 없다.

9 ⑤
  ⑤ '다양한 진로 교육 프로그램에 고등학생들의 참여
  를 유도'는 학생 측면의 개선 방안에 해당하므로 '3-
  나'에 적절하다.

10 ④
  ④ [D]는 제도 개선을 통해 교통량을 줄임으로써 교통
  체증을 완화하고자 하는 방안이다. 따라서 본론 3–(1)
  에서 활용할 수 있는 자료이다.

11 ⑤

⑤ 둘째 문단에서 이제까지의 인류가 화석 연료를 사용하여 지구 온난화 등의 부작용이 발생했다는 내용이 언급되고 셋째 문단에서 때문에 다음 몇 세기는 이러한 부정적 결과를 감당해야 한다는 내용이 이어지므로, 인과관계의 접속부사인 '그래서'가 쓰인 것은 적절하다.

12 ④

보조사는 대개 체언 뒤에 붙지만 동사나 형용사, 부사, 문장 뒤에 붙기도 한다. 또한 '너머'는 '높이나 경계로 가로막은 사물의 저쪽. 또는 그 공간.'이라는 뜻이므로 '일정한 시기에서 벗어나 지나다.'라는 의미로 쓰일 수 없다. 따라서 ㉣의 '넘어는'은 고칠 필요가 없다.

13 ②

② '금세'는 '금시에'가 줄어든 말로 '지금 바로'의 의미를 갖는 부사이다.

14 ⑤

'시츄킨이 그림을 의뢰하였고, 마티스는 「음악」을 그렸다'의 인간관계이므로 '그래서'가 오는 것이 적절하다. 역접의 접속어인 '하지만'은 어울리지 않는다.

15 ②

문맥의 흐름을 고려하면, 커피 재배 농민들에게 돌아간 몫은 0.5%에 불과하므로 '과연'이 아닌 '겨우'가 적절하다.

① 필요한 문장 성분으로 주어가 생략되어 있으므로, '소비자들에게는'이라는 주어를 추가하는 것이 올바르다.

③ 앞의 문장과의 연결 관계를 고려하였을 때, 뒤의 문장이 '이와 같이'로 시작하므로 앞으로 재배치하고, 앞 문장도 '출발했던 것입니다'로 시작의 의미를 강조하고 있으므로 뒤로 옮겨야 한다.

④ 노동력에 대한 서술어가 호응되어 있지 않으므로, 보기와 같이 '착취하거나'의 서술어를 추가해야 한다.

⑤ ㉤이 속한 문단은 공정무역이 왜 착한 무역인지 설명하고 있는 내용으로, ㉤에서 제시된 공정무역 대상 제품에 대한 설명은 통일성을 해치고 있으므로 삭제한다.

1 ④

설탕 15g으로 10%의 설탕물을 만들었으므로 물의 양을 x라 하면,

$\dfrac{15}{x+15}\times 100 = 10\%$ 에서 $x = 135$

여기에서 설탕물을 끓여 농도가 20%로 되었으므로, 이때의 물의 양을 다시 x라 하면,

$\dfrac{15}{x+15}\times 100 = 20\%$ 에서 $x = 60$

여기에서 물 15g을 더 넣었으므로

$\dfrac{15}{60+15+15}\times 100 = 16.67\%$

약 17%

2 ①

작년의 송전 설비 수리 건수를 x, 배전 설비 수리 건수를 y라고 할 때, $x + y = 238$이 성립한다. 또한 감소 비율이 각각 40%와 10%이므로 올해의 수리 건수는 $0.6x$와 $0.9y$가 되며, 이것의 비율이 $5 : 3$이므로 $0.6x : 0.9y = 5 : 3$이 되어

$1.8x = 4.5y(\rightarrow x = 2.5y)$가 된다.

따라서 두 연립방정식을 계산하면, $3.5y = 238$이 되어 $y = 68$, $x = 170$건임을 알 수 있다. 그러므로 올 해의 송전 설비 수리 건수는 $170 \times 0.6 = 102$건이 된다.

3 ⑤

통화량을 x, 문자메시지를 y라고 하면

A요금제

$\rightarrow (5x + 10y)\times\left(1 - \dfrac{1}{5}\right) = 4x + 8y = 14,000$원

B요금제 $\rightarrow 5,000 + 3x + 15\times(y - 100) = 16,250$원

두 식을 정리해서 풀면

$y = 250$, $x = 3,000$

4 ④

㉠ 갑의 작업량은 $\left(3\times\dfrac{1}{8}\right) + \left(3\times\dfrac{1}{8}\right) = \dfrac{3}{4}$

㉡ 전체 작업량을 1이라 하고 을의 작업량을 x라 하면,

$\dfrac{3}{4} + x = 1$, $\therefore x = \dfrac{1}{4}$

㉢ 을의 작업량이 전체에서 차지하는 비율은

$\dfrac{1}{4}\times 100 = 25\%$

5 ③

㉠ 재작년 기본급은 1,800만 원이고,

㉡ 재작년 성과급은 그 해의 기본급의 1/5이므로 $1,800\times 1/5 = 360$만 원이다.

㉢ 작년 기본급은 재작년보다 20%가 많은 $1,800\times 1.2 = 2,160$만 원이고,

㉣ 작년 성과급은 재작년보다 10%가 줄어든 $360\times 0.9 = 324$만 원이다.

정리하면 재작년의 연봉은 $1,800 + 360 = 2,160$만 원이고, 작년의 연봉은 $2,160 + 324 = 2,484$만 원이다.

따라서 작년 연봉의 인상률은

$\dfrac{2,484 - 2,160}{2,160}\times 100 = 15\%$이다.

6 ③

8개의 좌석에 여학생 4명과 남학생 4명을 배정하는 방법의 수는

여	남	여
남	✕	남
여	남	여

남	여	남
여	✕	남
남	여	남

$8!$

남학생 4명을 모두 이웃하지 않게 배정하는 방법은 위의 그림과 같으므로

$2\cdot 4!\cdot 4!$

$\therefore p = 1 - \dfrac{2\cdot 4!\cdot 4!}{8!} = 1 - \dfrac{1}{35} = \dfrac{34}{35}$

$\therefore 70p = 70\cdot\dfrac{34}{35} = 68$

7 ④

8명을 2명씩 4개조로 나누는 방법의 수는

$$_8C_2 \times {}_6C_2 \times {}_4C_2 \times {}_2C_2 \times \frac{1}{4!} = 105$$

남자 1명과 여자 1명으로 이루어진 조가 2개인 경우는 남자 2명, 여자 2명, 남자 1명과 여자 1명, 남자 1명과 여자 1명으로 조를 나눌 때이므로 그 경우의 수는

$$_4C_2 \times {}_4C_2 \times 2 \times 1 = 72$$

따라서 구하는 확률은

$$\frac{72}{105} = \frac{24}{35}$$

8 ①

처음 두 수의 합이 4인 사건은 $(1, 3)$, $(2, 2)$, $(3, 1)$

이므로 그 확률은 $\frac{3}{6} \times \frac{1}{6} + \frac{2}{6} \times \frac{2}{6} + \frac{1}{6} \times \frac{3}{6} = \frac{5}{18}$

세 번째 수가 홀수일 확률은 $\frac{4}{6} = \frac{2}{3}$ 이므로 구하는

확률은 $\frac{5}{18} \times \frac{2}{3} = \frac{5}{27}$

9 ②

참가한 회원 50명 중에서 임의로 선택한 한 명이 여성인 사건을 A, 경기에서 승리하였을 사건을 B라 하면

$$p = P(B|A) = \frac{P(A \cap B)}{P(A)} = \frac{\frac{9}{50}}{\frac{15}{50}} = \frac{3}{5}$$

$$\therefore 100p = 100 \cdot \frac{3}{5} = 60$$

10 ⑤

버스로 등교한 학생을 선택하는 사건을 A, 지각한 학생을 택하는 사건을 B라 하면

$$P(A) = \frac{3}{5}, \quad P(B|A) = \frac{1}{20},$$

$$P(B|A^C) = \frac{1}{15} \text{ 이므로}$$

$$P(B) = P(A \cap B) + P(A^C \cap B)$$

$$= P(A)P(B|A) + P(A^C)P(B|A^C)$$

$$= \frac{3}{5} \cdot \frac{1}{20} + \frac{2}{5} \cdot \frac{1}{15} = \frac{17}{300}$$

따라서 구하는 확률은

$$P(A|B) = \frac{P(A \cap B)}{P(B)} = \frac{\frac{3}{100}}{\frac{17}{300}} = \frac{9}{17}$$

11 ④

丁 인턴은 甲, 乙, 丙 인턴에게 주고 남은 성과급의 1/2보다 70만 원을 더 받았다고 하였으므로, 전체 성과급에서 甲, 乙, 丙 인턴에게 주고 남은 성과급을 x라고 하면

丁 인턴이 받은 성과급은 $\frac{1}{2}x + 70 = x$ ($\because$ 마지막에

받은 丁 인턴에게 남은 성과급을 모두 주는 것이 되므로), $\therefore x = 140$이다.

丙 인턴은 甲, 乙 인턴에게 주고 남은 성과급의 1/3보다 60만 원을 더 받았다고 하였는데, 여기서 甲, 乙 인턴에게 주고 남은 성과급의 2/3는 丁 인턴이 받은 140만 원 + 丙 인턴이 더 받을 60만 원이 되므로, 丙 인턴이 받은 성과급은 160만 원이다.

乙 인턴은 甲 인턴에게 주고 남은 성과급의 1/2보다 10만 원을 더 받았다고 하였는데, 여기서 甲 인턴에게 주고 남은 성과급의 1/2은 丙, 丁 인턴이 받은 300만 원 + 乙 인턴이 더 받을 10만 원이 되므로, 乙 인턴이 받은 성과급은 320만 원이다.

甲 인턴은 성과급 총액의 1/3보다 20만 원 더 받았다고 하였는데, 여기서 성과급 총액의 2/3은 乙, 丙, 丁 인턴이 받은 620만 원 + 甲 인턴이 더 받을 20만 원이 되므로, 甲 인턴이 받은 성과급은 340만 원이다.

따라서 네 인턴에게 지급된 성과급 총액은 340 + 320 + 160 + 140 = 960만 원이다.

12 ④

④ 1996년 여성 실업률은 전년대비 감소하였으나, 남성 실업률은 전년대비 증가하였다.

13 ②

2018년 채용되는 직무별 사원수를 구하면 사무직 974명, 연구직 513명, 기술직 308명, 고졸사원 205명이다. 기술직 사원의 수는 전년도 대비 감소하며, 연구직 사원은 전년도 대비 313명 증가하며, 2018년의 고졸사원의 수는 2017년보다 감소한다.

14 ②

② 2018년 6월 이스타항공을 이용하여 인천공항에 도착한 여객 수는 82,409명으로 같은 기간 인천공항에 도착한 전체 여객 수의 $\dfrac{82,409}{1,971,675} \times 100 =$ 약 4.2% 이다.

15 ①

부채를 알기 위해서는 자기자본을 알아야 하며, 타인자본이 제시되어 있으므로 자기자본을 알기 위해서는 총 자본을 알아야 한다. 또한 순운전자본비율이 제시되어 있으므로 유동자산, 유동부채를 이용하여 총 자본을 계산해 볼 수 있다. 따라서 이를 계산하여 정리하면 다음과 같은 표로 정리될 수 있다.

(단위 : 억 원, %)

	A기업	B기업	C기업	D기업
유동자산	13	15	22	20
유동부채	10	12	20	16
자기자본	20	15	24	28
총 자본	30	35	36	42
순운전자본비율	10	8.6	5.6	9.5
타인자본	10	20	12	14
부채비율	90	140	84	88
부채	18	21	20	25

따라서 부채가 많은 기업은 D기업 − B기업 − C기업 − A기업의 순이 된다.

16 ③

남성 응답자 500명의 평균 독서량이 8.0권이므로 총 독서량은 $500 \times 8 = 4,000$권이다. 응답자 중 연간 1권도 읽지 않은 사람을 제외한 남성 독서자의 수는 $500 \times (100 - 23.2)\% = 384$명으로 남성 독서자의 연간 독서량은 $\dfrac{4,000}{384} = 10.416 \cdots$, 따라서 10권이다.

17 ④

응답자의 종교 / 후보	불교	개신교	가톨릭	기타	합
A	130	(가)	60	300	(620)
B	260	(100)	30	350	740
C	(195)	(나)	45	300	(670)
D	65	40	15	(50)	(170)
계	650	400	150	1,000	2,200

(가) $620 - 130 - 60 - 300 = 130$

(나) $670 - 195 - 45 - 300 = 130$

또는 (가), (나)의 응답자 수가 같으므로

$\dfrac{400 - 40 - 100}{2} = 130$

18 ③

불량률

	A출판사	B출판사	C출판사
국어교재	10%	4.8%	5.3%
수학교재	6.3%	5.3%	7.1%
영어교재	7.7%	6.3%	5.6%

① 수학교재의 불량률은 C출판사가 가장 높다.

② 국어교재의 불량률은 A출판사가 C출판사의 2배 이하이다.

④ 영어교재의 불량률은 C출판사가 가장 낮다.

⑤ 영어교재의 불량률은 C출판사가 가장 낮다.

19 ④

④ 2009년 학원 교육비 전년대비 증가율은 0.04이고, 2008년 증가율은 0.16이다.

① 교육비 증가율

$$= \frac{\text{해당연도 교육비} - \text{전년도 교육비}}{\text{전년도 교육비}} \times 100$$

2007년 대비 2008년도의 전체 교육비 증가율은 0.13, 2008년 대비 2009년도의 전체 교육비 증가율은 0.09이다. 따라서 전체교육비의 전년대비 증가율이 하락했다.

② 기타 교육비/전체 교육비를 계산해보면 가장 높은 연도는 2010년도이다.

③ 2010년도 중등교육비는 전년도보다 줄었다.

⑤ 2008년도 고등교육비는 정규교육비의 57%이다.

20 ①

A : $20,000,000 + 10(2,000 \times 1,700) = 54,000,000$ 원

D : $35,000,000 + 10(1,000 \times 1,700) = 52,000,000$ 원

따라서 A자동차의 필요경비가 D자동차의 필요경비보다 많다.

21 ③

ⓒ 2017년의 산업부문의 최종에너지 소비량은 115,155 천TOE이므로 전체 최종 에너지 소비량인 193,832 천TOE의 50%인 96,916 천TOE보다 많으므로 50% 이상을 차지한다고 볼 수 있다.

ⓒ 2015~2017년 동안 석유제품 소비량 대비 전력 소비량의 비율은 $\frac{\text{전력}}{\text{석유제품}}$ 으로 계산하면

2015년 $\frac{18.2}{53.3} \times 100 = 34.1\%$,

2016년 $\frac{18.6}{54} \times 100 = 34.4\%$,

2017년 $\frac{19.1}{51.9} \times 100 = 36.8\%$이므로 매년 증가함을 알 수 있다.

㉠ 2015~2017년 동안의 유형별 최종에너지 소비량 비중이므로 전력 소비량의 수치는 알 수 없다.

㉢ 2017년 산업부문과 가정·상업부문에서 $\frac{\text{무연탄}}{\text{유연탄}}$ 을 구하면 산업부문의 경우 $\frac{4,750}{15,317} \times 100 = 31\%$,

가정·상업부문의 경우 $\frac{901}{4,636} \times 100 = 19.4\%$이므로 모두 25% 이하인 것은 아니다.

22 ④

ⓒ 2014년은 전체 임직원 중 20대 이하 임직원이 차지하는 비중이 50% 이하이다.

23 ④

• 갑 = $(145 \times 3) + (72 \times 4) = 723$

• 을 = $(170 \times 3 \times 0.8) + (72 \times 4 \times 1.2) = 753.6$

• 병 = $(110 \times 3) + (60 \times 5 \times 1.2) = 690$

• 정 = $(100 \times 4 \times 0.8) + (45 \times 6) = 590$

• 무 = $(75 \times 5) + (35 \times 6 \times 1.2) = 627$

24 ②

• 보고서 첫 번째 문장에서 2013년 투신자살이 27건으로 철도교통사고 건수의 90%라고 했으므로 총 철도교통사고 건수는 30건이다. 그리고 전년대비 증감이 +4이므로 ㉮는 26이다.

• 보고서 두 번째 문장에서 2013년 철도안전사상사고 1건당 피해자 수는 1명이고, 모두 직원이라고 하였으므로 ㉰는 3이다. 그리고 사고 건수가 8건이므로 전년대비 증감으로 보아 ㉯는 9이다.

• 보고서 세 번째 문장에서 2013년에 규정위반, 급전장애, 신호장애, 차량고장을 제외한 운행장애가 3건이라고 하였으므로 ㉲는 2이다. 그리고 첫 번째 표에서 2013년도 운행장애는 3건이므로 운행장애 원인은 차량탈선과 기타 뿐이다. 따라서 세 번째 표의 신호장애는 0이 되고 전년대비 증감에 따라서 ㉱는 1이다.

25 ③

3/4 분기 성과평가 점수는 $(10 \times 0.4) + (8 \times 0.4) + (10 \times 0.2) = 9.2$로, 성과평가 등급은 A이다. 성과평가 등급이 A이면 직전 분기 차감액의 50%를 가산하여 지급하므로, 2/4 분기 차감액인 20만 원(∵ 2/4 분기 성과평가 등급 C)의 50%를 가산한 110만 원이 성과급으로 지급된다.

1 ③

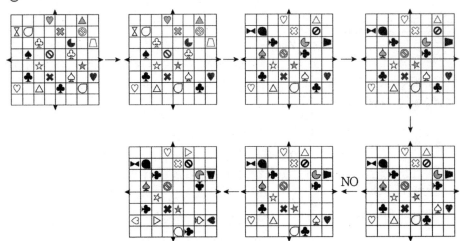

2 ②

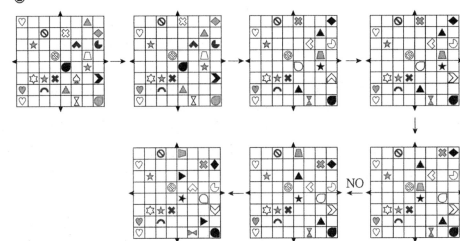

3 ④

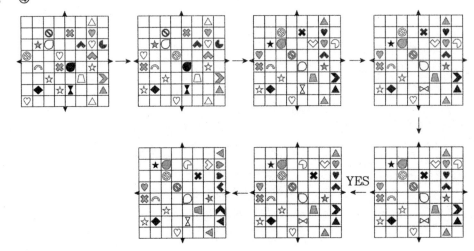

4 ⑤

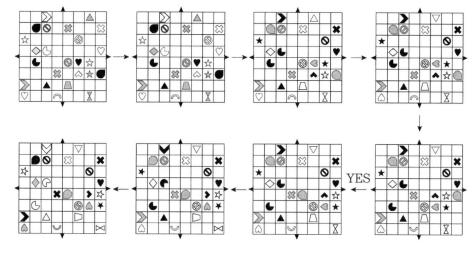

5 ④

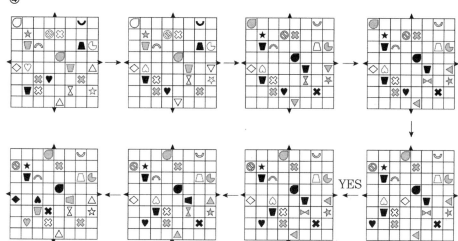

6 ①

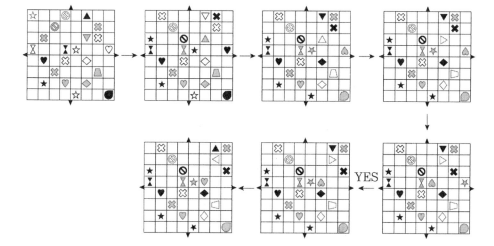

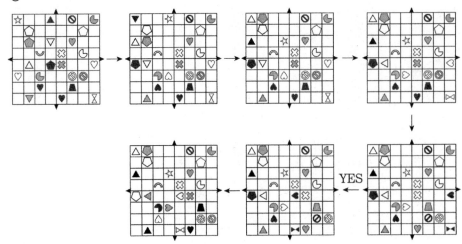

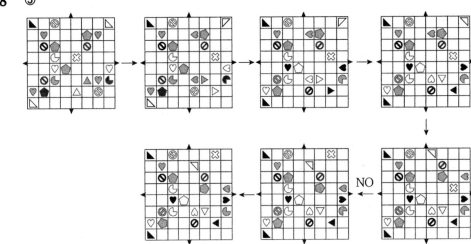

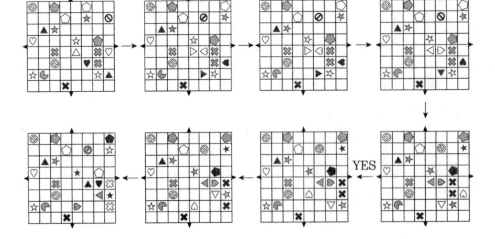

10 ③

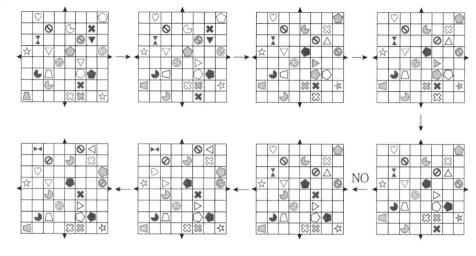

11 ①

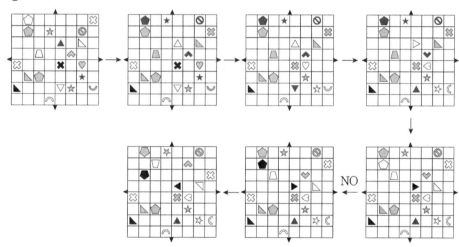

12 ⑤

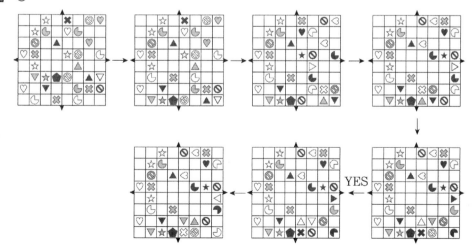

13 ②

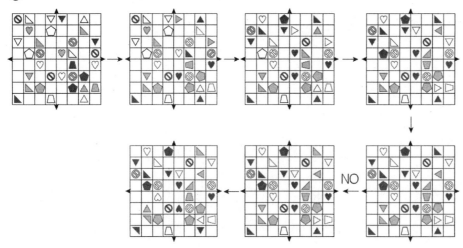

14 ①

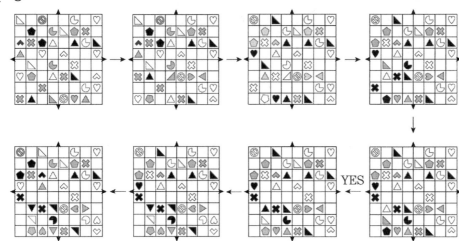

15 ⑤

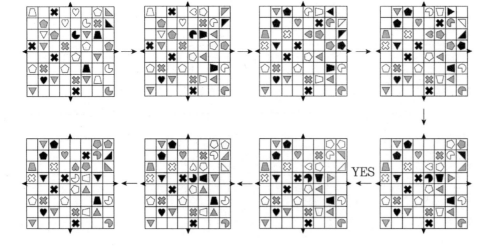

제2회 정답 및 해설

✎ 1교시

1 ⑤

제시된 글은 현재 원화의 강세가 한국의 성장에 피해를 입고 있어 금리는 낮추는 방식으로 원화 평가절하하는 것이 도움이 될 것처럼 보이지만 브라질의 사례처럼 더 안좋은 상황을 가져올 수 있기 때문에 원화의 가치는 낮추는 것이 위험할 수 있다고 말하고 있다.

2 ③

아리스토텔레스는 모든 자연물이 목적을 추구하는 본성을 타고나며, 외적 원인이 아니라 내재적 본성에 따른 운동을 한다는 목적론을 제시하였다. 아리스토텔레스에 따르면 이러한 본성적 운동의 주체는 단순히 목적을 갖는 데 그치는 것이 아니라 목적을 실현할 능력도 타고난다.

3 ④

국내 통화량이 증가하여 유지될 경우 장기에는 자국의 물가도 높아져 장기의 환율은 상승한다.

4 ②

주어진 글은 고령운전자에 대한 운전면허 자진 반납을 유도해야 한다는 내용이 주를 이루고 있으며, 이것은 결국 고령운전자 본인을 포함하여 고령운전자로 인한 교통사고를 최소화하여야 한다는 주장인 것이며, 이를 위해 조례안을 제정해야 한다는 주제를 담고 있다고 할 수 있다. 따라서 정답은 ②이다.

5 ①

(나) 문제의 제기 → (가) 전 지구화의 경향이 환경문제를 더욱 악화시킴 → (다) 그 원인과 책임은 선진국에 있음 → (라) (다)에 대한 부연설명 → (마) (다)와 (라)에 대한 예

6 ①

(가) 지구에 도달하는 태양풍 – (나) 붙잡힌 태양풍을 구성하는 전기를 띤 대전입자들의 이동 – (다) 대전입자들이 지구의 양쪽 자기극으로 하강 – (라) 하강한 대전입자가 대기와 충돌

7 ②

(나) 조선시대의 전통적인 전술 장병 – (다) 장병의 특징 – (라) 일본의 전술 단병 – (가) 전술상의 차이로 인한 조선의 전력

8 ⑤

(다) 동맹의 종류 제시 – (나) 방위조약에 대한 설명 – (라) 중립조약에 대한 설명 – (가) 협상에 대한 설명

9 ⑤

① 데이비드 레이는 1970년대 이후 낙후한 구도심으로 되돌아오고 있는 중 · 상류층의 사회문화적 특성, 소비성향에 주목한다.
② 데이비드 레이는 여피(yuppie)로도 불리는 이들 신흥 중산층은 목가적인 전원생활을 선호하며 근검절약을 강조했던 아버지 세대와 달리, 편리함과 문화적 다양성을 갖춘 도시 생활을 선호하고 여가를 중시하며 각자의 개성을 반영한 감각적이고 심미적인 소비생활을 즐기는 성향을 가지고 있다고 설명한다.
③ 레이는 젠트리피케이션의 원인을 사람에게서 찾았다. 후기 산업사회의 주역으로 떠오른 베이비부머 신흥 중산층이 도심에서 살기를 원하고 그곳으로 회귀하면서 발생하는 게 젠트리피케이션 현상이란 설명이다.
④ 1세대 젠트리피케이션은 1973년 경기 침체 전, 정부 주도하에 쇠퇴한 도심을 재개발하면서 진행되었다고 말하고 있다.

10 ④

① 코 점막 내의 돌기는 알레르기성 비염 환자에게 관찰된다.

② 비염은 면역력의 문제, 체열 불균형의 문제, 장부의 문제, 독소의 문제가 복합적으로 얽혀서 코 점막의 비염 증상으로 표출되는 복합질환이다.

③ 열성 비염은 뇌 과열과 소화기의 열이 주된 원인으로 발생한다.

⑤ 코감기는 알레르기성 비염과 증상이 비슷해 많은 이들이 헷갈려 하지만, 치료법이 다르기 때문에 정확하게 구분하는 것이 중요하다.

11 ③

㉠ "옆에 범인이 있다."고 진술한 경우를 ○, "옆에 범인이 없다."고 진술한 경우를 ×라고 하면

1	2	3	4	5	6	7	8	9
○	×	×	○	×	○	○	○	×
							시민	

• 9번이 범인이라고 가정하면,
9번은 "옆에 범인이 없다."고 진술하였으므로 8번과 1번 중에 범인이 있어야 한다. 그러나 8번이 시민이므로 1번이 범인이 된다. 1번은 "옆에 범인이 있다."라고 진술하였으므로 2번과 9번에 범인이 없어야 한다. 그러나 9번이 범인이므로 모순이 되어 9번은 범인일 수 없다.

• 9번이 시민이라고 가정하면,
9번은 "옆에 범인이 없다."라고 진술하였으므로 1번도 시민이 된다. 1번은 "옆에 범인이 있다."라고 진술하였으므로 2번은 범인이 된다. 2번은 "옆에 범인이 없다."라고 진술하였으므로 3번도 범인이 된다. 8번은 시민인데 "옆에 범인이 있다."라고 진술하였으므로 9번은 시민이므로 7번은 범인이 된다. 그러므로 범인은 2, 3, 7번이고 나머지는 모두 시민이 된다.

㉡ 모두가 "옆에 범인이 있다."라고 진술하면 시민 2명, 범인 1명의 순으로 반복해서 배치되므로 옳은 설명이다.

㉢ 다음과 같은 경우가 있음으로 틀린 설명이다.

1	2	3	4	5	6	7	8	9
○	○	○	○	○	○	○	×	○
범인	시민	시민	범인	시민	범인	시민	시민	시민

12 ④

이런 유형은 문제에서 제시한 상황, 즉 1명이 당직을 서는 상황을 각각 설정하여 1명만 진실이 되고 3명은 거짓말이 되는 경우를 확인하는 방식의 풀이가 유용하다. 각각의 경우, 다음과 같은 논리가 성립한다.

고 대리가 당직을 선다면, 진실을 말한 사람은 윤 대리와 염 사원이 된다.

윤 대리가 당직을 선다면, 진실을 말한 사람은 고 대리, 염 사원, 서 사원이 된다.

염 사원이 당직을 선다면, 진실을 말한 사람은 윤 대리가 된다.

서 사원이 당직을 선다면, 진실을 말한 사람은 윤 대리와 염 사원이 된다.

따라서 진실을 말한 사람이 1명이 되는 경우는 염 사원이 당직을 서고 윤 대리가 진실을 말하는 경우가 된다.

13 ③

주어진 조건에 의해 가장 먼 거리에 있는 네 군데 끝자리에는 양 사원, 나 대리, 오 대리, 김 사원이 앉게 되며, 최 대리 – 박 사원 – 나 대리 세 명의 자리가 확정된 조건임을 알 수 있다. 따라서 다음의 두 가지 경우의 수가 생길 수 있다.

김 사원 (오 대리)	최 대리	박 사원	나 대리
양 사원	A	B	오 대리 (김 사원)

양 사원	A	B	오 대리 (김 사원)
김 사원 (오 대리)	최 대리	박 사원	나 대리

두 가지 경우 모두 A, B에 임 대리와 민 사원이 앉게 되므로 각 라인 당 2명이 같은 라인으로 이동한 것이 된다. 또한 8명 모두 자리를 이동하였다고 했으므로 두 가지 경우 모두 A, B 자리는 각각 임 대리와 민 사원의 자리가 되어야 한다.

따라서 '임 대리는 최 대리와 마주보고 앉게 된다.'가 올바른 설명이 된다.

① 양 사원의 옆 자리에는 임 대리가 앉게 된다.

② 김 사원의 옆 자리에는 민 사원 또는 최 대리가 앉게 된다.

④ 민 사원은 어떤 경우에도 박 사원과 마주보고 앉게 된다.

⑤ 양 사원과 나 대리의 자리, 오 대리와 김 사원의 자리는 각각 가장 멀리 떨어진 자리인 대각선 끝자리에 위치되기 때문에 최 대리는 맨 끝자리에 앉을 수 없다.

14 ③

乙의 진술이 거짓이라면 乙이 지원한 동아리는 한 곳이라는 것을 알 수 있지만 그 곳이 어느 동아리인지는 알 수 없다.

15 ②

첫 번째 명제와 세 번째 명제를 연결하면 '커피를 산 사람은 차와 견과류를 샀다'가 된다. 이 문장의 대우 명제인 '차와 견과류를 사지 않은 사람은 커피를 사지 않았다'가 되므로 이 역시 항상 참이다.

16 ③

③ 비교우위에 의한 자유무역의 이득은 한 나라 내의 모든 경제주체가 혜택을 본다는 것을 뜻하지 않는다. 자유무역의 결과 어느 나라가 특정 재화를 수입하게 되면, 소비자는 보다 싼 가격으로 이 재화를 사용할 수 있게 되므로 이득을 보지만 이 재화의 국내 생산자는 손실을 입게 된다.

① 동일한 종류의 재화라 하더라도 나라마다 독특한 특색이 있게 마련이다. 따라서 자유무역은 각국 소비자들에게 다양한 소비 기회를 제공한다.

② 어느 나라가 비교우위가 있는 재화를 수출하게 되면 이 재화의 생산량은 세계시장을 상대로 크게 늘어난다. 이 경우 규모의 경제를 통해 생산비를 절감할 수 있게 된다.

④ 독과점의 폐해를 방지하려면 진입장벽을 없애 경쟁을 촉진하여야 한다. 따라서 자유무역은 경쟁을 활성화하여 경제 전체의 후생 수준을 높일 수 있다.

⑤ 자유무역은 나라간의 기술 이동이나 아이디어의 전파를 용이하게 하여 각국의 기술 개발을 촉진해 주는 긍정적인 파급 효과를 발휘하기도 한다.

17 ①

주어진 글은 직감이란 쉽게 설명할 수 없다는 것을 제시하면서 글을 시작한다. 매클린턱은 문제의 답이 떠오르는 경우 답이 도출되는 과정을 알고는 있지만 말로 설명하기 어렵다고 하며 아인슈타인 역시 사고 과정에서 언어가 아무런 역할을 하지 못한다고 말하고 있다. 이를 통해 직관이 떠오르는 과정에서 언어가 중요한 역할을 하지 않는다는 것을 알 수 있다.

18 ③

㉠ 남1의 발언에는 두 명의 성인 남녀라는 조건만 있을 뿐 민족과 국적에 대한 언급은 없다. 따라서 민족과 국적이 서로 다른 두 성인 남녀가 결혼하여 자녀를 입양한 가정은 가족으로 인정할 수 있다.

㉡ 여1은 동성 간의 결합을 가족으로 인정하고 지지할 수 있지만, 남2는 핵가족 구조를 전통적인 성역할에 기초한다고 보기 때문에 동성 간의 결합을 가족으로 인정하고 지지하지 않을 것이다.

㉢ 남2는 여성의 경제활동 참여율 증가를 전통적인 가족 기능의 위기를 가져오는 심각한 사회문제로 보고 있다. 따라서 여성의 경제활동 참여를 지원하는 아동보육시설의 확대정책보다는 아동을 돌보는 어머니에게 매월 일정액을 지급하는 아동수당 정책을 더 선호할 것이다.

㉣ 여2는 남성 혼자서 가족을 부양하기 어려운 현실을 지적하며 남녀 모두 경제활동에 참여할 수 있도록 지원하는 국가의 정책이 필요하다고 보는 입장이다. 따라서 여성 직장인이 휴직을 해야 하는 육아휴직 확대정책보다는 여성의 경제활동이 유지될 수 있도록 육아도우미의 가정파견을 전액 지원하는 국가정책을 더 선호할 것이다.

19 ①

① 경제력이 어느 정도의 행복을 높여주는 요소이기는 하지만 이를 지속적으로 증진시키는 것은 아니며, 사회 전체의 소득 수준이 높아진다고 해서 행복이 비례적으로 높아지는 것은 아니다. 따라서 ①이 적절하다.

20 ②

② 은행의 종류와 역할에 대한 설명을 통해 독자에게 새로운 정보를 제공하고 있다.

21 ②

㉠의 이전 문장을 보면 알 수 있는데, "언론의 자유와 공정한 형사절차를 조화시키면서 범죄 보도를 제한할 수 있는 방법을 모색하였다. 그리하여 셰퍼드 사건에서 제시된 수단과 함께 형사 재판의 비공개, 형사소송 관계인의 언론에 대한 정보제공금지 등이 시행되었다."에서 볼 수 있듯이 ②의 경우에는 예단 방지를 위한 것이다. 하지만, 예단 방지 수단들에 대한 실효성이 떨어진다는 것은 알 수가 없다.

22 ③

③ 실시간 감시가 가능한 사업장은 대형 사업장이며, 주어진 글에서는 실시간 감시가 어려운 중소 사업장 수가 증가한다는 설명은 있지만 실시간 감시가 가능한 대형 사업장의 수가 감소하는 것은 나타나 있지 않다.

① 가축의 분뇨 배출은 초미세먼지의 주 원인 중 하나인 암모니아 배출량을 증가시켜 초미세먼지의 발생을 유발할 수 있다.

② 약 330만 대의 1/4 즉, 약 80만 대 이상이 'Euro3' 수준의 초미세먼지를 배출하고 있다.

④ 이른 봄은 가축 분뇨에 의한 암모니아 배출량이 많아지는 시기이다.

⑤ 온습도, 강우 등 기상조건의 영향으로 암모니아 배출량이 달라지므로 올바른 설명이 된다.

23 ④

④ 공급자 중심의 사고가 지배했던 과거에는 생산을 중심으로 정보가 관리되었지만, 인터넷의 등장 이후 소비자가 상품에 대한 정보를 이전보다 더 많이 가질 수 있게 되면서 소비자를 이해하는 방향으로 기업이 변화하고 있다는 것을 알 수 있다.

24 ⑤

⑤ 환율이 오르면 수입업체들이 수입 대금을 지불하기 위해 사용하는 원화가 많아지기 때문에 수입 단가가 올라가게 된다.

25 ②

셋째 문단에 "숙련 노동자에 대한 수요의 증가율, 곧 증가 속도는 20세기 내내 일정하게 유지된 반면"에서 보면 알 수 있듯이 20세기 내내 숙련노동자가 선호되고 있었음을 알 수 있다.

1 ④

㈑ 문제 제기

㈏ 알려지지 않은 것을 알려진 것으로 환원함으로써 얻는 이점

㈎ 이미 알려진 것, 체험된 것, 기억에 각인된 것을 원인으로 설정하는 이유

㈐ 특정 유형의 설명이 우리의 사고방식을 지배

2 ③

㈑ : 우리의 생각과 판단이 언어에 의해 결정된다는 언어결정론자들의 주장

㈏ : 언어결정론자들의 주장을 뒷받침하는 사례

㈎ : ㈏에 대한 반박

㈐ : 우리의 생각과 판단은 경험에 의해 결정된다고 보는 것이 옳다는 화자의 주장(결론)

3 ③

㈐ : 귀납에 대한 흄과 라이헨바흐의 주장

㈏ : 라이헨바흐의 논증 1 – 자연이 한결같을 때 귀납의 우월성

㈎ : 라이헨바흐의 논증 2 – 자연이 한결같지 않을 때에 대한 가정

㈑ : ㈎에 대한 부연 – 자연이 한결같지 않을 경우 귀납이든 대안 방법이든 모두 신뢰할 만하지 않음

㈒ : 라이헨바흐가 귀납에 대해 궁극적으로 주장하는 내용(귀납이 신뢰할 만한 것으로 드러나든 그렇지 않든 지식을 확장하는 최선의 추론 방법임)

4 ②

㈎ : 키르케의 변신 형벌로 본 비동일성의 고통

㈏ : 루카치가 보는 현대 사회에서 인간 존재의 모습 1 – 상품이 되었으면서도 인간이라는 것을 기억하는 존재

㈑ : ㈏에서 언급한 존재에 대한 부연

㈒ : 루카치가 보는 현대 사회에서 인간 존재의 모습 2 – 망각의 전략을 선택하는 존재

㈐ : ㈒에서 언급한 존재에 대한 부연과 사례

5 ①

㈎ : 러시아어를 전혀 모르는 사람이 의사소통을 위해 그림책을 준비

㈏ : 그림을 보여줌으로써 의사소통을 할 때 발생할 수 있는 문제

㈐ : ㈏에서 언급한 곤란한 상황을 극복하기 위한 대안과 그 효과(효과 없음)

㈑ : 그림을 보여주는 것으로는 정확한 의미 전달이 어려움을 의문을 통해 주장

6 ②

본론 1에서 도덕 불감증의 원인과 도덕 불감증으로 인한 문제점을 파악하고 본론 2에서 도덕 불감증 치유 방안을 강구하고 있으므로 제목과 결론은 ②가 가장 적절하다.

7 ⑤

월드컵 개최로 국가 발전을 이룬 나라와 이루지 못한 나라의 선례를 바탕으로 얻은 타산지석의 교훈은 '결론–나'의 내용과 연결될 수 있다. 따라서 결론의 첫머리에 오는 것이 적절하다.

8 ②

② '핵겨울'은 핵전쟁 발생 시 나타날 것으로 예상되는 지구 냉각 효과로 ㉠에 들어가기 적절하다. 본론에서 핵전쟁의 위험성과 핵전쟁 방지를 위한 노력을 짚어 보았으므로, 결론으로 핵전쟁의 위험성을 다시 한 번 환기하고 핵전쟁 방지를 위해 노력해야 한다는 내용이 와야 한다.

9 ⑤

⑤ 글의 주제가 대중매체가 청소년에게 미치는 영향이므로, 대중매체가 청소년뿐 아니라 사회 전반에 영향을 미치는 점을 강조하여 결론을 내리는 것은 적절하지 않다.

10 ②

'관객과 무대와의 관계'에 활용할 글감이므로 무대를 대하는 관객의 자세나 마음가짐 등에 대해 언급하고 있는 내용이어야 한다.

11 ⑤

⑤ '따라서', '그러므로' 등 인과 관계 접속어로 고치는 것이 자연스럽다.

12 ③

③ 주어가 '모든 일'이므로 호응 관계를 고려한다면 '진행됩니다'로 고쳐야 한다.

13 ①

'나'는 아저씨가 아기를 데리고 화장실로 갈 것이라고 예상했지만, 아저씨는 그 자리에서 기저귀를 갈기 시작했다. 따라서 역접의 접속사가 오는 것이 적절하다. '한편'은 화제를 전환할 때 사용하는 전환 관계 접속부사이다.

14 ⑤

'하게체'는 보통으로 낮추면서 약간 대우하여 주는 예사 낮춤의 종결형으로, 어느 정도 나이가 든 화자가 나이가 든 손아랫사람이나 같은 연배의 친숙한 사이에 쓴다.

15 ③

1시간이나 일찍 회사에 오는 것이 가능할까 걱정이 되었지만, 1시간 일찍 도착하려고 노력하면 아무리 늦어도 지각은 안 할 수 있을 것 같다는 생각이 들어 아침 운동을 하기로 했다는 내용이 이어지므로 '그런데'는 적절하게 사용되었다.

✏ **3교시**

1 ②

1차 캠페인에 참여한 1~3년차 직원 수를 x라고 할 때, 1년차 직원 수를 기준으로 식을 세우면

$$\frac{23}{100} \times x + 20 = (x + 20) \times \frac{30}{100}$$

$$23x + 2,000 = 30x + 600$$

$$7x = 1,400, \ x = 200$$

따라서 1차 캠페인에 참여한 1~3년차 직원은 200명이다.

2 ④

그룹의 직원 수를 x명이라고 할 때,

$$x \times 500,000 \times (1 - 0.12) > 50 \times 500,000 \times (1 - 0.2)$$

$$x > \frac{40}{0.88} = 45.4545 \cdots$$

따라서 46명 이상일 때 50명의 단체로 입장하는 것이 유리하다.

3 ②

처음 퍼낸 설탕물의 양을 xg이라고 하면, 4% 설탕물의 양은 $400 - (300 - x) + x = 100(g)$

(설탕의 양)＝(농도)×(설탕물의 양)이므로 식을 세우면,

$$\frac{8}{100} \times (300 - x) + \frac{4}{100} \times 100 = \frac{6}{100} \times 400$$
$$8x = 400(g)$$
$$x = 50(g)$$

따라서 처음 퍼낸 설탕물의 양은 $50g$이므로 여기에 들어 있는 설탕의 양은

$$\frac{8}{100} \times 50 = \frac{400}{100} = 4(g)$$

4 ④

의자수를 x라고 하면, 사람 수는 $8x + 5$와 $10(x - 2) + 7$으로 나타낼 수 있다.

두 식을 연립하여 풀면

$$8x + 5 = 10(x - 2) + 7, \ x = 9$$

따라서 의자의 개수는 9개이다.

5 ②

투표하지 않은 사람 : x

$x + (x + 25) = 99$ $\therefore$ $x = 37$(명)

투표한 사람 : $37 + 25 = 62$(명)

B후보를 찍은 사람 : y

$y + (y + 10) = 62$ $\therefore$ $y = 26$(명)

$\therefore$ A후보를 찍은 사람은 $10 + 26 = 36$(명)

6 ③

갑이 뽑은 두 장의 카드에 적힌 수의 곱이 을이 뽑은 카드에 적힌 수보다 작은 경우는 갑이 1, 2를 뽑고 을이 3 또는 4를 뽑는 경우와 갑이 1, 3을 뽑고 을이 4를 뽑는 경우의 세 가지 경우 밖에 없으므로 구하는 확률은 $\dfrac{3}{{}_4\mathrm{C}_2 \times {}_2\mathrm{C}_1} = \dfrac{1}{4}$

7 ③

A를 먹은 사람이 50명이고 이때 식중독에 걸린 사람은 22명이므로 $p_1 = \dfrac{22}{50}$

A를 먹지 않은 사람이 250명이고 이때 식중독에 걸린 사람은 24명이므로 $p_2 = \dfrac{24}{250}$

$\therefore$ $\dfrac{p_1}{p_2} = \dfrac{22}{50} \times \dfrac{250}{24} = \dfrac{55}{12}$

8 ③

남자 승객 2명이 A구역에 배정되는 경우의 수는 $2!$ 가지이고 남아 있는 B구역과 C구역의 좌석에 여자 승객들을 각각 배치하는 경우의 수는 $2!$이다. 따라서 남자 승객 2명이 모두 A구역에 배정될 경우의 수는

$\rightarrow 2! \times 2! = 4$

4명을 4개의 좌석에 임의로 배정하는 경우의 수는

$\rightarrow 4! = 24$ 이므로 $p = \dfrac{4}{24} = \dfrac{1}{6}$

$\therefore$ $120p = 120 \times \dfrac{1}{6} = 20$

9 ①

철수가 받은 전자우편이 '여행'이라는 단어를 포함하는 사건을 A, 광고인 사건을 B라고 하면

$\mathrm{P}(B) = \mathrm{P}(A \cap B) + \mathrm{P}(A^C \cap B)$
$= 0.1 \times 0.5 + 0.9 \times 0.2 = 0.23$

따라서 구하는 확률은

$\mathrm{P}(A \,|\, B) = \dfrac{\mathrm{P}(A \cap B)}{\mathrm{P}(B)} = \dfrac{0.1 \times 0.5}{0.23} = \dfrac{5}{23}$

10 ②

남학생을 선택하는 사건을 A, 여학생을 선택하는 사건을 B, 자격증 K를 가지고 있는 학생을 선택하는 사건을 C라고 하면

$\mathrm{P}(A) = \dfrac{2}{5}$, $\mathrm{P}(B) = \dfrac{3}{5}$, $\mathrm{P}(C) = \dfrac{7}{10}$

$\mathrm{P}(A \cap C) = \dfrac{1}{5}$이므로

$\mathrm{P}(A) = \mathrm{P}(A \cap C) + \mathrm{P}(A \cap C^C)$

$\dfrac{2}{5} = \dfrac{1}{5} + \mathrm{P}(A \cap C^C)$ $\therefore$ $\mathrm{P}(A \cap C^C) = \dfrac{1}{5}$

따라서 $\mathrm{P}(C^C) = 1 - \mathrm{P}(C) = \dfrac{3}{10}$이므로

$\mathrm{P}(C^C) = \mathrm{P}(A \cap C^C) + \mathrm{P}(B \cap C^C)$

$\dfrac{3}{10} = \dfrac{1}{5} + \mathrm{P}(B \cap C^C)$

$\therefore$ $\mathrm{P}(B \cap C^C) = \dfrac{1}{10}$

$\therefore$ $\mathrm{P}(B \,|\, C^C) = \dfrac{\mathrm{P}(B \cap C^C)}{\mathrm{P}(C^C)} = \dfrac{\dfrac{1}{10}}{\dfrac{3}{10}} = \dfrac{1}{3}$

11 ①

수계별로 연도별 증감 추이는 다음과 같다.

• 한강수계 : 감소 – 감소 – 감소 – 감소

• 낙동강수계 : 증가 – 감소 – 감소 – 감소

• 금강수계 : 증가 – 증가 – 감소 – 감소

• 영·섬강수계 : 증가 – 감소 – 감소 – 감소

따라서 낙동강수계와 영·섬강수계의 증감 추이가 동일함을 알 수 있다.

12 ③

9~12시 사이에 출국장 1/2를 이용한 사람 수는 2,176명으로 이날 오전 출국장 1/2를 이용한 사람 수의 50% 이하이다.

13 ③

주어진 표는 2017년 및 2018년 상반기 동기간 동안의 5대 범죄 발생을 분석한 것이다. 약간의 차이는 있으나 전반적으로 보면 2017년에는 1,211건, 이에 대비 2018년에는 발생 범죄가 934건으로 감소됨을 알 수 있다. 그러므로 범죄다발지역에 대해 치안 담당자들이 해당 지역에 대한 정보를 공유하여 범죄의 발생 및 검거에 치안역량을 집중했음을 알 수 있다.

14 ⑤

선입선출법을 사용하여 먼저 매입한 자재를 먼저 출고하는 방식으로 계산하면 아래와 같다.

- 5월 15일 60개 출고 $= 50 \times 100 + 10 \times 120 = ₩\ 6,200$
- 5월 24일 70개 출고 $= 40 \times 120 + 30 \times 140 = ₩\ 9,000$
- 5월 출고 재료비 $= ₩ 15,200$

15 ②

① 페이스북을 이용하거나 태블릿PC를 사용하는 사원은 김하나, 정민지, 박진숙 3명이다.

③ 취미로 SNS를 활용하는 사원인 박진숙, 한아름의 기기구입비는 440,000+580,000=1,020,000원이다.

④ 2013년에 SNS를 가입하거나 블로그를 이용하는 사원은 김하나, 윤동진, 이정미, 한아름 4명이다.

⑤ 블로그를 이용하는 사원도 2명 취미로 SNS를 이용하는 사원도 2명이므로 더 많다고 볼수 없다.

16 ④

④ $\dfrac{392,222}{1,288,847} \times 100 = 30.43\%$

따라서 30%를 초과한다.

17 ④

④ 1980년까지는 초등학교 졸업자인 범죄자의 비중이 가장 컸으나 이후부터는 고등학교 졸업자인 범죄자의 비중이 가장 크게 나타나고 있음을 알 수 있다.

① 1985년 이후부터는 중학교 졸업자와 고등학교 졸업자인 범죄자 비중이 매 시기 50%를 넘고 있다.

② 해당 시기의 전체 범죄자의 수가 증가하여, 초등학교 졸업자인 범죄자의 비중은 낮아졌으나 그 수는 지속 증가하였다.

③ 해당 시기의 전체 범죄자의 수가 증가하여, 비중은 약 3배가 조금 못 되게 증가하였으나 그 수는 55,711명에서 251,765명으로 약 4.5배 이상 증가하였다.

⑤ 1980년 범죄자수는 491,699명, 1985년 범죄자수는 462,199로 감소했으므로 매 시기 지속적으로 증가했다고 할 수 없다.

18 ②

- (가), (나)는 각각 834, 755이다.
- ㉢으로 보아 제주공항은 C이다.
- ㉠에 적용해보면 (김포공항 여행객+1820)>3076이기에, 김포공항 여행객>1256이다. 따라서 김포공항은 A이다.
- ㉣으로 보아 김해공항의 여행객은≥774이기 때문에 김해공항은 B이다.
- ㉤로 보아 대구공항은 E이다.
- 마지막으로 남은 D는 청주공항이다.

19 ⑤

㉠ (가) : 774, (나) : 737

㉡ E지방법원의 실질출석률=약 66%, C지방법원의 실질출석률=약 55%

㉢ D지방법원의 출석률=약 30%

㉣ A~E지방법원 전체 소환인원에서 A지방법원의 소환인원이 차지하는 비율=약 38%

20 ④

㉡ 2010년에 우리나라의 전체 혼인 건수가 30만 건이 넘고 그중 10.5%가 외국인과의 혼인이므로, 2010년에 외국인과의 혼인 건수는 3만 건을 넘는다.

ⓔ 연도순으로 보면, 여성이 외국인인 혼인의 비중은 9.8%, 8.0%, 4.9%이다. 반면, 남성이 외국인인 혼인의 비중은 3.7%, 2.5%, 2.1%이다.

21 ③

기타(무직 등)의 경우, $(29,323-26,475)\div26,475\times100=10.8\%$로 가장 높은 증가율을 보이는 종사상 지위임을 알 수 있다.

① 임시·일용근로자의 평균 가구당 순자산 보유액을 통하여 이들의 연령대를 파악할 수는 없다.

② 50대는 $39,419-37,026=2,393$만 원 증가한 반면, 40대는 이보다 큰 $34,426-31,246=3,180$만 원이 증가하였다.

④ $(34,042-31,572)\div31,572\times100=7.8\%$가 되어 10%를 넘지 않는다.

⑤ 전체 순자산 보유액, 자영업자 전체의 순자산 보유액 등의 자료가 제시되어 있지 않으므로 알 수 없는 내용이다. 주어진 자료는 평균 순자산 보유액을 나타내고 있으며, 해당 종사자가 몇 명인지를 알 수는 없다.

22 ②

금융보험업의 경우는 $52\div327\times100=15.9\%$이며, 전기가스업은 $9\div59\times100=15.3\%$이다.

① 각 업종의 기업이 어떤 분야의 4차 산업 기술을 활용하고 있는지를 알 근거는 없다.

③ 1,014개로 제시되어 있으며, 1,993개와의 차이는 복수응답에 의한 차이이다.

④ 5G 모바일, 빅데이터, 클라우드이다.

⑤ 부동산업이 $3\div246\times100=1.2\%$로 가장 낮은 비중을 보이며, 운수·창고업은 $22\div715\times100=3.1\%$이다.

23 ①

• A가 지급받는 탄소포인트 $=0+2,500+5,000=7,500$

• B가 지급받는 탄소포인트 $=10,000+2,500+5,000=17,500$

• C가 지급받는 탄소포인트 $=10,000+1,250+5,000=16,250$

• D가 지급받는 탄소포인트 $=5,000+2,500+2,500=10,000$

24 ①

• 지출 내역은 창호 40만 원, 영숙 120만 원, 기오 56만 원이고, 총 216만 원이다.

• 각자가 동일하게 분담해야 하므로 216/4＝54, 각자 54만 원씩 부담해야 한다.

• 준희는 무조건 54만 원을 부담해야 하므로 (A)는 54만 원이다.

• 기오는 이미 56만 원을 부담했으므로 창호에게 2만 원을 받으면 54만 원을 부담한 것이 된다. 즉, (B)는 2만 원이다.

• 창호는 이미 40만 원을 부담했고, 기오에게 2만 원을 더 줬기 때문에 42만 원을 부담했다. 그러므로 54만 원이 되려면 12만 원을 영숙이에게 전달해야 한다. 그러면 영숙이도 총 54만 원을 부담하게 되어 모두가 동일한 금액을 부담하게 된다. 즉, (C)는 12만 원이다.

25 ④

ⓛ 2015년에 0~14세 인구 대비 65세 이상 인구의 비율은 A국은 162.5%, B국은 75%, C국은 422.2%로 C국이 가장 높다.

ⓔ 1980년 대비 15~64세 인구 비율이 A국, C국은 감소하였고 B국은 변함없다. 반면, 65세 이상 인구 비율은 A~C국 모두 높아진 것으로 보아 A~C국의 노년 부양비가 모두 증가했음을 알 수 있다.

1 ②

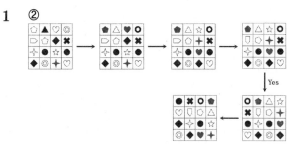

2 ④

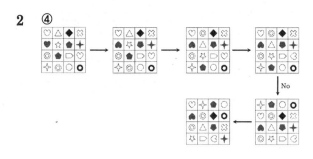

3 ⑤

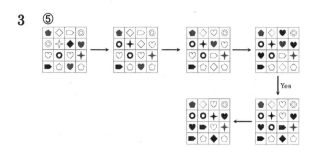

4 ①

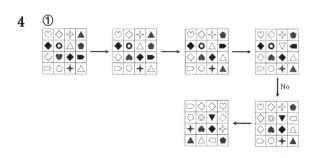

5 ③

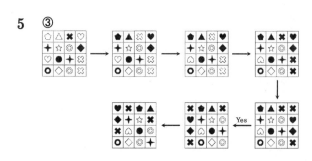

6 ②

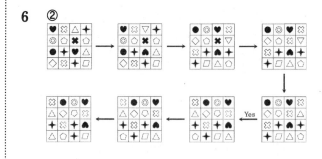

7 ④

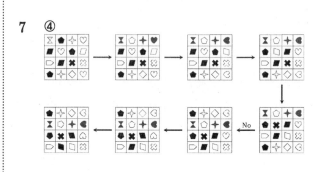

8 ③

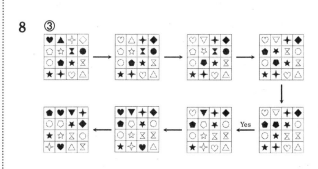

9 ①

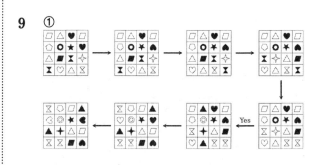

10 ④

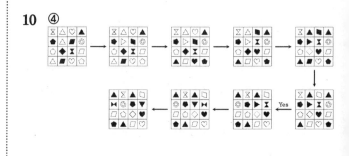

11 ①

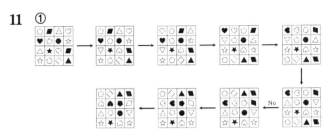

12 ②

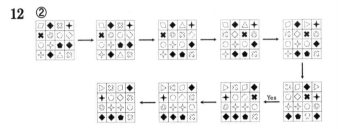

13 ⑤

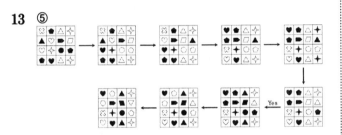

14 ③

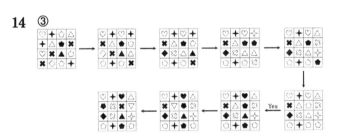

15 ①

제3회 정답 및 해설

✎ 1교시

1 ⑤

⑤ 이 글은 전체적으로 실학에 대한 상식적 정의, 즉 실학의 진보적이고 근대적인 측면만을 강조하는 획일적 시각에 문제가 있음을 지적하고 있다. 또한 이 글의 마지막 문단에서 실학이 복합적인 요인과 다양한 학자들이 만들어 낸 스펙트럼임을 언급한 후, 각 사상가들의 주장에 대한 면밀한 고찰이 필요함을 강조하고 있다.

2 ⑤

⑤ 신명 자체가 제액이나 살을 막아 주거나 삶을 평화롭게 유지해 주는 힘을 지니고 있는 것은 아니다.

3 ②

② 수출과 내수 간 양극화 현상은 다양한 양극화 현상과 함께 선진국 진입의 걸림돌로 작용하는 요소이다.

4 ⑤

⑤ 3문단을 보면, DNA 중합 효소는 고온에서 제 역할을 하지 못한다고 제시되어 있으므로 DNA 중합 효소는 주변의 온도에 따라 활성 상태가 변한다고 할 수 있다. 이러한 이유 때문에 사이키는 온천에서도 생존하는 세균에서 Taq DNA 중합 효소를 발견하였다.

5 ④

㈑ 유명인 모델이 한 상품의 광고에만 지속적으로 나올 경우의 장점에 대해 말하고 있으므로 첫 문장의 다음에 바로 이어지는 것이 적절하다.
㈐ ㈑에 대한 부가적인 설명이다.
㈎ ㈑와 반대되는 사례를 들고 있다.

㈐ '하지만'이 나오는 것으로 보아, 앞의 내용에 대한 부정적인 내용이 온다는 것을 알 수 있다. 모델의 중복 출연에 대한 단점에 대한 내용이므로 ㈎의 뒤에 오게 된다.
㈏ 전체적인 결론에 대한 내용이다.

6 ④

㈐ 기후 변화의 원인(태양의 활동) – ㈒ 태양의 활동이 기후변화에 막대한 영향을 미침 – ㈏ 태양의 활동에 따라 지구의 기온이 상승하거나 하강함 – ㈎ 태양은 온실가스의 원인 – ㈑ 태양의 거시적 주기를 따르는 지구의 대기온도

7 ②

ⓛ 가격 차별이 성립하기 위한 첫 번째 조건 – ⓒ ⓛ에서 언급된 시장 지배력에 관한 설명 – ⓐ 가격 차별이 성립하기 위한 두 번째 조건 – ⓜ 가격 차별이 성립하기 위한 세 번째 조건 – ⓔ 시장 간에 상품의 재판매가 불가능해야 하는 이유

8 ④

ⓒ 현재화와 현전화의 비교 – ⓔ 현전화의 종류(회상) – ⓐ 현전화의 종류(기대) – ⓜ 현재화를 기반으로 일어나는 현전화 – ⓛ 현재화와 현전화의 차이

9 ③

① 세대 연구의 관심사는 세대 차이나 갈등을 해명하는 것과 더불어 세대의 '연속성'에 관한 것이다.
② 위 글에 나타나지 않은 내용이다.
④ 동기집단이 갖고 있는 의식은 고정된 것이 아니다.
⑤ 민중문화세대에게 1980년대 민주화운동의 경험은 민중문화세대의 의식에 중요한 영향을 미쳤을 것이다. 동기 효과와 특정 시기 효과가 상호작용을 하면서 세대 의식을 구성한 것이다.

10 ③

① 컴퓨터그래픽스는 디지털 기술을 기반으로 한 화상의 전반을 일컫는 표현이며, 편의상 CG 혹은 CGI(Computer-Generated Imagery)라 칭한다.

② 〈토이스토리〉는 온전히 CG 렌더링으로만 제작된 최초의 작품이다.

④ SF나 애니메이션 장르에 등장하는 디지털 캐릭터, 즉 로봇이나 인조인간 혹은 인류와 유사한 생명체에게서 흔히 언캐니 현상이 발생한다.

⑤ 〈폴라 익스프레스〉와 같이 인간의 형상과 움직임을 최대한 재현했던 극사실주의적 CG는 오히려 낯설고 섬뜩한 인상을 심어 준다.

11 ②

B팀은 자신들이 제작한 K부서 정책홍보책자를 서울에 모두 배포하거나 부산에 모두 배포한다는 지침에 따라 배포하였는데, B팀이 제작·배포한 K부서 정책홍보책자 중 일부를 부산에서 발견하였으므로, B팀의 책자는 모두 부산에 배포되었다.

A팀이 제작·배포한 책자 중 일부를 서울에서 발견하였지만, A팀은 자신들이 제작한 K부서의 모든 정책홍보책자를 서울이나 부산에 배포한다는 지침에 따라 배포하였으므로, 모두 서울에 배포되었는지는 알 수 없다.

따라서 항상 옳은 평가는 ⓒ뿐이다.

12 ①

첫 번째와 두 번째 조건을 정리해 보면, 세 사람은 모두 각기 다른 건물에 연구실이 있으며, 오늘 갔던 서점도 서로 겹치지 않는 건물에 있다.

세 번째 조건에서 최 교수와 김 교수는 오늘 문학관 서점에 가지 않았다고 하였으므로 정 교수가 문학관 서점에 간 것을 알 수 있다. 즉, 정 교수는 홍보관에 연구실이 있고 문학관 서점에 갔다.

네 번째 조건에서 김 교수는 정 교수가 오늘 갔던 서점이 있는 건물에 연구실이 있다고 하였으므로 김 교수의 연구실은 문학관에 있고, 따라서 최 교수는 경영관에 연구실이 있다.

두 번째 조건에서 자신의 연구실이 있는 건물이 아닌 다른 건물에 있는 서점에 갔었다고 했으므로, 김 교수가 경영관 서점을 갔고 최 교수가 홍보관 서점을 간 것이 된다. 이를 표로 나타내면 다음과 같다.

교수	정 교수	김 교수	최 교수
연구실	홍보관	문학관	경영관
서점	문학관	경영관	홍보관

13 ④

네 번째 조건에서 수요일에 9대가 생산되었으므로 목요일에 생산된 공작기계는 8대가 된다.

월요일	화요일	수요일	목요일	금요일	토요일
		9대	8대		

첫 번째 조건에 따라 금요일에 생산된 공작기계 수는 화요일에 생산된 공작기계 수의 2배가 되는데, 두 번째 조건에서 요일별로 생산한 공작기계의 대수가 모두 달랐다고 하였으므로 금요일에 생산된 공작기계의 수는 6대, 4대, 2대의 세 가지 중 하나가 될 수 있다. 그런데 금요일의 생산 대수가 6대일 경우, 세 번째 조건에 따라 목~토요일의 합계 수량이 15대가 되어야 하므로 토요일은 1대를 생산한 것이 된다. 그러나 토요일에 1대를 생산하였다면 다섯 번째 조건인 월요일과 토요일에 생산된 공작기계의 합이 10대를 넘지 않는다. (∵ 하루 최대 생산 대수는 9대이고 요일별로 생산한 공작기계의 대수가 모두 다른 상황에서 수요일에 이미 9대를 생산하였으므로)

금요일에 4대를 생산하였을 경우에도 토요일의 생산 대수가 3대가 되므로 다섯 번째 조건에 따라 월요일은 7대보다 많은 수량을 생산한 것이 되어야 하므로 이 역시 성립할 수 없다.

즉, 세 가지 경우 중 금요일에 2대를 생산한 경우만 성립하며 화요일에는 1대, 토요일에는 5대를 생산한 것이 된다.

월요일	화요일	수요일	목요일	금요일	토요일
	1대	9대	8대	2대	5대

따라서 월요일에 생산 가능한 공작기계 대수는 6대 또는 7대가 되므로 둘의 합은 13이다.

14 ④

제시된 명제를 기호로 나타내면 다음과 같다.

- 자동차 → 자전거(대우 : ~자전거 → ~자동차)
- ~자동차 → ~가전제품(대우 : 가전제품 → 자동차)

이 명제를 연결하면 '~자전거 → ~자동차 → ~가전제품'이 성립한다.(대우 : 가전제품 → 자동차 → 자전거)

①~⑤의 보기를 기호로 나타내면 다음과 같으므로 항상 참인 것은 ④이다.

① ~자동차 → ~자전거(주어진 명제만으로는 알 수 없다.)

② 자전거 → 가전제품(주어진 명제만으로는 알 수 없다.)

③ ~가전제품 → ~자동차(주어진 명제만으로는 알 수 없다.)

④ 가전제품 → 자전거(연결 명제의 대우이므로 항상 참이다.)

⑤ ~가전제품 → ~자전거(주어진 명제만으로는 알 수 없다.)

15 ③

제시된 명제를 기호로 나타내면 다음과 같다.

- 오 대리 출장 → 정 사원 야근
- ~남 대리 교육 → ~진급 시험 자격
- 정 사원 야근 → ~남 대리 교육

이 명제를 연결하면 '오 대리 출장 → 정 사원 야근 → ~남 대리 교육 → ~진급 시험 자격'이 성립한다.(대우 : 진급 시험 자격 → 남 대리 교육 → ~정 사원 야근 → ~오 대리 출장)

①~⑤의 보기를 기호로 나타내면 다음과 같으므로 항상 참인 것은 ③이다.

① ~남 대리 교육 → 오 대리 출장(연결 명제 중 오 대리 출장 → ~남 대리 교육의 역임으로 항상 참인지는 알 수 없다.)

② 정 사원 야근 → 오 대리 출장(첫 번째 명제의 역임으로 항상 참인지는 알 수 없다.)

③ 진급 시험 자격 → ~오 대리 출장(연결 명제의 대우 명제이므로 항상 참이다.)

④ ~진급 시험 자격 → ~오 대리 출장(주어진 명제만으로는 알 수 없다.)

⑤ 정 사원이 야근을 하면 남 대리가 교육을 받으러 가지 못하므로 진급 시험 자격을 얻을 수 없다.

16 ④

이 글은 우리나라의 통화 지표의 종류에 대해서 언급하고 있고, 다른 나라의 통화 지표의 종류에 대해서는 언급하지 않았으므로 적절하지 않다.

① 1문단에서 '현금으로 바뀔 수 있는 성질인 유동성'이라고 언급하였으므로 적절하다.

② 2문단에서 '예금 중 일정 비율만 예금자의 인출에 대비해 지급준비금으로 남고'라고 언급하였으므로 적절하다.

③ 1문단에서 통화량이 물가변동과 실업률 등에 영향을 미칠 수 있기 때문에 통화량을 파악하여 적절한 수준으로 조절하는 것이 필요하다고 언급하였으므로 적절하다.

⑤ 3문단에서 2003년을 기점으로 통화 지표가 변화하였다고 하였고, 2003년 이전과 이후에 달리 사용된 통화 지표의 내용을 다루고 있으므로 적절하다.

17 ③

승자의 저주는 경쟁을 통해 거래에 성공하였지만 오히려 큰 손실을 보게 되는 것을 의미한다. 그러나 ③의 경우, 경쟁이 있기는 하지만 거래 행위가 아니다.

18 ④

④ 시나위는 즉흥곡이지만, 초보자는 감히 엄두를 내기 어려울 정도로 기량이 뛰어난 경지에 이르러야 가능하다.

19 ①

② '작품2'는 회화적 이미지를 첨가하여 외형적 아름다움뿐만 아니라 글자가 나타내는 의미까지 시각화하여 전달하였으므로 글자가 나타내는 의미와 상관없이 글자를 작품의 재료로만 활용하고 있다고 볼 수 없다.

③ '작품3'은 글자의 의미와는 무관하게 글자의 형태만을 활용하여 제작자의 신선한 발상을 전달하기 위한 작품으로 타이포그래피의 조형적 기능에 중점을 둔 것이라고 할 수 있다.

④ '작품1'은 가독성을 중시하였으며 타이포그래피의 언어적 기능에 중점을 둔 것이라고 할 수 있다. 그러나 '작품2'는 타이포그래피의 조형적 기능에 중점을 두면서 글자의 의미를 시각화해 전달한 작품이다.

⑤ '작품3'은 조형적 기능에 중점을 두었지만 글자의 의미 전달을 돕고 있지는 않다.

20 ②

② 윗글에서는 기존의 주장을 반박하는 방식의 서술 방식은 찾아볼 수 없다.

21 ①

① 셸러는 가치를 직관적으로 파악하는 것이 감정이고, 그러한 감정작용의 통일체가 인격이라고 보았다. 따라서 감정과 인격이 서로 독립적으로 작용한다는 진술은 적절하지 않다.

22 ③

① 합리적인 사람은 어떤 선택의 한계이득이 한계비용보다 큰 경우에만 그러한 선택을 하게 된다.

②④ 본문에서 언급되지 않았다.

⑤ 어떤 선택을 위해 포기한 다른 선택으로부터 얻을 수 있는 이득을 기회비용이라고 하였다.

23 ③

일정량의 제품 생산을 투입되는 자본과 노동의 함수로 설명하는 것은 경제를 기계로 인식하는 고전학파 경제학자들의 주장이며, 이것은 주어진 글에서 제시한 포철의 종합제철소 건설의 예처럼 기업가의 위험부담 의지나 위기를 기회로 만드는 창의적 역할 등 기업 활동 결과의 변수로 작용하는 기업가 정신을 고려하지 않은 것이었다.

① 애덤 스미스는 '자기 이득'을 그 원리로 찾아냈다고 설명하고 있다.

② 고전학파 경제학자들은 애덤 스미스의 이론을 따랐으며, '경제를 기계로 파악한 애덤 스미스의 후학'이라는 언급을 통해 알 수 있는 내용이다.

④ 자본 및 노동 투입량 외에 '인적 요인'이 있어야 한다.

⑤ 포철의 종합제철소 건설은 경제를 기계로 보았던 고전학파 경제학자들의 관점을 뛰어넘은 결과였다.

24 ③

4문단의 '그는 인간의 '이성'을 초월적 세계의 이데아를 파악할 수 있는 중요한 능력으로 보았다.'를 보면 플라톤은 이데아를 파악할 수 있는 능력을 테크네가 아니라 '이성'으로 보고 있기 때문에 적절하지 않다.

① 4문단의 '현실 세계는 이 이데아를 모방하여 생겨난 것이기 때문에'를 보면 적절하다.

② 3문단의 '고대 그리스인들에게 테크네는 신적 존재와 무관한, 인간이 무엇인가를 제작할 때 발휘되는 지적 능력을 의미하였다.'를 보면 적절하다.

④ 1문단의 '고대 그리스인들은 춤, 시, 음악은 '엔투시아스모스'로부터, 그리고 건축, 회화, 조각은 '테크네'로부터 비롯된다고 생각하였다.'와 '엔투시아스모스와 테크네는 고대 그리스 시대부터 예술 작품 창작의 기원으로 여겨졌는데'를 보면 적절하다.

⑤ 2문단의 '고대 그리스인들은 몸짓, 언어, 그리고 멜로디와 리듬으로 감정과 충동을 표현하는 활동에 심취하여 사제를 통해 신과 교감하는 상태인 엔투시아스모스에 이를 수 있다고 믿었다.'를 보면 적절하다.

25 ⑤

4문단의 '수평반고리관은 머리를 가로저을 때 발생하는 회전 운동을, 전반고리관과 후반고리관은 고개를 끄덕일 때 발생하는 회전 운동을 감지한다.'에서 수평반고리관과 전반고리관이 감지하는 머리의 운동 방향은 동일하지 않음을 알 수 있으므로 적절하지 않다.

① 1문단의 "안구의 움직임을 '안구 운동'이라고 한다."와 3문단의 "안구가 움직이는데 이를 '전정안반사'라고 한다."에서 확인할 수 있으므로 적절하다.

② 2문단의 '눈돌림근육 6개가 1개의 안구를 동일한 힘으로 잡아당기고 있다.'에서 확인할 수 있으므로 적절하다.

③ 3문단의 "몸이나 머리가 움직이는 상태에서 어떤 사물을 바라볼 때, ~ 이를 '전정안반사'라고 한다." 에서 확인할 수 있으므로 적절하다.

④ 4문단의 '타원주머니는 수평 방향으로의 움직임을 감지한다.'에서 확인할 수 있으므로 적절하다.

1 ④
(나) : 안동 권씨의 족보인 『성화보』에 안동 권씨가 9.5 퍼센트뿐인 것에 대한 의문 제기
(다) : (나)에서 제기한 의문에 대한 이유 – 당시 친족 관계에 대한 생각이 반영되었기 때문
(라) : (화제 전환) 『성화보』에 대한 서거정의 발언
(가) : 『성화보』 이후 활발해진 족보 편찬의 양상

2 ②
(다) : 스파르타의 정치체제와 국가 형성과정의 관계
(나) : 스파르타의 지배계급인 '스파르타인'과 제2계급인 '페리오이코이'
(가) : 스파르타의 제3계급인 '헬로트'
(라) : 스파르타의 인구 구성비와 정치적 상황으로 인해 군사대국으로 성장(결론)

3 ②
(다) : 플로지스톤이 실제로 존재한다고 생각했던 과거의 과학자들
(가) : 현대 자연과학에서 사라져 버린 플로지스톤 개념
(라) : 통속 심리이론 속 개념들도 플로지스톤과 같은 운명에 처할 것임
(나) : (라)에 대한 부연

4 ④
(나) : 명예의 세 가지 종류
(다) : 통상의 명예훼손에 비해 인터넷상의 명예훼손을 가중해서 처벌해야 한다는 주장
(라) : (다) 주장에 대한 법학자의 주장 – 악플로 인해 침해되는 것은 명예감정
(가) : 명예감정의 훼손 정도에 있어 간과해서는 안 될 점 – 피해자의 정보수집량
(마) : 명예감정을 보호해야 할 법익으로 삼기 어려움(결론) – 인터넷상의 명예훼손이 통상적 명예훼손보다 더 심하다고 보기 어려움

5 ④
(마) : 베이즈주의의 메커니즘
(다) : 베이즈주의 과학 방법론에 대한 비판
(라) : (다)의 비판에 대한 반박
(가) : 반박에 대한 부연 1
(나) : 반박에 대한 부연 2 및 결론

6 ④
글의 주제가 '청소년의 흡연율을 낮추어야 한다'이므로 흡연이 청소년에게 어떤 악영향을 미치는지를 강조하고 어떻게 하면 흡연율을 낮출 수 있을지에 대한 방안을 강구하여야 한다.
④ 여학생만의 흡연율을 낮추는 것이 목적이 아니므로 여학생과 남학생의 흡연 동기를 비교 분석하는 것은 이어질 내용으로 가장 거리가 멀다.

7 ⑤
⑤ 수입 원자재에 대한 과세를 강화할 경우 원자재 가격이 더욱 상승하여 상품의 가격이 상승하게 되고 수출이 점점 둔화되는 악순환을 가져올 수 있다.

8 ④
④ 고령 인구의 경우 근로 등에 대한 소득이 없거나 적기 때문에 그만큼 국가에 내는 세금이 적다. 또한 의료보험 등 사회 보장 비용이 증가하므로 '세금 수입 감소와 사회 보장 비용 증가'는 본론-3-(1)에 필요한 내용이다.

9 ⑤
인터넷 중독을 예방하기 위해 대안 활동을 찾아 컴퓨터 사용 시간을 줄이자는 것이 목적이므로 ⑤는 구체화 방안으로 적절하지 않다.

10 ②
② 대학의 재정 상태나 대학의 학과별 인원 등은 신입생의 성공적인 대학 생활이라는 주제와 거리가 먼 내용으로 중요하게 다룰 필요가 없다.

11 ④

④ '도탄'은 '진구렁에 빠지고 숯불에 탄다는 뜻으로, 몹시 곤궁하여 고통스러운 지경'을 이르는 말이다. 따라서 ㉣에는 '헤어나기 힘든 곤욕'을 비유적으로 이르는 '수렁'이 적절하다.

12 ④

④ '그래서'는 앞의 내용이 뒤의 내용의 원인이나 근거, 조건 따위가 될 때 쓰는 접속 부사로 ㉣에 들어가기에 적절하지 않다. ㉣에는 별도의 접속사 없이 바로 뒷문장이 이어져도 자연스럽게 연결된다.

13 ②

② '어떤 불확실한 사실의 실현 가능성에 대하여 의문을 나타내는 어미'는 '-을는지'이다. 따라서 올바르게 사용된 표현이다.

14 ③

③ ㉢ 앞에서 언급한 아름다움은 '상대적'인 것인데, 뒤에 이어지는 문장에서 그들은 이것을 자신의 개성을 드러내는 행동이라고 생각한다는 반대되는 내용이 나오고 있으므로 '그런데도'는 바르게 쓰였다.

15 ④

㉣을 차이점이 분명하게 드러나게 고치기 위해서는 후단에 아내가 좋아하는 것이 무엇인지가 와야 한다. 예를 들어 '나는 골프를 좋아하고 아내는 수영을 좋아해서 ~'처럼 고친다.

✏ 3교시

1 ④

거리＝시간×속력

A에서 B까지의 시간 : x

B에서 C까지 걸린 시간 : $\dfrac{5}{2} - x$

$\left(2$시간 30분을 시로 환산하면 $\dfrac{5}{2}\right)$

$400 = 200 \times x + 100 \times \left(\dfrac{5}{2} - x\right)$

$400 = 200x + 250 - 100x$

$100x = 150$

$x = \dfrac{3}{2} = 1.5$

A에서 B까지의 걸린 시간은 1시간 30분이며, 오전 9시에 A를 출발해 B지점을 지날 때 시각은 오전 10시 30분이다.

2 ②

물건 1개의 구입가격을 1원이라고 가정하면 x는 1.6원이 된다.

$1.6 \times 40 + 1.6\left(1 - \dfrac{y}{100}\right) \times 60 = 100$

$64 + 96\left(1 - \dfrac{y}{100}\right) = 100$

$96\left(1 - \dfrac{y}{100}\right) = 36$

$1 - \dfrac{y}{100} = \dfrac{3}{8}$

$\dfrac{y}{100} = \dfrac{5}{8}$

$8y = 500$

$\therefore y = 62.5$

3 ③

5%의 설탕물의 양을 xg이라고 하면 10%의 설탕물의 양은 $(300 - x)$g이다. 두 설탕물을 섞기 전과 섞은 후에 들어 있는 설탕의 양은 같으므로

$\dfrac{5}{100} \times x + \dfrac{10}{100} \times (300 - x) = \dfrac{8}{100} \times 300$

$5x + 3000 - 10x = 2400, \ -5x = -600$

$\therefore x = 120(g)$

4 ③

시속 80km로 간 거리를 x km라 하면 시속 100km로 간 거리는 $(170-x)$ km이므로

$$\frac{x}{80}+\frac{170-x}{100}=2, \; 5x+4(170-x)=800, \; x=120$$

이다. 그러므로 시속 80km로 간 거리는 120km이다.

5 ①

두 톱니바퀴가 다시 같은 톱니에서 맞물릴 때까지 돌아간 톱니의 개수는 36과 84의 최소공배수이므로 $2^2\times 3^2\times 7=252$이다. 따라서 두 톱니바퀴가 다시 같은 톱니에서 맞물리는 것은 A가 $252\div 36=7$(바퀴), B가 $252\div 84=3$(바퀴) 회전한 후이다. 그러므로 a=7, b=3이고 a+b=10이다.

6 ④

6명의 학생이 6개의 좌석에 앉는 방법의 수는

$6!=720$

같은 나라의 두 학생의 좌석 번호를 순서쌍 (a, b)로 나타낼 때, 좌석 번호의 차가 1 또는 10이 되1도록 앉는 방법은

(i) $(11, 12)$, $(21, 22)$, $(13, 23)$인 경우
각각의 순서쌍에 대하여 세 나라를 정하는 방법의 수는 $3!=6$
각 좌석에 두 학생이 앉는 방법의 수는
$2!\times 2!\times 2!=8$
이므로 이때의 방법의 수는 $6\times 8=48$

(ii) $(11, 21)$, $(12, 13)$, $(22, 23)$인 경우 (i)과 마찬가지로 이때의 방법의 수는
$6\times 8=48$

(iii) $(11, 21)$, $(12, 22)$, $(13, 23)$인 경우 (i)과 마찬가지로 이때의 방법의 수는
$6\times 8=48$

이상에서 구하는 확률은

$$\frac{48+48+48}{720}=\frac{1}{5}$$

7 ⑤

3개의 공에 적혀 있는 세 수의 합이 짝수가 되는 경우는 (홀수, 홀수, 짝수) 또는 (짝수, 짝수, 짝수) 이므로 구하는 확률은

$$\frac{_5C_2\times _4C_1}{_9C_3}+\frac{_4C_3}{_9C_3}=\frac{11}{21}$$

8 ④

A 주머니에서 꺼낸 카드가 짝수일 사건을 A, B 주머니에서 꺼낸 카드가 짝수일 사건을 B라 하고 한 개의 주사위를 던져서 3의 배수가 나올 사건을 C라 하면 $P(A)=\dfrac{2}{5}$, $P(B)=\dfrac{3}{6}$, $P(C)=\dfrac{1}{3}$

이므로 구하는 확률은

$$\frac{P(C)P(A)}{P(C)P(A)+P(C^C)P(B)}$$

$$=\frac{\dfrac{1}{3}\times\dfrac{2}{5}}{\dfrac{1}{3}\times\dfrac{2}{5}+\dfrac{2}{3}\times\dfrac{3}{6}}$$

$$=\frac{\dfrac{2}{15}}{\dfrac{2}{15}+\dfrac{5}{15}}=\frac{2}{7}$$

9 ②

A, B, C 세 코스에서 받은 쿠폰의 수를 순서쌍으로 나타내면 $(1, 1, 2)$, $(1, 2, 1)$, $(2, 1, 1)$
각 경우의 확률은 각각

$$\frac{2}{3}\times\frac{3}{6}\times\frac{3}{9}=\frac{1}{9}, \; \frac{2}{3}\times\frac{2}{6}\times\frac{4}{9}=\frac{8}{81},$$

$$\frac{1}{3}\times\frac{3}{6}\times\frac{4}{9}=\frac{2}{27}$$

이므로 구하는 확률은

$$\frac{\dfrac{8}{81}}{\dfrac{1}{9}+\dfrac{8}{81}+\dfrac{2}{27}}=\frac{8}{23}$$

10 ④

(i) A가 2개의 동전을 던졌을 때 앞면이 1개 나오고 B가 1개의 동전을 던져서 앞면이 1개 나올 확률은 $_2C_1\left(\dfrac{1}{2}\right)^1\left(\dfrac{1}{2}\right)^1 \times \dfrac{1}{2} = \dfrac{1}{4}$

(ii) A가 2개의 동전을 던졌을 때 앞면이 2개 나오고 B가 1개의 동전을 던져서 앞면이 1개 나올 확률은 $_2C_2\left(\dfrac{1}{2}\right)^2\left(\dfrac{1}{2}\right)^0 \times {}_2C_1\left(\dfrac{1}{2}\right)^1\left(\dfrac{1}{2}\right)^1 = \dfrac{1}{8}$

(i), (ii)에서 구하는 확률은 $\dfrac{\dfrac{1}{8}}{\dfrac{1}{4}+\dfrac{1}{8}} = \dfrac{1}{3}$

11 ③

경제 활동 참가율은 15세 이상 인구에서 경제 활동 인구가 차지하는 비율이고, 실업률은 경제 활동 인구에서 실업자가 차지하는 비율이다. 고용률은 15세 이상 인구에서 취업자가 차지하는 비율이다.

③ 15세 이상 인구는 일정한데 2016년의 취업자 수는 2014년보다 감소하였으므로 2016년의 고용률은 2014년보다 하락하였다.

12 ④

ⓒ 2017년 전체 근로자 중 정규직 비율은 여자의 정규직 비율인 59.8%를 넘는다.

ⓔ 2015년 ~ 2017년 여자 근로자 중 정규직의 비율은 매년 50%가 넘어 과반수이다.

ⓐ 남녀 근로자의 수를 알 수 없으므로 파악할 수 없다.

ⓑ 남자 근로자의 수가 2015년 이후 지속적으로 증가하므로 2015년보다 2017년의 남자 근로자 수가 더 많다.

13 ②

$\dfrac{x}{1404} \times 100 = 43.1$

$100x = 60512.4$

$\therefore x = 605(명)$

14 ②

② 영업수익이 가장 낮은 해는 2013년이고 영업비용이 가장 높은 해는 2017년이다.

① 총수익이 가장 높은 해와 당기순수익이 가장 높은 해는 모두 2015년이다.

③ 총수익 대비 영업수익이 가장 높은 해는 96.5%로 2016년이다. 2016년 기타 수익은 1,936억 원으로 2,000억 원을 넘지 않는다.

④ 기타수익이 가장 낮은 해는 2016년이고 총수익이 가장 낮은 해는 2013년이다.

⑤ 총비용 대비 영업비용의 비중은 2015년-91.7%, 2016년-90.4%, 2017년-90.9%로 모두 90%를 넘는다.

15 ②

② 연도별 농가당 평균 농가인구의 수는 비례식을 통하여 계산할 수 있으나, 성인이나 학생 등의 연령대별 구분은 제시되어 있지 않아 확인할 수 없다.

① 제시된 농가의 수에 대한 산술평균으로 계산할 수 있다.

③ 총인구의 수를 계산할 수 있으므로 그에 대한 남녀 농가인구 구성비도 확인할 수 있다.

④⑤ 증감내역과 증감률 역시 해당 연도의 정확한 수치를 통하여 계산할 수 있다.

16 ①

㈎ 종사자 규모 변동에 따른 사업체 수의 증감은 두 해 모두 규모가 커질수록 적어지는 동일한 추이를 보이고 있으며, 종사자 수 역시 사업체의 규모가 커짐에 따라 증가→감소→증가의 동일한 패턴을 보이고 있음을 알 수 있다. (X)

㈏ 구성비는 해당 수치를 전체 수치로 나누어 백분율로 나타낸 값을 의미하는데 주어진 기여율은 그러한 백분율 산식에 의한 수치와 다르다. 기여율은 '해당 항목의 전년대비 증감분÷전체 수치의 전년대비 증감분×100'의 산식에 의해 계산된 수치이다. (X)

㈐ 종사자 수를 사업체 수로 나누어 보면 두 해 모두 종사자 규모가 큰 사업체일수록 평균 종사자 수가 커지는 것을 확인할 수 있다. (O)

㈑ 모든 규모의 사업체에서 전년보다 종사자 수가 더 많아졌음을 확인할 수 있다. (O)

17 ④

〈보기〉의 내용을 살펴보면 다음과 같다.

㈎ 94.7 → 100.0으로 증가한 것이므로, $(100-94.7) \div 94.7 \times 100 =$ 약 5.6%의 증가율을 나타내며 지수를 100으로 한 기준년도가 된다. (O)

㈏ 소비자물가 지수 상승률을 통해 소비자 지수의 상승분을 계산할 수 있다. 실제로 2010년의 품목별 소비자물가 지수를 모두 100이라고 했을 때, 매년의 상승률을 적용하여 계산해 보면 2017년의 식료품은 약 122.3, 주류 및 담배는 약 159.5이며, 의류 및 신발은 약 120.8이 되어 가장 많이 상승한 세 가지 품목이 된다. (X)

㈐ 2017년의 담배 1갑이 4,500원이면 2016년의 담배 1갑은 $4,500 \div 1.015 =$ 약 4,433.5원이 된다. 같은 계산을 적용하여 2015년에는 $4,433.5 \div 1.007 =$ 약 4,402.7원, 2014년에는 $4,402.7 \div 1.501 =$ 약 2,933.2원이 된다. (O)

㈑ 2014년 이후 −0.6%, −0.8%, 1.5%로 변동되었으므로 $100 \to 99.4 \to 98.6 \to 100.1$이 되어 100보다 크다. (X)

18 ①

$a = 123,906 - 126,826 = -2,920$

$b = 82,730 - 83,307 = -577$

$c = 123,906 - 107,230 = 16,676$

$d = 82,730 - 68,129 = 14,601$

$a+b+c+d = -2,920 + (-577) + 16,676 + 14,601 = 27,780$

19 ①

① 2인 공동소유 주택은 $(1,571-1,434) \div 1,434 \times 100 = 9.6\%$, 3인 공동소유 주택은 $(109-99) \div 99 \times 100 = 10.1\%$의 증가율을 보이고 있으므로, 3인 공동소유 주택의 증가율이 더 높음을 알 수 있다.

② $924 \div 971 \times 100 = 95.2\%$
   $\to 1,004 \div 1,052 \times 100 = 95.4\%$로 증가하였다.

③ $(8,697-8,426) \div 8,426 \times 100 = 3.2\%$로 3%를 넘는다.

④ 3인 공동소유 주택의 비중은 $99 \div 1,598 \times 100 = 6.2\% \to 109 \div 1,747 \times 100 = 6.2\%$로 같으며, 3인 공동소유 아파트의 비중은 $37 \div 971 \times 100 = 3.8\% \to 38 \div 1,052 \times 100 = 3.6\%$로 더 감소하였다.

⑤ 4인 이상 공동소유 아파트의 호 수는 2018년과 2019년 모두 10,000호로 변하지 않았다.

20 ③

③ 2017년 2월에 모바일 거래액 비중이 가장 많은 것은 여행 및 교통서비스가 아닌 의복 상품군이다.

① 가전·전자·통신기기, 가방, 음·식료품, 농축수산물, 가구, 여행 및 교통서비스로 모두 6개 상품군이다.

② 2.6%에서 3.6%로 1%p 증가하였으므로 전년 동기 대비 $(3.6-2.6) \div 2.6 \times 100 = 38.5\%$ 증가하였다.

④ 가방, 음·식료품, 농축수산물 3개 상품군이 해당된다.

⑤ 2018년 2월의 전년 동기와 비교했을 때 애완용품의 거래액 비중은 2017년 2월 −0.8%에서 2018년 2월 −0.7%로 낮아졌다.

21 ③

㉢ 상대적 빈곤 가구 중 교육 급여는 100%, 주거 급여는 86%, 의료 급여는 80%, 생계 급여는 56%이므로, 네 가지 급여 모두를 받는 비율은 56%이다.

㉣ 절대적 빈곤 가구의 70%는 월 소득이 중위 소득 28%인 140만 원 이하이므로, 30%는 월 소득 140만 원을 초과한다.

22 ⑤

연도별 인원의 합계를 추가하여 정리하면 다음 표와 같다.

〈2016년, 단위 : 명〉

구분	A지점	B지점	C지점	D지점	E지점	계
부장	1	1	0	1	0	3
차장	1	0	0	1	1	3
과장	3	3	2	0	3	11
대리	7	4	5	11	6	33
사원	14	12	11	5	13	55
계	26	20	18	18	23	105

〈2017년, 단위 : 명〉

구분	A지점	B지점	C지점	D지점	E지점	계
부장	2	0	1	0	1	4
차장	1	0	1	1	0	3
과장	5	5	4	4	3	21
대리	10	2	8	3	4	27
사원	12	10	15	7	10	54
계	30	17	29	15	18	109

C지점의 대리 수가 전체 대리 수에서 차지하는 비중은 2016년 $5 \div 33 \times 100 = 15.2\%$이며, 2017년에는 $8 \div 27 \times 100 = 29.6\%$가 되어 2배에 조금 못 미친다.

① $(109 - 105) \div 105 \times 100 = 3.8\%$이므로 5% 이내에서 증원한 것이 된다.

② A지점($26 \rightarrow 30$명), C지점($18 \rightarrow 29$명)만 인원이 증가하였다.

③ $5 \div 18 \times 100 = 27.8\% \rightarrow 7 \div 15 \times 100 = 46.7\%$로 변동한 D지점만 사원의 비중이 증가하였다.

④ E지점은 과장급 인원이 전년과 동일하지만 나머지 지점의 인원 증감 현황을 볼 때, 전체적으로 과장급 인원을 가장 많이 증원한 것으로 판단할 수 있다.

23 ③

A~D팀은 총무용품 구매 비용으로 각각 20만 원, 50만 원, 50만 원, 60만 원을 지출하였다. 지출 금액의 구성비에 따라 팀별 금액을 계산해 보면 다음과 같다.

	A팀	B팀	C팀	D팀
복사 용품	20×10% =2만 원	50×10% =5만 원	50×30% =15만 원	60×15% =9만 원
팩스 용품	20×20% =4만 원	50×25% =12.5만 원	50×25% =12.5만 원	60×35% =21만 원
탕비 용품	20×30% =6만 원	50×30% =15만 원	50×25% =12.5만 원	60×20% =12만 원
기타	20×40% =8만 원	50×35% =17.5만 원	50×20% =10만 원	60×30% =18만 원

따라서 복사용품은 C팀, 팩스용품은 D팀, 탕비용품은 B팀, 기타 총무용품은 D팀임을 알 수 있다.

24 ④

㉠ 쿨쿨(5.5) – 꿀잠(5.25) – 상쾌한아침(5.0) – 안졸려(4.5) 순이다. (O)

㉡ 수면제 안졸려의 차이 : $5.0 - 4.0 = 1.0$이며 수면제 쿨쿨은 동일하므로 수면제 안졸려의 차이가 더 크다. (X)

㉢ 갑 : 6.0(꿀잠) – 4.0(안졸려) $= 2.0$으로 갑 환자가 가장 차이가 크다. (X)

㉣ 수면제 쿨쿨의 평균 숙면시간은 5.5시간으로 갑(6.0), 을(6.0), 정(6.0) 3명이 해당한다. (O)

25 ④

④ 스낵 메뉴를 한 단위씩 섭취 할 시 총 761mg의 나트륨을 섭취하게 되고 치즈버거 한 개 섭취 시 총 758mg의 나트륨을 섭취하게 되므로 치즈버거 한 개의 나트륨 양이 더 적다.

① 열량이 높은 메인 메뉴 3개는 베이컨버거 – 스페셜버거 – 칠리버거 순이고 나트륨이 높은 메인 메뉴도 베이컨버거 – 스페셜버거 – 칠리버거 순이다.

② 모든 메인 메뉴의 단백질 함량은 포화지방의 함량보다 2배 이상이다.

③ 치킨버거의 중량 대비 열량의 비율은 229.4%이고 새우버거의 중량 대비 열량의 비율은 200.5%

⑤ 메인 메뉴 중 단백질 함량이 당 함량의 2배가 넘는 메뉴는 치즈버거, 햄버거, 치킨버거, 칠리버거, 스페셜버거 총 5개이다.

1 ④

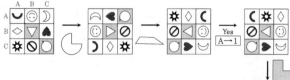

2 ⑤

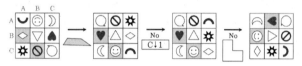

3 ③

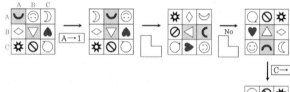

4 ③

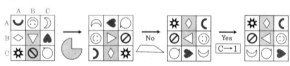

5 ①

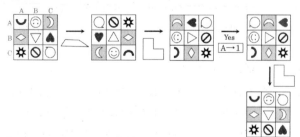

6 ②

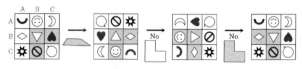

7 ④

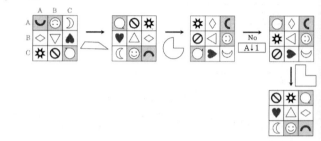

8 ①

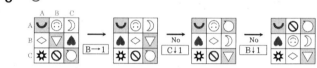

9 ②

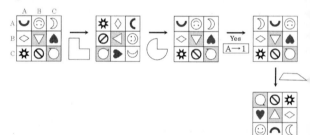

10 ⑤

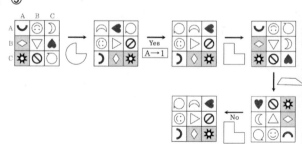

11 ②

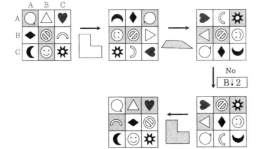

12 ③

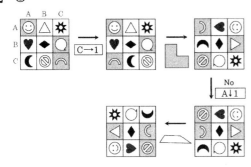

13 ④

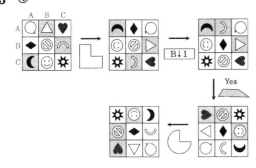

14 ②

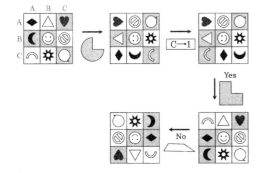

15 ⑤

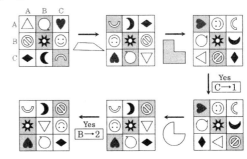